DE LA RELIGION,

CONSIDÉRÉE

DANS SA SOURCE,

SES FORMES ET SES DÉVELOPPEMENTS.

Par M. BENJAMIN CONSTANT.

PARIS,

BOSSANGE PÈRE, BOSSANGE FRÈRES,
TREUTTEL ET WURTZ, REY ET GRAVIER,
RENOUARD, PONTHIEU.

1824.

DE LA RELIGION.

TOME PREMIER.

DE L'IMPRIMERIE DE FIRMIN DIDOT,
RUE JACOB, N° 24.

DE LA RELIGION,

CONSIDÉRÉE

DANS SA SOURCE,

SES FORMES ET SES DÉVELOPPEMENTS.

Par M. BENJAMIN CONSTANT.

> Μεμνημένον ὡς ὁ λέγων, ὑμεῖς τε οἱ κριταὶ,
> φύσιν ἀνθρωπίνην ἔχομεν.
> (Platon. *Timée.*)

TOME PREMIER.

PARIS,

BOSSANGE PÈRE, BOSSANGE FRÈRES,
TREUTTEL ET WURTZ, REY ET GRAVIER,
RENOUARD, PONTHIEU

1824.

PRÉFACE.

Le mode de publication que nous avons adopté pour cet ouvrage, a été l'objet de plusieurs critiques. Ces critiques sont fondées. Un livre de la nature de celui-ci a besoin, pour être jugé, qu'on le présente dans son ensemble. Le morceler, c'est affronter gratuitement beaucoup d'objections, que la suite des développements préviendrait, et qui peuvent sembler victorieuses, faute d'être réfutées à l'instant même.

Aussi n'eussions-nous jamais choisi

ce mode, si une défiance assez naturelle ne nous eût fait douter de l'attention du public, au milieu des circonstances graves qui enveloppent et agitent toutes les destinées, et quand il s'agit de recherches qui ne parlent à aucune passion, et ne sauraient alarmer ni servir les intérêts du moment.

Rassurés sur ce point, nous eussions volontiers changé de méthode, si des engagements une fois pris ne nous paraissaient obligatoires. Tout ce que nous avons cru pouvoir nous permettre a été de réunir deux livraisons, et de les publier ensemble. De la sorte, nous espérons traiter assez complètement chaque époque, et nous pensons que ce premier volume donnera déjà une idée claire du point de vue sous lequel nous

PRÉFACE.

envisageons l'objet important qui nous a occupés.

L'inconvénient, toutefois, n'est qu'atténué. Des censeurs impatients se prévaudront peut-être de ce que nous ne pouvons dire chaque chose qu'à sa place.

Ainsi, lorsque nous établirons, dans ce premier volume, que la plupart des notions qui constituent le culte des sauvages se retrouvent enregistrées et consolidées dans les religions sacerdotales de l'Égypte, de l'Inde, ou de la Gaule, on nous opposera les connaissances profondes qu'on se plaît à attribuer aux prêtres de Memphis, la philosophie souvent subtile des brames, ou la doctrine sublime des druides; et l'objection ne sera écartée que lorsque nous aurons, dans une livraison subséquente, pu traiter de cette philosophie, de ces connaissances, et de cette doctrine.

De même, lorsque plus tard, approfondissant le polythéisme grec, nous montrerons que les opinions empruntées des religions sacerdotales, et présentées aux Grecs par les voyageurs, les philosophes et les prêtres eux-mêmes, furent constamment repoussées par le génie de cette nation, l'on nous objectera les mystères; et notre réponse ne sera complète que lorsque, postérieurement encore, nous aurons prouvé que les mystères furent le dépôt des doctrines, des traditions et des cérémonies étrangères, précisément parce qu'il y avait répugnance entre ces choses et la religion publique.

PREFACE.

Sur ces points et sur bien d'autres, non moins importants pour la marche des opinions, et pour l'histoire des idées religieuses, nous devons réclamer l'équité de nos lecteurs; et comme les volumes se succèderont rapidement, le délai que nous demandons, pour entourer d'évidence les hypothèses qui seraient contestées, n'excèdera pas une durée assez courte.

Nous nous en remettons aussi à cette équité, pour repousser, s'il y a lieu, des inculpations d'un autre genre.

Nous éprouverions une peine très-vive, nous en convenons, si nous étions confondus avec cette tourbe d'écrivains qui, pleins d'une violence brutale, ou d'une vanité peu scrupuleuse dans le choix de ses moyens de succès, se précipite sur tous les objets de respect que le genre humain s'est créés. L'évidence des faits nous a contraints cependant à nous exprimer avec une sévérité que nous croyons juste, sur l'influence du sacerdoce chez plusieurs peuples de l'antiquité.

Rappeler que nous ne parlons que des nations anciennes et des pontifes du polythéisme, serait nous dérober à l'attaque, au lieu de la repousser. Il nous convient mieux de dire toute notre pensée; elle ne renferme rien que nous craignions d'avouer, et nous y gagnerons de n'être pas soupçonnés de nous réfugier dans les allusions, genre d'agression toujours un peu timide, et qui réunit à l'inconvénient de dénaturer les faits celui de donner à l'hostilité une fâcheuse empreinte de peur.

Parmi nos accusations contre le sacerdoce des anciens, et son action sur la civilisation de cette époque, plusieurs sont totalement inapplicables aux prêtres des religions modernes.

En premier lieu, ceux de l'antiquité étaient condamnés à l'imposture par leurs fonctions mêmes. Des communications merveilleuses à entretenir avec les dieux, des prestiges à opérer, des oracles à rendre, leur faisaient de la fraude une nécessité. Nos croyances, plus épurées, ont délivré les prêtres de nos jours de ces obligations corruptrices. Organes de la prière, consolateurs de l'affliction, dépositaires du repentir, ils n'ont, heureusement pour eux, point d'attributions miraculeuses. Tel est le progrès de nos lumières, et le calme que des doctrines moins matérielles ont répandu dans tous les esprits, que le fanatisme lui-même, s'il existe, est forcé de respecter des barrières qu'il était de l'essence du sacerdoce ancien de franchir, et par-delà lesquelles le siége de son influence était placé.

Que si des individus tentent de renverser ces barrières, ces essais partiels, interrompus, réprimés, sont des torts et non des périls, des sujets de blâme et non des moyens d'empire.

Secondement, la puissance illimitée des druides ou des mages ne saurait jamais redevenir le partage de nos prêtres. Enclins que nous sommes à concevoir et même à trouver raisonnables et fondées les alarmes de ces raisons prévoyantes qui se plaignent de ce que le sacerdoce tend à se constituer en corps dans l'état, nous croirions néanmoins être par trop ombrageux, si nous supposions que les prérogatives qu'il possède, ou celles que momentanément il usurperait, le mettraient de niveau avec des castes qui dominaient sur la royauté, précipitaient les rois du trône, accaparaient toutes les connaissances, se créaient une langue à part, érigeaient l'écriture en monopole, et, juges, médecins, historiens, poètes, philosophes, fermaient le sanctuaire de la science à tout ce qui ne participait point de leur privilége, c'est-à-dire à l'immense majorité de l'espèce humaine.

Contre les tendances individuelles qui aspireraient à la résurrection de ce qu'un intervalle de vingt siècles rend impossible à ressusciter, nous pouvons nous en remettre aux prudences collectives. Il y a dans les corps un instinct qui les avertit de ce qui est infaisable; et si le calcul permet quelques tentatives hasardées, ce même calcul s'empresse de les désavouer, à la moindre apparence de danger.

D'ailleurs, si le pouvoir politique, trompé, selon nous, sur ses intérêts, semble se prêter parfois à étendre outre mesure l'autorité dite spirituelle, les conditions du traité sont patentes et précises. S'il y a des monarques qui désirent que Léon XII excommunie des doctrines politiques, aucun ne voudrait voir entre les mains de Léon XII les foudres que Grégoire VII lançait contre les trônes; et à l'instant où nous écrivons, une corporation, jadis redoutable, et qu'on croyait regrettée, vient d'être éloignée des états d'un prince sur lequel probablement elle avait fondé de grandes espérances. Ayons confiance au temps, et ne nous exagérons pas l'épaisseur des nuages que deux vents opposés rassemblent et que deux vents opposés doivent disperser.

Rien de ce que nous avons pu dire du pouvoir immense des corporations théocratiques de l'Inde, de l'Éthiopie, ou de l'Occident, ne peut donc, avec la meilleure intention du monde et le talent le plus exercé d'interprétation, être travesti, par aucun de nos lecteurs, en attaques contre les prêtres des communions auxquelles nous devons du respect comme citoyens, ou des égards comme protestants.

Notre censure contre le sacerdoce de quelques polythéismes a été même bien moins amère que le jugement porté contre lui par les pères de l'église ou par les théologiens qui ont marché sur leurs traces. Nous avons quelquefois adouci la rigueur de leurs arrêts; nous avons indiqué le bien relatif qu'ont pu faire les ministres d'un culte erroné, parce que, en fait de sentiment religieux, l'erreur, à notre avis, vaut mieux que l'absence.

Notre disposition à cet égard nous aurait peut-être attiré, il y a un siècle, des reproches d'une nature très-différente. On nous eût probablement fait un crime de trop d'indulgence; et ce serait, à ce qu'il nous semble, un acte impolitique et irréfléchi, dans les prêtres d'un culte qui règne, que de déclarer qu'ils font cause commune avec les organes d'un culte renversé.

Quant aux portions de blâme qui, indépendamment des croyances, des époques, et de la forme des institutions, pourraient rejaillir sur le sacerdoce de toutes les religions, il sera évident à quiconque sait lire et comprendre, que ce blâme ne pourrait aujourd'hui être mérité que par des individus qui méconnaîtraient les attributions de leur ministère.

Les brames voudraient verser de l'huile bouillante dans la bouche de tout profane qui ouvre les Vèdes, tant ils redoutent l'instruction du peuple, et ce qu'ils appellent l'indiscipline, résultat de l'instruction ! Certes, en dévoilant cette politique étroite et astucieuse, nous ne blessons en rien un clergé qui réclame l'honneur d'avoir puissamment favorisé la renaissance des lettres; et s'il existait des individus qui proscrivissent les moyens de répandre les connaissances dans toutes les classes, et d'améliorer les citoyens en les éclairant, ce clergé désavouerait avec nous ces brames ressuscités.

Les prêtres de Méroé ôtaient à leurs rois la couronne, où les mettaient à mort. En nous élevant contre ces pontifes régicides, nous ne scandaliserions que ceux qui feraient du trône le marche-pied de l'autel.

PRÉFACE.

Les mages déclaraient à Cambyse que ses volontés étaient au-dessus des lois. Notre réprobation de cette alliance du sacerdoce et du despotisme n'atteint point une église au nom de laquelle Fénélon, Massillon, Fléchier, n'ont cessé de répéter aux monarques que les lois étaient le fondement et la limite de leur puissance.

Ces explications nous ont paru nécessaires. Historiens fidèles, nous n'avons dénaturé aucun fait, ni sacrifié à des considérations secondaires aucune vérité. Nous avons tâché d'oublier, en écrivant, le siècle, les circonstances et les opinions contemporaines. C'est à cette détermination, scrupuleusement observée, que nous avons dû le genre de courage qui nous était de tous le plus difficile, celui de nous séparer, sur des questions d'une haute importance, de beaucoup d'hommes dont nous partageons d'ailleurs les principes, et dont nous honorons le noble caractère.

Frappés des dangers d'un sentiment qui s'exalte et s'égare, et au nom duquel d'innombrables crimes ont été commis, ces hommes sont en défiance des émotions religieuses, et voudraient leur substituer les calculs exacts, impassibles, invariables, de l'intérêt bien entendu. Cet intérêt suffit, disent-ils, pour établir l'ordre et faire respecter les lois de la morale.

Nous sommes, certes, loin de partager la pieuse exagération qui attribue tous les crimes des époques incrédules à l'absence du sentiment religieux. Ces effets déplorables de passions aveugles, effets indépendants des croyances, sont communs aux siècles irréligieux et aux siècles dévots. Sous Alexandre VI, la communion précédait et la confession suivait le meurtre.

Nous reconnaissons de même que la nécessité du sentiment religieux ne serait pas suffisamment démontrée par les excès des révolutions durant lesquelles des peuples soulevés ont pris plaisir à fouler aux pieds les vénérations antiques. Les révolutions sont des moments d'orage, où l'homme, forcé de précipiter ses jugements et ses actes, au milieu du choc de toutes les violences déchaînées, sans guides pour le diriger, sans spectateurs pour le contenir, peut se tromper avec des intentions droites, et devenir criminel par les motifs les plus purs. Les révolutions que les convictions religieuses ont causées, n'ont pas été plus exemptes d'actions condamnables et féroces que les bouleversements dont la liberté a été la cause. L'anarchie de la guerre du protestantisme, et ses trente ans de massacres, ont égalé les forfaits et l'anarchie qui ont souillé les pages de la révolution française, et la piété farouche des puritains ne s'est pas montrée moins sanguinaire que l'athéisme effronté de nos démagogues.

Mais, après avoir commencé par ces concessions bien étendues, nous serons forcés de demander encore si en repoussant le sentiment religieux, que nous distinguons des formes religieuses, et en se conduisant d'après la règle unique de son intérêt bien entendu, l'espèce humaine ne se dépouille pas de tout ce qui constitue sa suprématie, abdiquant ainsi ses titres les plus beaux, s'écartant de sa destination véritable, se renfermant dans une sphère qui n'est pas la sienne, et se condamnant à un abaissement qui est contre sa nature.

L'intérêt bien entendu doit détruire tout ce qui est contraire à l'intérêt bien entendu. Si l'homme, dirigé par ce mobile, triomphe des passions qui l'entraîneraient en sens inverse de cet intérêt, il doit surmonter également toutes les émotions qui l'en distrairaient de même. Si l'intérêt bien entendu est assez puissant pour vaincre le délire des sens, la soif des richesses, les fureurs de la vengeance, il l'emportera plus facilement encore sur des mouvements de pitié, d'attendrissement, de dévouement, combattus sans cesse par des considérations de prudence, d'égoïsme et de peur. Nous pourrons sans doute, en écoutant les préceptes de l'intérêt bien entendu, renoncer à des jouissances présentes; mais ce sera pour obtenir des avantages futurs. Nous devrons nous abstenir de tout ce qui nous nuirait d'une manière durable; et cette règle, la seule morale de l'intérêt bien entendu, devra s'appliquer à nos émotions généreuses et à nos vertus, comme à nos passions personnelles et à nos vices.

Il n'y a pas un noble mouvement du cœur contre lequel la logique de l'intérêt bien entendu ne puisse s'armer. Il n'y en a pas un qui, suivant cette logique, ne soit faiblesse ou aveuglement. Il n'y en a pas un que l'intérêt bien entendu ne foudroie de ses calculs exacts et de ses équations victorieuses.

Me direz-vous que l'intérêt bien entendu s'oppose lui-même à cette dépravation de notre nature, puisqu'il nous invite à rechercher la satisfaction intérieure que donne, au milieu de l'infortune, l'accomplissement d'un courageux devoir? Mais ne sentez-vous pas que par ces paroles vous en revenez à ces émotions involontaires qui vous transportent dans un autre ordre d'idées? car, étrangères qu'elles sont à tout calcul, elles déconcertent, par leurs résultats, les doctrines arides de l'intérêt bien entendu. Pour éluder les conséquences du système que vous adoptez, vous faussez ce système indigne de vous; vous y introduisez un élément qu'il repousse; vous rendez à l'ame humaine la faculté, car c'en est une, et, de toutes, la plus précieuse, la faculté d'être subjuguée, dominée, exaltée, indépendamment et même en sens contraire de son intérêt.

Si cet intérêt triomphait complètement, l'homme n'éprouverait de regret que de s'être trompé sur cet intérêt: il ne ressentirait de satisfaction que d'avoir soigneusement observé ses préceptes.

Non, la nature n'a point placé notre guide dans notre intérêt bien entendu, mais dans notre sentiment intime. Ce sentiment nous avertit de ce qui est mal ou de ce qui est bien. L'intérêt bien entendu ne nous fait connaître que ce qui est avantageux ou ce qui est nuisible.

Si donc vous ne voulez pas détruire l'œuvre de la nature, respectez ce sentiment dans chacune de ses émotions. Vous ne pouvez porter la cognée à aucune des branches de l'arbre qu'aussitôt le tronc ne soit frappé de mort.

Si vous traitez de chimère l'émotion indéfinissable qui semble nous révéler un être infini, ame, créateur, essence du monde, (qu'importent les dénominations imparfaites qui nous servent à le désigner?) votre dialectique ira plus loin, à votre insu et malgré vous-mêmes.

Tout ce qui se passe au fond de notre ame est inexplicable; et si vous exigez toujours des démonstrations mathématiques, vous n'obtiendrez jamais que des négations.

Si le sentiment religieux est une folie, parce que la preuve n'est pas à côté, l'amour est une folie, l'enthousiasme un délire, la sympathie une faiblesse, le dévouement un acte insensé.

S'il faut étouffer le sentiment religieux parce que, dites-vous, il nous égare, il faudra vaincre aussi la pitié, car elle a ses périls, et nous tourmente et nous importune. Il faudra réprimer ce bouillonnement du sang qui nous fait voler au secours de l'opprimé, car il n'est pas de notre intérêt d'appeler sur nos têtes les coups qui ne sont pas destinés à nous atteindre. Il faudra surtout, songez-y bien, renoncer à cette liberté que vous chérissez: car d'une extrémité de la terre à l'autre, le sol que foule la race humaine est jonché des cadavres de ses défenseurs. Cette divinité des ames fières et nobles, ce n'est pas l'intérêt bien entendu qui dressera ses autels. Il attendra qu'érigés par d'autres ils lui présentent un abri solide; et si les vents impétueux les ébranlent, vous le verrez, infidèle ou timide, déserter un culte proscrit, et, tout au plus, se faire un mérite d'une honteuse neutralité.

Et l'expérience n'a-t-elle pas été faite? Qu'avons-nous vu dans toute l'Europe depuis vingt années? L'intérêt bien entendu régnant sans rival. Quel a été le fruit de ce règne? Encore une fois, nous ne parlons pas des crimes. Nous accordons que l'intérêt bien entendu les condamne, et que ses conseils les eussent réprimés. (1) Mais cette indifférence, cette servilité, cette persistance dans le calcul, cette versatilité dans les prétextes, qu'était-ce autre chose que l'intérêt bien entendu?

---

(1) Nous accordons ici à nos adversaires un point que nous pourrions fort bien contester. Rien n'est moins assuré que la victoire de l'intérêt bien entendu sur les penchants qui contrarient la morale. Cet intérêt, dans l'homme qu'une passion domine, est sans doute d'abord d'étouffer cette passion, s'il le peut. Mais si ce triomphe est au-dessus de ses forces, son intérêt bien entendu est de satisfaire cette passion, pour mettre un terme au tourment qui l'agite : car ce tourment peut devenir tel que cet homme y succombe. Lorsqu'un accident ou une maladie, étrangère au tempérament d'un malade, mettent sa vie en danger, les médecins cherchent à écarter le péril imminent, sans calculer si les remèdes qu'ils emploient dans ce moment de crise n'ont pas d'inconvénient pour sa santé future. L'intérêt bien entendu de l'homme passionné est de sortir de l'état violent où le pré-

Il a servi à maintenir l'ordre dans des temps désastreux. L'ordre est nécessaire au bien-être : mais il a sacrifié à l'ordre extérieur tous les sentiments dont l'explosion pouvait être hasardeuse. L'ordre est toujours en apparence du côté de la force :

---

cipite sa passion non satisfaite : quand le présent le détruit, que lui importe un avenir qu'il n'atteindra pas ?

Le principal fondateur du système de l'intérêt bien entendu, Helvétius, est beaucoup moins inconséquent que ses successeurs ne l'ont été. Admirateur des passions, il n'exhorte nulle part ses disciples à les vaincre. Il leur dit, au contraire, que s'ils cessent d'être passionnés, ils seront stupides. Il veut les passions, mais il accorde les jouissances. Il donne l'intérêt pour mobile, mais il ne prétend pas le dénaturer par une épithète, et l'investir d'une sagesse, d'une prévoyance qu'il n'aura jamais. Nous avons néanmoins voulu faire aux partisans de ce système cette concession, parce que, même après cette concession, il nous paraît tout aussi erroné et tout aussi nuisible.

l'intérêt bien entendu s'est placé aussi du côté de cette force, sinon pour la seconder, au moins pour lui aplanir les obstacles. Il a plaint les victimes ; mais quand on les traînait au supplice, il a veillé à ce que l'ordre ne fût point troublé. Il a laissé tomber les têtes, et il a garanti les propriétés. Il a empêché le pillage, et facilité le meurtre légal.

Il a servi au développement des facultés intellectuelles : oui ; mais en les développant, il les a dégradées. On a été spirituel, mais l'esprit s'est dirigé contre tout sentiment qui n'était pas égoïste. L'abnégation de soi-même est devenue l'objet de la dérision. On a flétri par l'ironie, rabaissé par le dédain la nature humaine, et l'on a dit que c'était une raisonnable appréciation des choses, ou une piquante gaîté.

Par cela même qu'on était spirituel, on s'est complu dans une sorte d'opposition. Tant qu'il n'y a pas eu de danger, l'intérêt bien entendu a permis à la vanité de critiquer indifféremment le bien comme le mal. Le péril a paru, et l'intérêt bien entendu a conseillé d'applaudir prudemment au mal comme au bien : de sorte que sous le pouvoir modéré on s'est montré frondeur, et sous le pouvoir violent on s'est montré servile.

Les vertus ont subi les mêmes dégradations que les facultés. Elles ont perdu le charme qui atteste leur origine céleste; et en les voyant tellement prudentes, réservées, inquiètes d'en trop faire, on a pu deviner que l'ame n'y était pour rien, et que la véritable source était tarie.

On a été charitable, parce que l'intérêt bien entendu dit au riche que le dénûment sans ressource est formidable. Mais la charité a été mise au rabais. On s'est interdit l'aumône qui vient de l'attendrissement et de la pitié; on a ravi au pauvre sa liberté en échange de sa subsistance; on s'est cru bienfaisant, quand sous des verroux on lui donnait du pain.

Le calcul ne s'est pas même arrêté à ce terme. Importuné d'avance des générations encore en germe, on a reproché à l'indigent ses penchants naturels, et à ses enfants leur existence. On a supputé combien de bras peuvent exécuter les travaux nécessaires. On a proscrit le reste du genre humain comme superflu; et l'on a transformé la vie en un parc, que ses propriétaires ont droit de clore de murs, et dont l'entrée n'est accordée que sous le bon plaisir de leur tolérance.

On a pratiqué des vertus domestiques. Il est plus conforme à l'intérêt bien entendu de vivre en paix chez soi qu'en hostilité, et le scandale trouble la vie. Mais les vertus domestiques ont aussi été rabaissées à hauteur d'appui. L'on a eu de l'égoïsme pour sa famille, comme auparavant pour soi. On a repoussé son ami menacé, de peur d'alarmer une épouse inquiète. On a déserté la cause de la patrie, parce que l'intérêt bien entendu voulait qu'on ne compromît pas la dot d'une fille. On a servi le pouvoir injuste, parce que l'intérêt bien entendu ne voulait pas qu'on entravât la carrière d'un fils.

Il n'y avait point de vices dans tout cela; il y avait prudence, arithmétique morale; il y avait la partie logique et raisonnable de l'homme, séparée de sa partie noble et élevée; il y avait, en un mot, l'intérêt bien entendu.

Des exceptions honorables consolent nos regards : mais ces exceptions n'étaient-elles pas des inconséquences, des déviations du systême de l'égoïsme, des hommages rendus à la puissance des émotions?

Et remarquez-le bien : le tableau que nous venons de tracer suppose la prospérité, le calme, un état de choses où rien ne dérange le calcul; où l'intérêt bien entendu, tranquille et sans effroi, sait toujours ce qu'il doit vouloir, et parvient toujours à se faire entendre. C'est le beau idéal d'une société gouvernée par cet intérêt bien entendu. Qu'a-t-elle de plus que les rassemblements industrieux des castors, ou les réunions bien ordonnées des abeilles? Mais que des circonstances plus graves troublent cette société si méthodiquement arrangée, cette collection d'ossements classés avec art et de pétrifications disposées par ordre, le système aura d'autres conséquences.

Son effet naturel est de faire que chaque individu soit son propre centre. Or, quand chacun est son propre centre, tous sont isolés. Quand tous sont isolés, il n'y a que de la poussière. Quand l'orage arrive, la poussière est de la fange.

Amis de la liberté, ce n'est pas avec de tels éléments qu'un peuple l'obtient, la fonde ou la conserve.

Des habitudes qui ne tiennent point à votre systême, une élévation d'ame que ce systême n'a pu détruire, une susceptibilité généreuse qui vous enflamme et vous transporte en dépit de vos doctrines, vous trompent sur l'espèce humaine, et, peut-être, sur vous. Contemplez l'homme dominé par ses sens, assiégé par ses besoins, amolli par la civilisation, et d'autant plus esclave de ses jouissances, que cette civilisation les lui rend plus faciles. Voyez combien de prises il offre à la corruption. Songez à cette flexibilité du langage qui l'entoure d'excuses, et met la pudeur de l'égoïsme à couvert. N'anéantissez donc pas en lui le seul mobile désintéressé qui lutte contre tant de causes d'avilissement.

Tous les systêmes se réduisent à

deux. L'un nous assigne l'intérêt pour guide, et le bien-être pour but. L'autre nous propose pour but le perfectionnement, et pour guide le sentiment intime, l'abnégation de nous-mêmes et la faculté du sacrifice.

En adoptant le premier, vous ferez de l'homme le plus habile, le plus adroit, le plus sagace des animaux ; mais vous le placerez en vain au sommet de cette hiérarchie matérielle : il n'en restera pas moins au-dessous du dernier échelon de toute hiérarchie morale. Vous le jetterez dans une autre sphère que celle où vous croyez l'appeler ; et quand vous l'aurez circonscrit dans cette sphère de dégradation, vos institutions, vos efforts, vos exhortations seront inutiles; vous triompheriez de tous les ennemis extérieurs, que l'ennemi intérieur serait invincible.

Les institutions sont de vaines formes, lorsque nul ne veut se sacrifier pour les institutions. Quand c'est l'égoïsme qui renverse la tyrannie, il ne sait que se partager les dépouilles des tyrans.

Déja une fois l'espèce humaine semblait plongée dans l'abyme. Alors aussi une longue civilisation l'avait énervée (1). L'intelligence qui avait

---

(1) Les effets de la civilisation sont de deux espèces. D'une part, elle ajoute aux découvertes, et chaque découverte est une puissance. Par là elle augmente la masse de moyens à l'aide desquels l'espèce humaine se perfectionne. D'une autre part, elle rend les jouissances plus faciles, plus variées, et l'habitude que l'homme contracte de ces jouissances lui en fait un besoin qui le détourne de

tout analysé, avait semé le doute sur les vérités et sur les erreurs.

---

toutes les pensées élevées et nobles. En conséquence, chaque fois que le genre humain arrive à une civilisation exclusive, il paraît dégradé durant quelques générations. Ensuite il se relève de cette dégradation passagère, et se remettant, pour ainsi dire, en marche, avec les nouvelles découvertes dont il s'est enrichi, il parvient à un plus haut degré de perfectionnement. Ainsi nous sommes, proportion gardée, peut-être aussi corrompus que les Romains du temps de Dioclétien; mais notre corruption est moins révoltante, nos mœurs plus douces, nos vices plus voilés, parce qu'il y a de moins le polythéisme devenu licencieux, et l'esclavage toujours horrible. En même temps, nous avons fait des découvertes immenses. Des générations plus heureuses que nous profiteront et de la destruction des abus dont nous sommes délivrés, et des avantages que nous avons conquis. Mais pour que ces générations puissent avancer dans la route qui leur est ouverte, il leur faudra ce qui nous manque, et ce qui doit nous manquer, la conviction, l'enthousiasme et la puissance de sacrifier l'intérêt à l'opinion.

L'intérêt et le calcul réunissaient sous leur bannière les classes éclairées. Un joug de fer tenait immobiles les classes laborieuses. Aussi que d'efforts inutiles! que de victimes dans cette minorité déja si peu nombreuse qui se rappelait un passé moins abject, et dont le cœur s'élançait vers un avenir moins misérable! Tout fut infructueux : les succès même furent stériles. Après

---

Il résulte de ceci que ce n'est point la civilisation qu'il faut proscrire, et qu'on ne doit ni ne peut l'arrêter. Ce serait vouloir empêcher l'enfant de croître, parce que la même cause qui le fait croître le fera vieillir. Mais il faut apprécier l'époque où l'on vit, voir ce qui est possible, et, en secondant le bien partiel qui peut encore se faire, travailler surtout à jeter les bases d'un bien avenir, qui rencontrera d'autant moins d'obstacles et sera payé d'autant moins cher qu'il aura mieux été préparé.

Caligula, après Néron, bien plus tard encore, sous les règnes de Galba, de Probus, de Tacite, de généreux citoyens crurent un instant que la liberté pouvait renaître. Mais la liberté frappée de mort voyait ses défenseurs tomber avec elle. Le siècle ne les comprenait pas. L'intérêt bien entendu les abandonnait (1). Le monde était peuplé d'esclaves, exploitant la servitude ou la subissant. Les chrétiens parurent : ils placèrent leur point d'appui hors de l'égoïsme. Ils ne disputèrent point l'univers matériel, que la force matérielle tenait enchaîné.

---

(1) Il est remarquable qu'à cette époque toute la classe éclairée, sauf les nouveaux platoniciens d'une part, et les chrétiens de l'autre, professait la philosophie épicurienne, qui n'était au fond que la doctrine de l'intérêt bien entendu.

Ils ne tuèrent point, ils moururent, et ce fut en mourant qu'ils triomphèrent.

Amis de la liberté, proscrits tour à tour par Marius et par Sylla, soyez les premiers chrétiens d'un nouveau Bas-Empire. La liberté se nourrit de sacrifices. Rendez la puissance du sacrifice à la race énervée qui l'a perdue. La liberté veut toujours des citoyens, quelquefois des héros. N'éteignez pas les convictions qui servent de base aux vertus des citoyens, et qui créent les héros, en leur donnant la force d'être des martyrs.

DE LA RELIGION,

CONSIDÉRÉE

DANS SA SOURCE,
SES FORMES ET SES DÉVELOPPEMENTS.

LIVRE PREMIER.

CHAPITRE PREMIER.

Du Sentiment religieux.

L'auteur de *l'Esprit des Lois* a dit, avec raison, que tous les êtres avaient leurs lois, la divinité comme le monde, le monde comme les hommes, les hommes comme les autres espèces d'êtres animés (1).

---

(1) Esprit des lois, liv. I, chap. I.

Ces lois constituent la nature de chaque espèce ; elles sont la cause générale et permanente du mode d'existence de chacune ; et lorsque des causes extérieures apportent quelque changement partiel à ce mode d'existence, le fond résiste et réagit toujours contre les modifications.

Il ne faut donc point vouloir assigner de causes à ces lois primordiales : il faut partir de leur existence pour expliquer les phénomènes partiels.

Pourquoi telle classe d'animaux vit-elle en troupe, tandis que dans telle autre classe chaque individu vit isolé ? Pourquoi dans celle-ci l'union des sexes est-elle plus ou moins durable, tandis qu'à côté l'instinct sauvage reprend sa force dès que le désir est satisfait ?

On ne saurait dire autre chose, sinon que ces espèces sont ainsi. C'est un fait dont la vérité est constatée et dont les explications sont arbitraires. Car les plus faibles parmi ces espèces ne sont pas les plus sociables. En se réunissant, elles ne se prêtent aucune assistance : elles obéissent à leur nature, qui leur a imposé des lois, c'est-à-dire une disposition qui les caractérise et qui décide de leur mode d'exister.

Si donc il y a dans le cœur de l'homme un sentiment qui soit étranger à tout le reste des êtres vivants, qui se reproduise toujours, quelle que soit la position où l'homme se trouve, n'est-il pas vraisemblable que ce sentiment est une loi fondamentale de sa nature?

Tel est, à notre avis, le sentiment religieux. Les hordes sauvages, les tribus barbares, les nations qui sont dans la force de l'état social, celles qui languissent dans la décrépitude de la civilisation, toutes éprouvent la puissance de ce sentiment indestructible.

Il triomphe de tous les intérêts. Le sauvage à qui une pêche ou une chasse pénible ne fournissent qu'une subsistance insuffisante, consacre à son fétiche une portion de cette subsistance précaire. La peuplade belliqueuse dépose ses armes pour se réunir au pied des autels. Les nations libres interrompent leurs délibérations pour invoquer les dieux dans les temples. Les despotes accordent à leurs esclaves des jours de relâche.

Ainsi que les intérêts, les passions se soumettent. Quand les suppliants embrassent les genoux des statues sacrées, la vengeance se tait, la haine se calme. L'homme impose silence à ses penchants les plus impérieux. Il s'interdit le plaisir, abjure l'amour, se précipite dans les souffrances et dans la mort.

Ce sentiment toutefois s'associe à tous nos besoins, à tous nos désirs. Nous demandons aux dieux tout ce que nous ne leur sacrifions pas. Le citoyen les invoque en faveur de sa patrie; l'amant, séparé de ce qu'il aime, leur confie cet objet chéri. La prière du prisonnier perce les murs du cachot qui le renferme; et le tyran s'agite sur son trône, importuné des puissances invisibles, et se rassure à peine en les imaginant mercenaires.

Opposerons-nous à ces exemples quelques peuplades misérables qu'on nous peint errantes sans idées religieuses aux extrémités du globe? Leur existence repose sur le témoignage douteux de quelques voyageurs, probablement inexacts : car assurément l'on peut soupçonner d'inexactitude des écrivains dont les uns ont affirmé sur parole l'athéisme de peuples qu'ils n'avaient point visités (1), et

---

(1) C'est le cas de la plupart des voyageurs que Ro-

dont les autres, méconnaissant la religion où elle était, ont conclu de l'absence de telle ou telle forme que le fond n'existait pas (1). Serait-ce d'ailleurs une exception imposante que celle que fourniraient des hordes qui se nourrissent de chair humaine, et dont l'état ressemble à celui des brutes ?

---

bertson cite, dans son histoire d'Amérique, et l'on peut en dire autant de l'auteur d'une description de la Nigritie, qui a paru à Amsterdam en 1789. C'est sur la foi de son maître de langue qu'il a affirmé que les Seraires, une tribu de Nègres entourée d'autres tribus fétichistes, et qui ont des prêtres et des sorciers, ne rendent pourtant hommage à aucune divinité.

(1) Collins (Account of the english colony in Newwales) prétend que les habitants de la Nouvelle-Hollande n'adorent aucun être visible ou invisible; et, immédiatement après, il parle des sacrifices qu'ils offrent aux ames des morts, de la crainte qu'elles leur inspirent, de leur confiance dans les sorciers, et des artifices grossiers que ceux-ci emploient pour accroître leur influence. Or un peuple qui invoque ceux qui ne sont plus, qui recourt à la puissance de la magie, qui croit à des forces surnaturelles, à des rapports entre ces forces et l'homme, et à des moyens de les disposer en sa faveur, professe évidemment une religion quelconque. Il en est de même de l'allemand Beger, dans sa relation de Californie : Les Californiens, dit-il, ne reconnaissent ni un dieu unique,

Nous pouvons donc considérer ce sentiment comme universel : ne serait-il qu'une grande erreur ?

Quelques hommes le disent de temps à autre. La peur, l'ignorance, l'autorité, la ruse, telles sont, à les entendre, les premières causes de la religion (1); ainsi des causes toutes passagères, extérieures et accidentelles, auraient changé la nature intérieure et permanente de l'homme, et lui auraient donné une autre nature, et, chose bizarre, une nature dont il ne peut se défaire, même lorsque ces causes n'existent plus !

Car c'est en vain que ses connaissances s'étendent, et qu'en lui expliquant les lois physiques du monde, elles lui apprennent à ne

---

ni plusieurs dieux. Mais ils se meurtrissent la tête à coups de pierre aux funérailles de leurs parens : ils leur donnent des souliers pour leur voyage dans un autre monde. Ils ont des jongleurs qui se retirent dans des cavernes pour y conférer solitairement avec des êtres supérieurs. N'est-ce pas là une religion ?

(1) V. Démocrit. ap. Sext. Empir. adv. Mathem. Cicer. de nat. Deor. 11., 5. Hume, natur. hist. of relig. Boulanger, Antiquité dévoilée, I. 323. — 367. II. 133.

plus leur assigner pour moteurs des êtres qu'il importune de ses adorations ou qu'il fléchisse par ses prières. Les enseignements de l'expérience repoussent la religion sur un autre terrain, mais ne la bannissent pas du cœur de l'homme. A mesure qu'il s'éclaire, le cercle d'où la religion se retire s'agrandit. Elle recule, mais ne disparaît pas. Ce que les mortels croient, et ce qu'ils espèrent, se place toujours, pour ainsi dire, à la circonférence de ce qu'ils savent. L'imposture et l'autorité peuvent abuser de la religion, mais n'auraient pu la créer. Si elle n'était pas d'avance au fond de notre ame, le pouvoir ne s'en serait pas fait un instrument, des castes ambitieuses un métier.

Mais si elle est au fond de l'ame de tous, d'où vient l'opposition de quelques-uns à cette conviction générale, à cet assentiment unanime? Soupçonnerons-nous leurs motifs où leurs lumières? Les taxerons-nous d'une ignorance présomptueuse, ou les accuserons-nous d'être intéressés à rejeter une doctrine qui, rassurante pour la vertu, n'est menaçante que pour le vice?

Non, ces hommes sont, à plusieurs époques, les plus instruits, les plus éclairés, les plus estimables de leur siècle. Dans leurs rangs se trouvent de généreux défenseurs de la liberté, des citoyens irréprochables, des philosophes dévoués à la recherche de la vérité, d'ardents ennemis de toute puissance arbitraire ou oppressive. La plupart d'entre eux, livrés à des méditations assidues, sont préservés des tentations corruptrices par les jouissances de l'étude et l'habitude de la pensée. Comment la religion, qui n'a rien d'effrayant pour de tels hommes, leur devient-elle un objet de répugnance et d'hostilité? Son absurdité leur serait-elle donc tellement démontrée? mais eux-mêmes reconnaissent que le raisonnement ne conduit qu'au doute. Par quel renversement singulier d'idées le recours innocent et naturel d'un être malheureux à des êtres secourables a-t-il quelquefois provoqué leur haine, au lieu d'exciter en eux la sympathie qu'il semble appeler?

Qui oserait, en jetant un regard sur la carrière qui nous est tracée, déclarer ce recours inutile ou superflu? Les causes de nos douleurs sont nombreuses. L'autorité peut nous poursuivre, le mensonge nous calomnier. Les

liens d'une société toute factice nous blessent.
La destinée nous frappe dans ce que nous chérissons. La vieillesse s'avance vers nous, époque sombre et solennelle, où les objets s'obscurcissent et semblent se retirer, et où je ne sais quoi de froid et de terne se répand sur tout ce qui nous entoure. Nous cherchons partout des consolations, et presque toutes nos consolations sont religieuses. Lorsque le monde nous abandonne, nous formons une alliance au-delà du monde. Lorsque les hommes nous persécutent, nous nous créons un appel par-delà les hommes. Lorsque nous voyons s'évanouir nos illusions les plus chéries, la justice, la liberté, la patrie, nous nous flattons qu'il existe quelque part un être qui nous saura gré d'avoir été fidèles, malgré notre siècle, à la justice, à la liberté, à la patrie. Quand nous regrettons un objet aimé, nous jetons un pont sur l'abîme et le traversons par la pensée. Enfin, lorsque la vie nous échappe, nous nous élançons vers une autre vie. Ainsi, la religion est la compagne fidèle, l'ingénieuse et infatigable amie de l'infortuné. Celui qui regarde comme des erreurs toutes ses espérances, devrait, ce nous semble, être

plus profondément ému que tout autre, de ce concours universel de tous les êtres souffrants, de ces demandes de la douleur, s'élevant vers un ciel d'airain de tous les points de la terre, pour rester sans réponse, et de l'illusion secourable qui nous transmet comme une réponse le bruit confus de tant de prières, répétées au loin dans les airs.

Mais on a dénaturé la religion. L'on a poursuivi l'homme dans ce dernier asyle, dans ce sanctuaire intime de son existence. La persécution provoque la révolte. L'autorité, déployant ses rigueurs contre une opinion quelconque, excite à la manifestation de cette opinion tous les esprits qui ont quelque valeur. Il y a en nous un principe qui s'indigne de toute contrainte intellectuelle. Ce principe peut aller jusqu'à la fureur : il peut être la cause de beaucoup de crimes ; mais il tient à tout ce qui est noble dans notre nature.

De là, dans tous les siècles où les hommes ont reclamé leur indépendance morale, cette résistance à la religion qui a paru dirigée contre la plus douce des affections, et qui ne l'était en effet que contre la plus oppressive des tyrannies. En plaçant la force du côté de la foi on avait mis le courage du côté du doute. La fureur des croyants avait exalté la vanité des incrédules, et l'homme était arrivé de la sorte à se faire gloire d'une doctrine dont le principal mérite était dans l'audace qu'il y avait à la professer.

Je me suis souvent senti frappé de terreur et d'étonnement en lisant le fameux *Systéme de la nature.* Ce long acharnement d'un vieillard à fermer devant lui tout avenir, cette inexplicable soif de la destruction, cet enthousiasme contre une idée douce et consolante, me paraissaient un bizarre délire : mais je me l'expliquais bientôt, en me rappelant que l'autorité prêtait à cette idée un appui violent et factice : et d'une sorte de répugnance pour l'écrivain, qui me présentait avec triomphe le néant comme terme de moi-même et des objets de mes affections, je passais à quelque estime pour l'antagoniste intrépide d'une arrogante autorité.

Le régne de l'intolérance est passé. Quelques efforts qu'une politique étroite et surannée fasse encore pour le rétablir dans quelques contrées de notre vieille Europe, nous ne le verrons plus reparaître. La civilisation de nos jours le repousse : il est incompatible avec elle. Pour ramener l'espèce humaine à ses lois iniques, il faudrait qu'une nouvelle invasion de peuples barbares entraînât le bouleversement et la destruction de nos sociétés actuelles. Ce péril n'est point à craindre. Aucune partie du globe ne recèle comme autrefois les vainqueurs sauvages des nations policées; et si les vraisemblances ne sont point trompeuses, l'excès de la civilisation est le seul danger que nous ayons maintenant à redouter.

Avec l'empire de l'intolérance doit s'évanouir aussi l'irritation que l'oppression fait naître, et qui s'enorgueillit de lui résister. L'incrédulité a perdu son plus grand charme, celui du danger. Il n'y a plus d'attrait, là où il n'y a plus de péril.

Le moment est donc favorable pour nous occuper de ce vaste sujet, sans partialité comme sans haine. Le moment est favorable pour juger la religion comme un fait dont on ne saurait contester la réalité, et dont il importe de connaître la nature et les modifications successives.

La recherche est immense. Ceux même qui la croient telle ne l'ont pas appréciée dans toute son étendue. Bien qu'on ait beaucoup écrit sur cette matière, la question principale reste encore inaperçue. Un pays peut être long-temps le théâtre de la guerre, et demeurer, sous tous les autres rapports, inconnu aux troupes qui le parcourent. Elles ne voient dans les plaines que des champs de bataille, dans les montagnes que des postes, dans les vallons que des défilés. Ce n'est qu'à la paix qu'on examine le pays pour le pays même.

Tel a été le sort de la religion, vaste contrée, attaquée et défendue avec une ténacité, une violence égales, mais que n'a visité aucun voyageur désintéressé, pour nous en donner une description fidèle.

L'on n'a jusqu'ici envisagé que l'extérieur de la religion. L'histoire du sentiment intérieur reste en entier à concevoir et à faire. Les dogmes, les croyances, les pratiques, les cérémonies, sont des formes que prend le sentiment intérieur et qu'il brise ensuite (1). D'a-

---

(1) Afin d'éviter qu'on ne s'autorise d'une phrase à laquelle on attacherait un sens qui lui est étranger, pour nous accuser de nier la révélation qui sert de base à la

près quelles lois prend-il ces formes? D'après quelles lois en change-t-il? Ce sont des questions que personne n'a examinées. L'on a décrit les dehors du labyrinthe : nul n'a percé

---

croyance de tous les peuples civilisés de l'Europe, nous devons remarquer qu'en disant que le sentiment intérieur prend une forme et la brise ensuite, nous ne contestons point que cette forme ne puisse lui être présentée d'une manière surnaturelle quand il la reçoit, et qu'il ne puisse de même en être affranchi d'une manière surnaturelle quand il la brise. C'est même ce qui est arrivé d'après le récit littéral et formel de nos livres sacrés. La loi juive était une loi divine, offerte aux Hébreux par la puissance suprême qui les éclairait, et acceptée par le sentiment religieux de cette nation. Cette loi néanmoins n'étant bonne que pour un temps, elle fut remplacée par la loi nouvelle, c'est-à-dire que l'ancienne forme fut brisée par son auteur, que le sentiment religieux fut invité et autorisé à s'en détacher, et qu'une forme nouvelle lui fut substituée. Affirmer que le germe de la religion se trouve dans le cœur de l'homme, ce n'est assurément point assigner à ce don du ciel une origine purement humaine. L'être infini a déposé ce germe dans notre sein, pour nous préparer aux vérités que nous devions connaître. Nous pourrions nous appuyer ici de l'autorité de saint Paul, qui dit que Dieu avait laissé, jusqu'à une certaine époque, les nations le chercher par leurs propres forces. Plus on est convaincu que la religion nous a été révélée par des voies surnaturelles, plus on doit ad-

jusqu'au centre, nul ne le pouvait. Tous cherchaient l'origine de la religion dans des circonstances étrangères à l'homme, les dévots comme les philosophes. Les uns ne voulaient

---

mettre que nous avions en nous la faculté de recevoir ces communications merveilleuses. C'est cette faculté que nous nommons le sentiment religieux. En partant, dans nos recherches, de l'état le plus grossier de l'espèce humaine, et en montrant comment elle en est sortie, nous n'infirmons point les récits du seul peuple qu'il nous soit prescrit de placer dans une classe particulière. Ces récits, en nous racontant les manifestations célestes qui ont entouré le berceau du monde, nous apprennent aussi que la race des hommes a mal profité de ce bienfait. Les vérités que la puissance suprême lui avait fait connaître se sont rapidement effacées de sa mémoire, et à l'exception d'une tribu spécialement favorisée, elle a été bientôt replongée dans l'ignorance et dans l'erreur. Loin de dire que la religion n'est que la création de la crainte ou l'œuvre de l'imposture, nous avons prouvé que ni l'imposture ni la crainte n'ont suggéré à l'homme ses premières notions religieuses. Nous dirons plus : dans le cours de nos recherches, un fait nous a frappés, un fait qui s'est répété plus d'une fois dans l'histoire. Les religions constituées, travaillées, exploitées par les hommes, ont fait souvent du mal. Toutes les crises religieuses ont fait du bien. Voyez l'Arabe : brigand sans pitié, assassin sans remords, époux impitoyable, père dénaturé, l'Arabe n'était qu'un animal féroce. On peut consulter sur ses

pas que l'homme pût être religieux sans une révélation particulière et locale; les autres sans l'action des objets extérieurs. De là une erreur première, de là une série de longues erreurs. Oui, sans doute, il y a une révélation, mais cette révélation est universelle, elle est permanente, elle a sa source dans le cœur humain. L'homme n'a besoin que de s'écouter lui-même, il n'a besoin que d'écouter la nature

---

anciennes mœurs les observations critiques de Sale, à la tête de sa traduction du Coran. Les Arabes, avant Mahomet, considéraient les femmes comme une propriété. Ils les traitaient en esclaves. Ils enterraient leurs filles vivantes. Le prophète paraît, et deux siècles d'héroïsme, de générosité, de dévouement, deux siècles, égaux sous plus d'un rapport aux plus belles époques de la Grèce et de Rome, laissent dans les annales du monde une trace brillante. Nous avons à dessein cité l'islamisme, de toutes les religions modernes, la plus stationnaire, et par là même aujourd'hui la plus défectueuse et la plus nuisible. Nous aurions eu trop d'avantages, si nous avions choisi pour exemple la religion chrétienne. Nous pensons donc que l'idée dominante de notre ouvrage n'ébranle aucune des bases de cette religion, au moins telle que la conçoit le protestantisme que nous professons, et que nous avons le droit légal de préférer à toutes les autres communions chrétiennes.

qui lui parle par mille voix, pour être invinciblement porté à la religion. Sans doute aussi, les objets extérieurs influent sur les croyances : mais ils en modifient les formes, ils ne créent pas le sentiment intérieur qui leur sert de base.

C'est là cependant ce qu'on s'est obstiné à méconnaître. On nous a montré le sauvage rempli de crainte à l'aspect des phénomènes souvent malfaisants de la nature, et divinisant, dans sa crainte, les pierres, les troncs d'arbres, la peau des bêtes farouches, tous les objets, en un mot, qui s'offraient à ses yeux.

On en a conclu que la terreur était la seule source de la religion. Mais en raisonnant de la sorte, on négligeait précisément la question fondamentale. On n'expliquait point d'où venait cette terreur de l'homme à l'idée de puissances cachées qui agissent sur lui. On ne rendait point compte du besoin qu'il éprouve de découvrir et d'adorer ces puissances occultes.

Plus on se rapproche des systèmes contraires à toute idée religieuse, plus cette disposition devient difficile à expliquer. Si l'homme ne diffère des animaux que parce qu'il possède à un degré supérieur les facultés dont ils sont doués; si son intelligence est de même nature que la leur, et seulement plus exercée et plus étendue, tout ce que cette intelligence produit en lui, elle devrait le produire en eux, à un degré inférieur sans doute, mais à un degré quelconque.

Si la religion vient de la peur, pourquoi les animaux, dont plusieurs sont plus timides que nous, ne sont-ils pas religieux? Si elle vient de la reconnaissance, les bienfaits comme les rigueurs de la nature physique étant les mêmes pour tous les êtres vivants, pourquoi la religion n'appartient-elle qu'à l'espèce humaine? Si l'on indique pour source de la religion l'ignorance des causes, nous sommes obligés de reproduire sans cesse le même raisonnement. L'ignorance des causes existe pour les animaux plus que pour l'homme; d'où vient que l'homme seul cherche à découvrir les causes inconnues? D'ailleurs, à l'autre extrême de la civilisation, à une époque où l'ignorance des causes physiques n'existe plus, et où l'homme n'étant plus en épouvante devant une nature qu'il a subjuguée, n'a plus d'intérêt à diviniser cette nature, ne voyez-vous pas se reproduire le même besoin d'une correspondance mystérieuse avec un monde et des êtres invisibles?

Lorsqu'on attribue la religion à notre organisation plus parfaite, on méconnaît une distinction très-essentielle. Entendez-vous par organisation l'ensemble de toutes nos facultés, nos organes, notre jugement, notre puissance de réfléchir et de combiner, notre sentiment enfin? nous sommes d'accord; mais ce que vous appelez notre organisation n'est autre chose que notre nature, et alors vous reconnaissez que la religion est dans notre nature. Entendez-vous par organisation seulement la supériorité des moyens physiques dont l'homme est investi? Mais si la supériorité de l'organisation physique décidait de la tendance au sentiment religieux, comme il y a des animaux mieux organisés les uns que les autres, on devrait remarquer en eux quelques symptômes de cette tendance, symptômes qui seraient proportionnés à la perfection plus ou moins grande de leur organisation.

Si, par une suite de sa prévoyance et de sa mémoire, l'homme combine ses idées et tire des faits qu'il observe les conséquences qui en découlent, les animaux ont aussi de la mémoire, ils ont aussi de la prévoyance : le chien, corrigé par son maître, évite de retomber dans la même faute; comment se fait-il que non moins exposé que l'homme aux accidents physiques, il ne cherche point à en conjurer les causes, tandis qu'il cherche à éviter ou à désarmer la colère d'un maître offensé?

D'ailleurs, quelle prévoyance vous prêtez au sauvage, de toutes les créatures, même pour ses intérêts présents, la plus oublieuse, la plus insouciante! L'Esquimau, lorsque ses besoins sont satisfaits, dort dans le creux de ses rochers, ne médite sur rien, n'observe rien; le Caraïbe n'étend pas ses réflexions jusque sur sa vie du lendemain : et cependant, quand il s'agit de la religion, l'Esquimau devient curieux, le Caraïbe prévoyant : c'est que la religion est pour eux un besoin plus vif et plus impérieux que tous les autres, un besoin qui l'emporte sur tout le reste de leur nature, sur leur indifférence, sur leur apathie, sur leur manque de curiosité.

En supposant le sentiment religieux, les espérances religieuses, l'enthousiasme qu'elles inspirent, de vaines illusions, ce seraient encore des illusions particulières à l'homme; ces illusions le distingueraient du reste des êtres vivants, et il en résulterait pour lui une seconde exception, non moins singulière. Tous les êtres se perfectionnent d'autant plus qu'ils obéissent à leur nature. L'homme se perfectionnerait d'autant plus qu'il s'éloignerait de la sienne. La perfection de tous les êtres est dans la vérité; celle de l'homme serait dans l'erreur!

Nous irons plus loin; si la religion n'était pas dans la nature de l'homme, la supériorité de son organisation l'en éloignerait au lieu de l'y conduire; car le résultat de cette organisation supérieure étant qu'il satisfait mieux à ses besoins par les forces qu'il connaît et qu'il est parvenu à employer, il aurait d'autant moins de motifs de supposer ou d'invoquer des forces inconnues. Il se trouve mieux sur la terre : il devrait être d'autant moins porté à lever les yeux vers le ciel.

Cette observation s'applique à tous les états de la société humaine. Il n'y en a aucun où, si vous ne reconnaissez la religion pour inhérente à l'homme, elle ne soit un hors-d'œuvre dans son existence. Voyez nos associations civilisées. La culture de la terre subvient à notre nourriture. Nos murs et nos toits nous protégent contre les saisons. Il y a des lois pour nous garantir de la violence. Il y a des gouvernements chargés de maintenir ces lois, et qui, bien ou mal, s'en acquittent. Il y a des supplices pour ceux qui les enfreignent. Il y a du luxe, des raffinements, des plaisirs pour le riche. Il y a des sciences pour nous expliquer les phénomènes qui nous entourent, et pour détourner ceux qui nous menacent. Il y a des médecins pour les maladies. Quant à la mort, c'est un accident inévitable, dont il est superflu de s'occuper. Tout n'est-il pas merveilleusement arrangé pour l'homme? Quel besoin cet arrangement laisse-t-il sans le satisfaire? Quelle crainte sans la calmer? Où donc est la cause extérieure qui nous rend la religion nécessaire? Elle l'est pourtant, nous le sentons, les uns toujours, les autres par intervalles. C'est que cette cause n'est pas hors de nous : elle est en nous, elle fait partie de nous-mêmes.

On n'a jamais voulu reconnaître ce que l'homme était. On a interrogé les objets extérieurs sur les dispositions inhérentes à son être. Il n'est pas étonnant qu'ils n'aient pu répondre. On a recherché l'origine de la religion, comme on a recherché celle de la société, celle du langage. L'erreur a été la même dans toutes ces recherches. On a commencé par supposer que l'homme avait existé sans société, sans langage, sans religion. Mais cette supposition impliquait qu'il pouvait se passer de toutes ces choses, puisqu'il avait pu exister sans elles. En partant de ce principe on devait s'égarer. La société, le langage, la religion sont inhérents à l'homme : les formes varient. On peut demander la cause de ces variétés. On peut s'appliquer à découvrir pourquoi l'homme en société a tel genre de gouvernement ; pourquoi dans telle religion il y a telle pratique ou tel dogme; pourquoi telle langue a de l'affinité avec telle autre. Mais prétendre remonter plus haut, c'est une tentative chimérique, un moyen sûr de ne parvenir à aucune vérité. Assigner à la religion, à la sociabilité, à la faculté du langage, d'autres causes que la nature de l'homme, c'est se tromper volontairement. L'homme n'est pas religieux parce qu'il est timide; il est religieux parce qu'il est homme. Il n'est pas sociable parce qu'il est faible; il est sociable parce que la sociabilité est dans son essence. Demander pourquoi il est religieux, pourquoi il est sociable, c'est demander la raison de sa structure physique et de ce qui constitue son mode d'exister (1).

On est tombé dans une seconde erreur. On a cru, parce qu'il s'agissait d'une chose qui a

---

(1) Si l'on croyait voir ici quelque analogie avec le système des idées innées, on se tromperait. L'homme n'a certainement en lui-même aucune idée préexistante sur la religion. Philosophiquement parlant, ses notions religieuses lui viennent de ses sens, comme toutes ses notions. La preuve en est qu'elles sont toujours propor-

beaucoup d'influence sur les hommes, qu'il fallait ou détruire ou maintenir : et dans les projets de destruction comme dans les projets de conservation, l'on a confondu ce qui était nécessairement passager et périssable avec ce qui était non moins nécessairement éternel et indestructible.

Il y a, nous l'avons dit, quelque chose d'indestructible dans la religion. Elle n'est ni une découverte de l'homme éclairé qui soit étrangère à l'homme ignorant, ni une erreur de l'homme ignorant dont l'homme éclairé se puisse affranchir. Mais il faut distinguer le fond d'avec les formes, et le sentiment religieux d'avec les institutions religieuses : non que nous prétendions médire ici de ces formes ou de ces institutions. L'on verra, dans notre ouvrage, que le sentiment religieux ne peut s'en passer. On verra plus ; à chaque époque,

---

tionnées à sa situation extérieure. Mais il est dans sa disposition naturelle de concevoir toujours des notions religieuses, d'après les impressions qu'il reçoit, et la situation extérieure dans laquelle il se trouve.

la forme qui s'établit naturellement est bonne et utile; elle ne devient funeste que lorsque des individus ou des castes s'en emparent et la pervertissent pour prolonger sa durée. Mais il n'en est pas moins vrai que tandis que le fond est toujours le même, immuable, éternel, la forme est variable et transitoire.

Ainsi, de ce que telle forme religieuse est attaquée; de ce que la philosophie tourne ses raisonnements, l'ironie ses sarcasmes, l'indépendance intellectuelle son indignation, contre cette forme; de ce qu'en Grèce, par exemple, Evhemère détrône les dieux de l'Olympe; de ce qu'à Rome Lucrèce proclame la mortalité de l'ame, et la vanité de nos espérances; de ce que, plus tard, Lucien insulte aux dogmes homériques, ou Voltaire à tels autres dogmes; enfin, de ce que toute une génération semble applaudir au mépris dont on accable une croyance long-temps respectée, il n'en résulte point que l'homme soit disposé à se passer de la religion. C'est seulement une preuve que la forme ainsi menacée ne convenant plus à l'esprit humain, le sentiment religieux s'en est séparé.

Mais, dira-t-on, comment se faire une idée du sentiment religieux, indépendamment des formes qu'il revêt? Nous ne le trouvons sans doute jamais ainsi dans la réalité; mais, en descendant au fond de notre ame, il nous sera possible, nous le croyons, de le concevoir tel par la pensée.

Lorsqu'on examine l'espèce humaine sous des rapports purement relatifs à la place qu'elle occupe et au but qu'elle paraît destinée à atteindre sur la terre, on est frappé de l'harmonie et de la juste proportion qui existent entre ce but, et les moyens que l'homme possède pour y parvenir. Dominer les autres espèces; en faire servir un grand nombre à son utilité; détruire ou repousser au loin celles qui lui refusent l'obéissance; forcer le sol qu'il habite à satisfaire abondamment à ses besoins, et à pourvoir avec variété à ses jouissances; gravir le sommet des montagnes pour soumettre les rochers à la culture; creuser les abîmes; en arracher les métaux et les façonner à son usage; dompter l'onde et le feu, pour les faire coopérer à ces transformations merveilleuses; braver le climat par les précautions, et le temps par les édifices; s'assujettir, en un mot, la nature physique; se la rendre esclave, et tourner ses forces contre elle-même; ce ne sont là que les premiers pas de l'homme vers la conquête de l'univers. Bientôt, s'élevant plus haut encore, il dirige contre ses propres passions sa raison éclairée par l'expérience. Il impose un joug uniforme à ces ennemis intérieurs, plus rebelles que tous les obstacles extérieurs qu'il a vaincus. Il obtient de lui-même et de ses semblables des sacrifices qu'on eût dit impossibles. Il parvient à faire respecter la propriété par celui qu'elle exclut, la loi par celui qu'elle condamne. De rares exceptions facilement réprimées ne dérangent en rien l'ordre général.

Alors, l'homme, considéré toujours sous des rapports purement terrestres, semble être arrivé au comble de son perfectionnement moral et physique. Ses facultés sont admirablement combinées pour le guider vers ce but. Ses sens, plus parfaits que ceux des espèces inférieures, sinon chacun en particulier, du moins tous ensemble, par la réunion et par l'assistance mutuelle qu'ils se prêtent; sa mémoire, si fidèle, qui lui retrace les objets divers, sans leur permettre de se confondre; son jugement, qui les classe et les compare; son esprit qui, chaque jour, lui dévoile en eux de nouveaux rapports; tout concourt à le conduire rapidement à des découvertes successives et à consolider ainsi son empire.

Cependant au milieu de ses succès et de ses triomphes, ni cet univers qu'il a subjugué, ni ces organisations sociales qu'il a établies, ni ces lois qu'il a proclamées, ni ces besoins qu'il a satisfaits, ni ces plaisirs qu'il diversifie, ne suffisent à son ame. Un désir s'élève sans cesse en lui et lui demande autre chose. Il a examiné, parcouru, conquis, décoré la demeure qui le renferme, et son regard cherche une autre sphère. Il est devenu maître de la nature visible et bornée, et il a soif d'une nature invisible et sans bornes. Il a pourvu à des intérêts qui, plus compliqués et plus factices, semblent d'un genre plus relevé. Il a tout connu, tout calculé, et il éprouve de la lassitude à ne s'être occupé que d'intérêts et de calculs. Une voix crie au fond de lui-même, et lui dit que toutes ces choses ne sont que du mécanisme, plus ou moins ingénieux, plus ou moins parfait, mais qui ne peut servir de terme ni de circonscription à son existence, et que ce qu'il a pris pour un but n'était qu'une série de moyens.

Il faut bien que cette disposition soit inhérente à l'homme, puisqu'il n'est personne qui n'ait, avec plus ou moins de force, été saisi par elle, dans le silence de la nuit, sur les bords de la mer, dans la solitude des campagnes. Il n'est personne qui ne se soit, pour un instant, oublié lui-même, senti comme entraîné dans les flots d'une contemplation vague, et plongé dans un océan de pensées nouvelles, désintéressées, sans rapport avec les combinaisons étroites de cette vie. L'homme le plus dominé par des passions actives et personnelles a pourtant, malgré lui, subitement, de ces mouvements qui l'enlèvent à toutes les idées particulières et individuelles. Ils naissent en lui lorsqu'il s'y attend le moins. Tout ce qui au physique tient à la nature, à l'univers, à l'immensité; tout ce qui au moral excite l'attendrissement et l'enthousiasme; le spectacle d'une action vertueuse, d'un généreux sacrifice, d'un danger bravé courageusement, de la douleur d'autrui secourue ou soulagée, le mépris du vice, le dévouement au malheur, la résistance à la tyrannie, réveillent et nourrissent dans l'ame de l'homme cette disposition mystérieuse ; et si les habitudes de l'égoïsme le portent à sourire de cette exaltation momentanée, il n'en sourit néanmoins qu'avec une honte secrète qu'il cache sous l'apparence de l'ironie, parce qu'un instinct sourd l'avertit qu'il outrage la partie la plus noble de son être.

Ajoutons qu'en nous étudiant bien dans ces heures si courtes et si peu semblables à tout le reste de notre existence, nous trouverons qu'à l'instant où nous sortons de cette rêverie et nous laissons reprendre par les intérêts qui nous agitent, nous nous sentons comme descendre d'un lieu élevé dans une atmosphère plus dense et moins pure, et nous avons besoin de nous faire violence pour rapprendre ce que nous nommons la réalité.

Il existe donc en nous une tendance qui est en contradiction avec notre but apparent et avec toutes les facultés qui nous aident à marcher vers ce but. Ces facultés, toutes adaptées à notre usage, correspondent entre elles pour nous servir, se dirigent vers notre plus grande utilité, et nous prennent pour unique centre. La tendance que nous venons de décrire nous pousse au contraire hors de nous, nous imprime un mouvement qui n'a point notre utilité pour but, et semble nous porter vers un centre inconnu, invisible, sans nulle analogie avec la vie habituelle et les intérêts journaliers. Cette tendance jette fréquemment au-dedans de nous un grand désordre; elle se repaît de ce que notre logique nomme des chimères; elle se plaît à des émotions dont notre intelligence ne peut nous rendre compte; elle nous désintéresse de nos intérêts; elle nous force à croire en dépit de nos doutes, à nous affliger au milieu des fêtes, à gémir au sein du bonheur : et il est remarquable que des traces de cette disposition se trouvent dans toutes nos passions nobles et délicates. Toutes ces passions ont comme elle quelque chose de mystérieux, de contradictoire. La raison commune ne peut en expliquer aucune d'une manière satisfaisante. L'amour, cette préférence exclusive, pour un objet dont nous avions pu nous passer long-temps, et auquel tant d'autres ressemblent (1); le besoin de la gloire, cette soif d'une célébrité qui doit se prolonger après nous; la jouissance que nous trouvons dans le dévouement, jouissance contraire à l'instinct habituel de notre nature; la mélancolie, cette tristesse sans cause, au sein de laquelle est un plaisir qui se dérobe à l'analyse; mille autres sensations qu'on ne peut décrire, sont inexplicables pour la rigueur du raisonnement.

Nous ne rechercherons point ici quelle est l'origine de cette disposition, qui fait de

---

(1) Traduit devant le tribunal d'une logique sévère, l'amour pourrait fort bien y perdre sa cause. En subsisterait-il moins? Cesserait-il de faire la destinée des ames les plus délicates et les plus sensibles, pendant la plus belle portion de la vie? Le sentiment religieux n'est pas comme l'amour un penchant passager. Son influence ne se borne pas à la jeunesse. Il se fortifie au contraire, et s'accroît avec l'âge. En le détruisant, si on pouvait le détruire, on ne priverait pas seulement l'époque des passions de quelques jouissances enthousiastes; on dépouillerait celle de l'isolement et de la faiblesse, du dernier rayon de lumière, du dernier souffle de chaleur.

l'homme un être double et énigmatique, et le rend quelquefois comme déplacé sur cette terre. Les croyants peuvent y voir le souvenir d'une chûte, les philosophes y reconnaître le germe d'un perfectionnement futur. C'est une question que nous laissons indécise.

Mais nous affirmons que si l'on rapproche cette disposition du sentiment universel dont nous avons parlé ci-dessus, de ce sentiment qui porte l'homme à s'adresser à des êtres invisibles, à faire dépendre d'eux sa destinée, à mettre plus d'importance à ses rapports avec le monde qu'ils habitent, qu'aux avantages les plus immédiats du monde actuel, l'on ne pourra nier que ces deux choses ne semblent se tenir étroitement, et que la seconde ne soit, en quelque sorte, l'application pratique de la première.

Nous éprouvons un désir confus de quelque chose de meilleur que ce que nous connaissons : le sentiment religieux nous présente quelque chose de meilleur. Nous sommes importunés des bornes qui nous resserrent et qui nous froissent : le sentiment religieux nous annonce une époque où nous franchirons ces bornes : nous sommes fatigués de ces agitations de la vie, qui, sans se calmer jamais, se ressemblent tellement qu'elles rendent à la fois la satiété inévitable et le repos impossible : le sentiment religieux nous donne l'idée d'un repos ineffable toujours exempt de satiété. En un mot, le sentiment religieux est la réponse à ce cri de l'ame que nul ne fait taire, à cet élan vers l'inconnu, vers l'infini, que nul ne parvient à dompter entièrement, de quelques distractions qu'il s'entoure, avec quelque habileté qu'il s'étourdisse ou qu'il se dégrade.

Si l'on accusait cette définition d'être obscure ou vague, nous demanderions comment on définit avec précision ce qui, dans chaque individu, dans chaque pays, à chaque différente époque, se métamorphose et se modifie? Tous nos sentiments intimes semblent se jouer des efforts du langage : la parole rebelle, par cela seul qu'elle généralise ce qu'elle exprime, sert à désigner, à distinguer, plutôt qu'à définir. Instrument de l'esprit, elle ne rend bien que les notions de l'esprit. Elle échoue dans tout ce qui tient, d'une part aux sens et de l'autre à l'ame. Définissez l'émotion que vous causent la méditation de la mort, le vent qui gémit à travers des ruines ou sur des tombeaux, l'harmonie des sons ou celle des formes. Définissez la rêverie, ce frémissement intérieur de l'ame, où viennent se rassembler et comme se perdre dans une confusion mystérieuse toutes les jouissances des sens et de la pensée.

En plaçant le sentiment religieux à un degré plus haut, mais dans la même cathégorie que nos émotions les plus profondes et les plus pures, nous sommes loin de rien prononcer contre la réalité de ce qu'il révèle ou de ce qu'il devine. Pour refuser à ce sentiment une base réelle, il faudrait supposer dans notre nature une inconséquence d'autant plus étrange qu'elle serait la seule de son espèce. Rien ne paraît exister en vain. Tout symptôme indique une cause, toute cause produit son effet. Nos corps sont destinés à périr : aussi contiennent-ils des germes de destruction. Ces germes, combattus quelque temps par le principe vital qui assure notre durée passagère, triomphent néanmoins. Pourquoi la tendance que nous avons décrite et qui peut-être est déterminée par un germe d'immortalité, ne triompherait-elle pas aussi?

Nous sentons nos corps entraînés vers la tombe : la tombe s'ouvre pour eux. Nous sentons une autre partie de nous, une partie plus intime, quoique moins bien connue, attirée vers une autre sphère : qui osera dire que cette sphère n'existe pas, ou nous reste fermée ?

Si vous erriez au sein de la nuit, n'ayant que la notion de l'obscurité, et toutefois y trouvant une douleur secrète et amère, et si tout à coup, dans le lointain, la voûte ténébreuse s'entr'ouvrait par intervalles laissant échapper une splendeur subite qui disparaîtrait aussitôt, ne penseriez vous pas que derrière cette voûte opaque, est l'univers lumineux dont le désir inexplicable vous dévorait à votre insu ?

On peut donc, bien que le sentiment religieux n'existe jamais sans une forme quelconque, le concevoir indépendamment de toute forme, en écartant tout ce qui varie, suivant les situations, les circonstances, les lumières relatives, et en rassemblant tout ce qui reste immuable, dans les situations et les circonstances les plus différentes.

Car par cela même que ce sentiment se proportionne à tous les états, à tous les siècles, à toutes les conceptions, les apparences qu'il revêt sont souvent grossières. Mais en dépit de cette détérioration extérieure, on retrouve toujours en lui des traits qui le caractérisent et le font reconnaître. En s'associant, comme nous l'avons montré, aux intérêts communs, aux calculs vulgaires, il répugne néanmoins à cette alliance; pareil à un envoyé céleste, qui, pour policer des tribus barbares, se plierait à leurs mœurs et à leur langue imparfaite, mais dont la voix et le regard attesteraient toujours qu'il est d'une race supérieure et a vu le jour dans de plus heureux climats. Quoi de plus ignorant, de plus superstitieux que le sauvage abruti, qui enduit de boue et de sang son informe fétiche? Mais suivez-le sur le tombeau de ses morts : écoutez les lamentations des guerriers pour leurs chefs, de la mère pour l'enfant qu'elle a perdu. Vous y démêlerez quelque chose qui pénètrera dans votre ame, qui réveillera vos émotions, qui ranimera vos espérances. Le sentiment religieux vous semblera, pour ainsi dire, planer sur sa propre forme.

CHAPITRE II.

De la nécessité de distinguer le sentiment religieux des formes religieuses, pour concevoir la marche des religions.

La distinction que nous avons tâché d'établir dans le chapitre qu'on vient de lire, a été méconnue jusqu'à présent. Elle est néanmoins la clef d'une foule de problêmes, dont aucun effort n'a pu encore nous donner la solution. Non-seulement l'origine des idées religieuses est inexplicable, si nous n'admettons l'existence du sentiment religieux; mais il se rencontre, dans la marche de toutes les religions, mille phénomènes dont il nous est impossible également de nous rendre compte, si nous ne distinguons entre le sentiment et la forme. Il faut donc ne rien négliger pour rendre cette vérité manifeste, et pour l'environner d'évidence.

Le sentiment religieux naît du besoin que l'homme éprouve de se mettre en communication avec les puissances invisibles.

La forme naît du besoin qu'il éprouve également de rendre réguliers et permanents les moyens de communication qu'il croit avoir découverts.

La consécration de ces moyens, leur régularité, leur permanence, sont des choses dont il ne peut se passer. Il veut pouvoir compter sur sa croyance; il faut qu'il la retrouve aujourd'hui ce qu'elle était hier, et qu'elle ne lui semble pas, à chaque instant, prête à s'évanouir et à lui échapper comme un nuage. Il faut, de plus, qu'il la voie appuyée du suffrage de ceux avec lesquels il est en rapport d'intérêt, d'habitude et d'affection : destiné qu'il est à exister avec ses semblables, et à communiquer avec eux, il ne jouit de son propre sentiment que lorsqu'il le rattache au sentiment universel. Il n'aime pas à nourrir des opinions que personne ne partage; il aspire pour sa pensée, comme pour sa conduite, à l'approbation des autres, et la sanction du dehors est nécessaire à sa satisfaction intérieure (1).

De là résulte à chaque époque l'établissement d'une forme positive, proportionnée à l'état de cette époque.

Mais toute forme positive, quelque satisfaisante qu'elle soit pour le présent, contient un germe d'opposition aux progrès de l'avenir. Elle contracte, par l'effet même de sa durée,

───────────

(1) « De même que le langage donne à l'homme, pour « les choses ordinaires de la vie, la certitude qu'il n'est « pas le jouet d'un rêve qui l'a transporté dans un monde « imaginaire, mais que celui dans lequel il se trouve est « bien le monde réel, commun à tous ses semblables, « (Héraclite), de même le culte public lui paraît une « espèce d'assurance que le sien n'est pas l'œuvre fan- « tastique de son imagination, mais le moyen véritable « de communiquer avec les objets de son adoration reli- « gieuse. » (Néander, sur le siècle de Julien.) On pourrait voir dans cette disposition, l'une des causes de l'intolérance, quand elle est unie à la bonne foi. L'homme intolérant persécute les opinions opposées aux siennes, comme si l'existence des premières infirmait les vérités qu'il chérit, de sorte que l'intolérance qu'on attribue à l'orgueil, aurait plutôt pour principe la défiance de soi-même, et une espèce d'humilité.

un caractère dogmatique et stationnaire qui refuse de suivre l'intelligence dans ses découvertes, et l'ame dans ses émotions que chaque jour rend plus épurées et plus délicates. Forcée, pour faire plus d'impression sur ses sectateurs, d'emprunter des images presque matérielles, la forme religieuse n'offre bientôt plus à l'homme fatigué de ce monde qu'un monde à peu près semblable. Les idées qu'elle suggère deviennent de plus en plus étroites, comme les idées terrestres dont elles ne sont qu'une copie, et l'époque arrive, où elle ne présente plus à l'esprit que des assertions qu'il ne peut admettre; à l'ame, que des pratiques qui ne la satisfont point. Le sentiment religieux se sépare alors de cette forme pour ainsi dire pétrifiée. Il en réclame une autre qui ne le blesse pas, et il s'agite jusqu'à ce qu'il l'ait trouvée.

Voilà l'histoire de la religion; on doit voir maintenant que si l'on confond le sentiment et la forme, on ne s'entendra jamais.

En effet, comment expliquerez-vous, sans cette distinction, la suite des phénomènes religieux qui frappent nos regards dans les annales des différents peuples?

Pourquoi, par exemple, lorsqu'une forme religieuse est établie, et que la civilisation s'est élevée à un certain degré, l'incrédulité se manifeste-t-elle infailliblement avec une audace toujours croissante? La Grèce, Rome, l'Europe moderne, nous démontrent ce fait.

Vouloir l'expliquer par l'ascendant de quelques individus qui, tout-à-coup, on ne sait pourquoi, se plaisent à sapper dans leur base des dogmes respectés, c'est prendre l'effet pour la cause, et le symptôme pour la maladie.

Les écrivains ne sont que les organes des opinions dominantes. Leur accord avec ces opinions, leur fidélité à les exprimer, fondent leur succès. Placez Lucien dans le siècle d'Homère, ou seulement de Pindare, faites naître Voltaire sous Louis IX ou sous Louis XI, Lucien et Voltaire n'essayeront pas même d'ébranler la croyance de leurs contemporains. Ils le tenteraient inutilement. Les applaudissements que de leur temps ils ont obtenus, les éloges qui les ont encouragés, ils en sont redevables moins à leur mérite qu'à la conformité de leurs doctrines avec celles qui commençaient à s'accréditer. Ils ont dit sans ménagement et sans retenue ce que tout le monde pensait. Chacun se reconnaissant en eux, s'est admiré dans son interprète.

Ce n'est pas une fantaisie chez les peuples que d'être dévôts ou irréligieux; la logique est un besoin de l'esprit, comme la religion est un besoin de l'ame. On ne doute point, parce qu'on veut douter, comme on ne croit point, parce qu'on voudrait croire.

Il y a des époques où il est impossible de semer le doute, il y en a d'autres où il est impossible de raffermir la conviction.

D'où viennent ces impossibilités en sens opposés?

C'est que l'intelligence a fait des progrès, et que la forme étant restée la même, n'est plus, en quelque sorte, qu'une déception. Le sentiment religieux lutte contre cette déception. Il se glisse, quelquefois à l'insu de celui qui l'éprouve, dans les religions positives, mais l'instinct de leurs ministres le découvre et le combat.

Les philosophes de l'antiquité, jusqu'à Épicure exclusivement, n'ont fait, pour la plupart, qu'exprimer cette tendance du sentiment religieux (1). Ils n'avaient point d'intentions irréligieuses. Leurs efforts pour épurer la croyance étaient si peu hostiles, qu'ils défen-

---

(1) Un auteur moderne semble insinuer que le sentiment religieux n'a existé que depuis l'établissement du christianisme. « Jusques alors, dit-il, Dieu n'avait mani-
« festé que sa puissance... Cette notion... produisait un
« sentiment de respect et de crainte... Dieu achève de se
« découvrir... et un amour immense s'empare du cœur de
« l'homme. » (*Essai sur l'indifférence en mat. de relig.*, tome II, préf. 87, 88.) Pour démontrer l'inexactitude de cette assertion, il nous suffira d'un passage de Plutarque. On y voit clairement le sentiment religieux se glissant dans le polythéisme que l'intelligence travaillait à épurer. « Aucune fête, aucune cérémonie, aucun spectacle, « dit le philosophe de Chéronée », n'a pour l'homme un
« charme égal à celui qu'il trouve dans l'adoration des
« dieux, dans la participation aux danses solennelles, aux
« sacrifices et aux mystères. Son ame alors n'est pas abat-
« tue, triste et découragée comme si elle avait à redouter
« des puissances malignes et tyranniques. Elle est, au
« contraire, délivrée de toute crainte, de toute douleur,
« de toute inquiétude, et s'enivre de joies ineffables. Ces
« joies sont étrangères à celui qui ne croit pas à la Provi-
« dence. Car ni la magnificence des ornements, ni la pro-
« fusion des parfums, ni l'abondance des vins et des mets
« ne plaisent à l'ame dans les rites sacrés. Ce qui lui

daient avec conviction l'ensemble dont ils auraient voulu modifier ou plutôt écarter quelques détails. Mais les religions positives ne savent aucun gré de cette espèce de bienveillance. Pour elles, les réformateurs sont des ennemis. On connaît la mort de Socrate, et l'exil d'Anaxagore. Deux mille ans plus tard, l'amour pur de Fénélon, qui n'était autre chose que le sentiment religieux cherchant à se placer sous des dogmes fixes et à se con-

---

« plaît, ce qui l'enchante, c'est la persuasion que les dieux « assistent au sacrifice, et acceptent, avec bonté ce que « la piété leur consacre. Pour qui n'a point cette persuasion, le temple est un désert ; la cérémonie, une pompe « vaine et lugubre ; les prières, des paroles que la raison « désavoue ; le sacrificateur, un vil mercenaire qui égorge « un innocent animal. » PLUT. — *Non posse suaviter vivi secundum Epicuri decreta*, cap. 22. Nous pourrions trouver mille passages où Sénèque se livre, avec des formes philosophiques, à l'exaltation du sentiment religieux. L'époque l'y invitait, il vivait sous Néron, et, pressé par la tyrannie, il se réfugiait où la tyrannie ne pouvait l'atteindre. Les traces du même sentiment s'aperçoivent dans les nouveaux platoniciens ; mais ils étaient gênés en deux sens opposés par la tendance aux abstractions, et par le désir de prolonger l'existence des formes anciennes.

cilier avec ces dogmes, fut condamné comme une hérésie (1).

---

(1) Comme il est probable que le public de nos jours a oublié les motifs du bref d'Innocent XII contre l'archevêque de Cambray, et les doctrines qui se trouvent frappées de réprobation par l'église romaine, nous rapporterons quelques-unes des propositions qui furent condamnées.

1re Proposition. — « Il y a un état habituel d'amour « de Dieu qui est une charité pure, et sans aucun mé- « lange du motif de l'intérêt propre... Ni la crainte des « châtiments, ni le désir des récompenses n'ont plus de « part à cet amour. »

2e Proposition. — « Dans cet état, on perd tout mo- « tif intéressé de crainte et d'espérance. »

22e Proposition. — « Quoique la doctrine du pur « amour fût la pure et simple perfection de l'évangile « marquée dans toute la tradition, les anciens pasteurs ne « proposaient d'ordinaire au commun des justes, que « les pratiques de l'amour intéressé. »

23e Proposition. — « Le pur amour fait lui seul toute « la vie intérieure, et devient alors le principe unique et « l'unique motif de tous les actes désintéressés et méri- « toires. »

Bref d'Innocent XII, contenant condamnation des *Maximes des Saints*, du 12 mars 1699.

On voit que toutes les propositions réprouvées tendent à faire prévaloir le sentiment religieux sur les motifs intéressés. Cette préférence porte nécessairement un grand préjudice à l'autorité sacerdotale. Elle met l'homme en

Or la persécution a des effets qui sont infaillibles. Le désir de briser le joug d'une forme qui se montre oppressive et vexatoire devient l'unique objet vers lequel se dirige le travail de la pensée.

L'activité de l'imagination, la subtilité du raisonnement, se tournent contre ce que le raisonnement trouvait naguère plausible, contre ce que l'imagination se plaisait à révérer, en un mot le sentiment religieux se sépare de sa forme.

Mais comme alors les persécutions redoublent, elles font naître dans les ames révoltées

---

communication directe avec la divinité, et lui rend superflue l'intervention des intermédiaires. Elle doit nuire par-là même, à l'influence de ceux qui sont les organes des demandes qu'il adresse au ciel pour obtenir des faveurs ou pour échapper à des peines. Celui qui aspire à des récompenses, ou qui redoute des châtimcnts, doit prêter une oreille plus docile aux directions qui lui sont données, que celui qui, trouvant son bonheur dans le sentiment, n'a besoin de personne pour arriver à ce bonheur et pour en jouir, et si ce pur amour, c'est-à-dire le sentiment religieux, fait à lui seul la vie intérieure, le culte extérieur, les rites, la forme en un mot, perdent beaucoup de leur importance.

une sorte de fanatisme d'incrédulité qui saisit et enivre les portions éclairées, les classes supérieures de la société, et cette incrédulité attaque bientôt le sentiment religieux lui-même. Étouffé jusqu'alors par la forme matérielle, il rencontre plus de défaveur encore durant le combat que se livrent l'incrédulité et la religion. Comme les révolutions contre le despotisme sont suivies d'ordinaire d'un moment d'anarchie, l'ébranlement des croyances populaires est accompagné d'une haine et d'un mépris effréné contre toutes les idées religieuses : et bien qu'au fond, en dépit de cette impulsion désordonnée, le sentiment religieux conserve ses droits, bien que cet enthousiasme pour la nature, pour le grand tout, que nous remarquons chez les écrivains les plus incrédules et qui, à juste titre, nous paraît bizarre, ne soit que le sentiment religieux se reproduisant sous un autre nom au sein de l'athéisme lui-même, les apparences n'en indiquent pas moins l'incrédulité la plus complète, et l'on dirait que l'homme a pour jamais abjuré tout ce qui tient à la religion.

Mais ici se présente un nouveau problème, et c'est encore la distinction entre le sentiment et la forme qui seule peut l'expliquer.

Comment se fait-il que toutes les fois que les religions positives sont entièrement décréditées, l'homme se précipite dans les superstitions les plus effroyables ?

Voyez les habitants du monde civilisé durant les trois premiers siècles de notre ère. Contemplez-les tels que nous les décrit Plutarque, honnête écrivain qui aurait désiré être dévot, qui s'imaginait quelquefois l'être, mais que poursuivaient malgré lui l'incrédulité contemporaine et la contagion du scepticisme.

A côté de ce scepticisme, invincible dans ses arguments, péremptoire dans ses dénégations, triomphant dans son ironie, un déluge de superstitions grossières et souvent féroces envahit tout l'univers policé. L'ancien polythéisme est tombé, un autre le remplace, occulte, sombre, bizarre, auquel chacun se livre, et dont chacun rougit. Aux cérémonies régulières des pontifes, succèdent les courses tumultueuses des prêtres isiaques, derniers auxiliaires et alliés suspects d'un culte expirant, tour à tour repoussés et rappelés par ses ministres, désespérant de leur cause. Missionnaires turbulents et méprisés, danseurs indécents, prophètes fanatiques, mendiants importuns, les cheveux épars, le corps déchiré, la poitrine sanglante, privés de leur sexe qu'ils ont abjuré, de leur raison qu'ils ont étourdie, ils promènent les simulacres ou les reliques des divinités dans les bourgs et les villages. Ils remplissent l'air de leurs hurlements; ils étonnent la foule par des contorsions grotesques; ils l'effrayent par des convulsions hideuses : et cette foule que ne touchaient plus les pompes antiques, sent sa dévotion ranimée par cette irruption de jongleurs sauvages, chez des peuples qu'on croit éclairés (1). Les pratiques ordinaires qui ne suffisent plus à la superstition devenue barbare, sont remplacées par le hideux taurobole, où le suppliant se fait inonder du sang de la victime. De toutes parts pénètrent dans les temples, malgré les efforts des magistrats,

---

(1) Phed. liv. III, fab. 20, Apul. metam. VIII. Plin. XXXV, 12. Den. d'Hal. II, 7. Ovid. Fast. IV, 180-370. Tibull. I, IV, 604. Branch. *de Sist. ap. Græv.* VI. Ovid. *epist. ex Pont.* I, 37-40.

4.

les rites révoltants des peuplades les plus dédaignées. Les sacrifices humains se réintroduisent dans la religion et déshonorent sa chute, comme ils avaient souillé sa naissance. Les dieux échangent leurs formes élégantes contre d'effroyables difformités; ces dieux, empruntés de partout, réunis, entassés, confondus, sont d'autant mieux accueillis que leurs dehors sont plus étranges. C'est leur foule que l'on invoque, c'est de leur foule que l'imagination veut se repaître. Elle a soif de repeupler, n'importe de quels êtres, le ciel qu'elle s'épouvante de trouver muet et désert. Les sectes se multiplient, les inspirés parcourent la terre, l'autorité politique ne sait plus comment conjurer à la fois l'incrédulité qui menace ce qui existe, et les doctrines délirantes qui veulent remplacer ce qui existait. Elle contracte avec les pontifes du culte ébranlé d'impuissantes alliances. Elle s'épuise en exhortations inutiles encore plus que pathétiques. Elle s'arme pour le passé (1),

---

(1) C'est à cette époque que les Romains qui se disaient religieux voulaient qu'on brûlât les livres de Cicéron,

mais elle ne réussit qu'à en maintenir la trompeuse apparence, tandis que la raison dispute l'avenir aux erreurs inattendues qui le réclament comme leur conquête.

Ces erreurs ne sont point le partage exclusif de la classe ignorante. Le délire envahit tous les rangs de la société. Les Romains les plus efféminés, les femmes les plus délicates, gravissent prosternés les degrés du Capitole, et se félicitent d'arriver au faîte les genoux ensanglantés (1). Dans le palais des empereurs et dans les appartements des dames romaines, on voit tous les monstres de l'Égypte, des simulacres à tête de chien, de loup, d'éper-

---

comme contraires à la religion de l'état. *V.* Arnob. *adv. gentes.* Arnobe répond : *Intercipere scripta et publicatam velle submergere lectionem, non est deos defendere, sed veritatis testificationem timere.* « Supprimer les écrits et « vouloir en interdire la lecture, ce n'est pas défendre « les dieux, mais craindre la vérité. »

(1) Juvénal, Satyr. VI, 523-525. Dion Cass. XLIII, 21, XLVI, 23. Cette superstition remonte plus haut, mais pourtant à une époque où la religion était de fait détruite. Tibull. 1, 3, 85. On dit que César et Claude s'y soumirent, *Senec. de vitâ beatâ*, 27.

vier, et ces scandaleux symboles montrés autrefois dans les mystères comme emblêmes de la force créatrice, mais devenus les objets à la fois de la dérision et de l'adoration publique, et ces statues panthées, indiquant l'énigmatique assemblage et le mélange de tous les dieux (1).

Tout cela néanmoins ne satisfait pas l'espèce humaine. Elle retrouve la terreur, mais elle cherche en vain la croyance, et c'est de croyance qu'elle aurait besoin. Le même Plutarque nous peint les hommes de tous les états, riches, pauvres, vieux, jeunes, tantôt saisis, sans cause visible, d'un désespoir frénétique, déchirant leurs vêtements, se roulant dans la fange, criant qu'ils sont maudits des dieux (2); tantôt reprenant en parlant de ces dieux, par habitude et par vanité, le ton du persiflage et de l'ironie, puis, consultant dans quelque réduit obscur, des sorciers, des vendeurs d'amulettes et de talismans, parcourant

---

(1) Toute la satyre sixième de Juvénal est une peinture frappante de la superstition romaine à cette époque.

(2) Plut. *de Superstit.*, ch. 3.

la nuit les cimetières pour y déterrer les restes des morts, égorgeant des enfants ou les faisant périr de faim sur des tombes pour lire le destin dans leurs entrailles : enfin, malgré leur nature énervée, bravant la douleur ainsi que le crime, et soumettant à des macérations incroyables leurs corps fatigués de voluptés, comme pour faire violence à la puissance inconnue qu'ils semblent chercher à tâtons et pour arracher aux enfers ce qu'ils n'espèrent plus obtenir des cieux.

D'où vient ce désordre moral, à une époque où la philosophie a étendu partout ses enseignements, et où les lumières semblent avoir dissipé les ténèbres de l'ignorance ?

L'homme s'applaudit d'avoir repoussé tous les préjugés, toutes les erreurs, toutes les craintes, et toutes les craintes, tous les préjugés, toutes les erreurs semblent déchaînées. On a proclamé l'empire de la raison, et tout l'univers est frappé de délire ; tous les systèmes se fondent sur le calcul, s'adressent à l'intérêt, permettent le plaisir, recommandent le repos, et jamais les égarements ne furent plus honteux, les agitations plus désordonnées, les douleurs plus poignantes : c'est que dans ses attaques contre la forme qu'il a réduite en poussière, le scepticisme a porté atteinte au sentiment dont l'espèce humaine ne saurait se passer. L'homme, sorti vainqueur des combats qu'il a livrés, jette un regard sur le monde dépeuplé de puissances protectrices et demeure étonné de sa victoire. L'agitation de la lutte, l'idée du danger qu'il aimait à braver, la soif de reconquérir des droits contestés, toutes ces causes d'exaltation ne le soutiennent plus. Son imagination, naguère toute occupée d'un succès qu'on lui disputait encore, maintenant désœuvrée et comme déserte, se retourne sur elle-même. Il se trouve seul sur une terre qui doit l'engloutir. Sur cette terre, les générations se suivent, passagères, fortuites, isolées; elles paraissent, elles souffrent, elles meurent; nul lien n'existe entre elles. Aucune voix ne se prolonge des races qui ne sont plus aux races vivantes, et la voix des races vivantes doit s'abîmer bientôt dans le même silence éternel. Que fera l'homme sans souvenir, sans espoir, entre le passé qui l'abandonne et l'avenir fermé devant lui? Ses invocations ne sont plus écoutées, ses prières restent sans réponse. Il a repoussé tous les appuis dont ses prédécesseurs l'avaient entouré, il s'est réduit à ses propres forces. C'est avec elles qu'il doit affronter la satiété, la vieillesse, le remord, la foule innombrable des maux qui l'assiégent. Dans cet état violent et contre nature, ses actions sont un démenti perpétuel de ses raisonnements, ses terreurs, une constante expiation de ses railleries. On le dirait frappé d'un double vertige, tantôt insultant à ce qu'il révère, tantôt tremblant devant ce qu'il vient de fouler aux pieds.

Une loi éternelle qu'il faut reconnaître, quelque opinion que nous ayons d'ailleurs sur des questions que nous avouons être insolubles, une loi éternelle semble avoir voulu que la terre fût inhabitable, quand toute une génération ne croit plus qu'une puissance sage et bienfaisante veille sur les hommes. Cette terre, séparée du ciel, devient pour ses habitants une prison, et le prisonnier frappe de sa tête les murs du cachot qui le renferme. Le sentiment religieux s'agite avec frénésie sur des formes brisées, parce qu'une forme lui manque que l'intelligence perfectionnée puisse admettre.

Que cette forme paraisse, l'opinion l'entoure, la morale s'y rattache, l'autorité, quelque temps rebelle, finit par céder; tout rentre dans l'ordre, les esprits inquiets, les ames épouvantées retrouvent le repos.

C'est en effet ce qui arrive à l'apparition de la religion chrétienne. Le sentiment religieux s'empare de cette forme épurée ; sa portion vague, mélancolique et touchante y trouve un asyle, au moment où l'homme ayant acquis des connaissances sur les lois des choses physiques, la religion existante a perdu l'appui que lui prêtait l'ignorance.

Sous l'empire de la forme ancienne, la religion s'était élevée de la terre au ciel; mais sa base était écroulée. La forme nouvelle, en lui rendant une base, la fait redescendre du ciel sur la terre. L'on peut considérer cette époque comme la résurrection morale du genre humain. Le monde politique reste en proie au chaos; le monde intellectuel est réorganisé pour plusieurs siècles.

Une chose encore est à observer. A cette époque, le sentiment religieux, plein du souvenir de ce qu'il a souffert dans les liens d'une forme positive, craint dans la forme nouvelle tout ce qui ressemble aux entraves que lui imposait celle qu'il vient de briser. Il jouit de toute sa liberté. Heureux d'avoir retrouvé des axiomes qu'il croit infaillibles, et des vérités qui lui paraissent incontestables, il savoure avec transport les douceurs de croire, mais il repousse des symboles dont il n'éprouve pas le besoin, des pratiques qui sont à ses yeux indifférentes ou superflues, des hiérarchies qui lui retracent le joug matériel qui l'a tant blessé.

Il ne veut point de sacerdoce. Nous sommes tous prêtres, dit Tertullien. Nous sommes tous consacrés comme tels devant le Père céleste (1).

Il dédaigne la magnificence des cérémonies. Il ne s'occupe que de l'Être infini, universel, invisible, auquel chaque homme doit

---

(1) TERTULLIAN. *de baptismo. Nonne et laïci sacerdotes sumus ?* IDEM, *de Castit.*, cap. 7. Tout chrétien réclamait, dans l'origine, le pouvoir de chasser les démons. GREG. NAZ. *Carm.* 61, *ad Nemes.* Tout membre de la primitive église, sans distinction de rang ou de sexe, jouissait du droit de remplir la fonction de prophète. MOSHEIM, *Diss. ad. Hist. Eccl. pertin.* II, 132.

élever un temple au fond de son cœur (1). Couverts des vêtements les plus humbles, et quelquefois à demi-nus, les chrétiens méprisent les pompes païennes, les décorations des édifices sacrés et les ornements des pontifes, ils ne dressent point d'autels, ils ne révèrent point de simulacres. Tolérant parce qu'il est sincère, le sentiment religieux ouvre avec joie à toutes les nations, à toutes les prières, à tous les siècles, une large entrée dans les cieux (2). Il se plaît à partager son

---

(1) Origène dit que la primitive église proscrivait les temples et les autels. *V.* aussi MINUTIUS FÉLIX. A cette question : *cur nullas aras habent, templa nulla, nulla nota simulacra ?* Il répond comme auraient pu le faire les Perses ou les peuples du Nord. Pourquoi bâtir un temple, puisque Dieu habite l'univers entier ? III, 10, 26, 27.

(2) « En toute nation, celui qui craint Dieu et qui « s'adonne à la justice lui est agréable. » (Act. des Ap. ch. 10, v. 35). « Vous savez « dit saint Pierre, (*ib.* ch. 28), et saint Pierre était le moins tolérant des apôtres », vous « savez qu'il n'est pas permis à un Juif d'avoir des liai- « sons avec un étranger ni d'aller chez lui; mais Dieu m'a « fait voir que je ne devais appeler aucun homme impur. »

bonheur avec le genre humain tout entier, parce que ce bonheur est purement spirituel. Un temps viendra où, sous la forme qui déja se prépare, les biens temporels étant de nouveau l'objet du désir, la religion sera prodigue d'exclusions et avare de bienfaits, parce que ses ministres seront avides d'or et

---

Cet esprit de tolérance continua long-temps à régner dans l'église primitive. « Les prêtres qui ont gouverné l'église « à laquelle tu présides, écrivait saint Irénée au pape « Victor, ne rompirent jamais la concorde avec ceux qui « arrivaient chez eux, quoiqu'ils fussent membres d'autres « églises où l'on observait des coutumes différentes des « leurs. Ils leur envoyaient, au contraire, l'eucharistie en « signe de paix, immédiatement après leur arrivée. » (Euseb. Hist. Eccl. liv. V, ch. 24. — Socrat. liv. V, ch. 22. — Sozom. liv. VII, ch. 19. — Phot. Bibliot. ch. 120). Le mot d'hérésie se prend quelquefois en bonne part chez les premiers écrivains du christianisme. Le Symbole des apôtres ne parut pour la première fois que dans le quatrième siècle, après les conciles de Rimini et de Constantinople (Pearson, *Comment. in symb. apost.* — Mosheim, *de Reb. christ. ant. Const. magn.* pag. 88). « Le juste ne « diffère point du juste, qu'il ait ou qu'il n'ait point « vécu sous la loi; ceux qui avant la loi ont bien vécu « sont reputés enfants de la loi, et reconnus pour justes. » (Clément d'Alex. *Stromat.* VI). « Tous les hommes qui « ont vécu ou qui vivent selon la raison, sont véritable-

de pouvoir. Cette même liberté, le sentiment religieux la revendique pour ce qui regarde les rites et les abstinences. Il proclame l'homme affranchi de toutes les obligations factices, nul ne peut lui imposer un devoir imaginaire (1). Il ne saurait être souillé par rien d'extérieur, aucun jeûne ne lui est prescrit, aucune nourriture ne lui est interdite (2); tant le senti-

---

« ment chrétiens et à l'abri de toute crainte. » (Saint Just. Apol. II). « Gloire, honneur et paix à tous ceux qui ont « fait le bien, soit juifs, soit chrétiens. » (Saint Chrys. Homél. 36, 37). Si on examine attentivement toutes les querelles, toutes les persécutions, tous les massacres religieux qui suivirent la conversion de Constantin, on verra que toutes ces choses si affligeantes ont pris naissance dans les efforts de quelques hommes pour donner à la religion nouvelle une forme dogmatique.

(1) La confession même n'était pas considérée comme obligatoire. Saint Jean Chrysostome dit formellement (*Homel. II, in psalm.* 50), qu'il faut se confesser à Dieu, qui sait tout, et qui ne reproche jamais les fautes qu'on lui a révélées : « Je ne veux pas, ajoute-t-il, forcer « les hommes à découvrir leurs péchés à d'autres hommes. »

(2) « Le Christ a effacé l'obligation qui était contre « nous, laquelle consistait dans les ordonnances.... Que « personne donc ne vous condamne au sujet du manger « ou du boire, ou pour la distinction d'un jour de fête, ou

ment religieux, à cette époque de sa renaissance, prend soin de se déclarer indépendant des formes, et tant il redoute de ternir sa pureté par des pratiques qui le rapprocheraient des cultes vieillis qu'il a dédaignés.

« de nouvelle lune, ou de sabbat; car ces choses n'étaient
« que l'ombre de celles qui devaient venir.... Pourquoi
« donc vous charge-t-on de ces préceptes.... en vous
« disant ne mangez point de ceci.... préceptes qui sont
« tous pernicieux par leurs abus, n'étant fondés que sur
« des ordonnances et des doctrines humaines. » (Épit. de saint Paul aux Coloss. ch. II, v. 14, 16, 17, 21 et 22). Nous pourrions citer encore l'autorité de saint Pierre, autorité plus imposante, parce que saint Pierre était bien plus attaché au judaïsme que saint Paul, et qu'il eut besoin d'une vision miraculeuse pour renoncer aux abstinences de l'ancienne loi (Act. des Ap. ch. X, v. 13, 14
« et 15). « Le chrétien, dit Tertullien, ne peut être
« souillé par rien d'extérieur; Dieu ne lui a prescrit aucun
« jeûne, il ne lui a défendu aucun aliment; ce qu'il lui a
« interdit, ce sont les actions qui sont mauvaises; ce qu'il
« lui a ordonné, ce sont les actions qui sont bonnes. »
(*de Jej. adv. Psych.*)

CHAPITRE III.

Que l'effet moral des mythologies prouve la distinction que nous voulons établir.

Ce n'est pas seulement pour comprendre la marche générale de la religion qu'il faut distinguer le sentiment religieux d'avec ses formes, il faut aussi reconnaître cette distinction pour résoudre des questions de détail qui ont présenté jusqu'à ce jour d'insurmontables difficultés.

Des nations puissantes et policées ont adoré des dieux qui leur donnaient l'exemple de tous les vices. Qui n'eût pensé que ce scandaleux exemple devait corrompre les adorateurs ? Au contraire, ces nations, aussi long-temps qu'elles sont restées fidèles à ce culte, ont offert le spectacle des plus hautes vertus.

Ce n'est pas tout. Ces mêmes nations se sont détachées de leur croyance, et c'est alors qu'elles se sont plongées dans tous les abîmes de la corruption. Les Romains, chastes, austères, désintéressés, quand ils encensaient Mars l'impitoyable, Jupiter l'adultère, Vénus l'impudique, ou Mercure le protecteur de la fraude, se sont montrés dépravés dans leurs mœurs, insatiables dans leur avidité, barbares dans leur égoïsme, lorsqu'ils ont délaissé les autels de ces divinités féroces ou licencieuses.

D'où vient ce phénomène bizarre? Les hommes s'amélioreraient-ils en adorant le vice? Se pervertiraient-ils en cessant de l'adorer?

Non, sans doute; mais aussi long-temps que le sentiment religieux domine la forme, il exerce sur elle sa force réparatrice. La raison en est simple : le sentiment religieux est une émotion du même genre que toutes nos émotions naturelles; il est, en conséquence, toujours d'accord avec elles. Il est toujours d'accord avec la sympathie, la pitié, la justice, en un mot, avec toutes les vertus (1). Il s'en-

---

(1) Un écrivain, qui ne manque ni d'habileté ni de talent, a tenté d'obscurcir cette vérité. Il a frappé d'anathème le sentiment religieux. Il l'a peint d'abord comme

suit qu'aussi long-temps qu'il reste uni avec une forme religieuse, les fables de cette reli-

---

n'existant pas, ensuite comme précipitant l'homme dans les excès les plus déplorables. Nous avons senti qu'une discussion prolongée romprait tout le fil de nos idées; et ne voulant pas néanmoins laisser sans réponse des assertions qui, présentées avec un certain art, pourraient produire quelque impression, nous consacrerons cette note à l'examen un peu détaillé du système de M. de la Mennais. Il nous a beaucoup facilité notre tâche; car on verra que ses contradictions nous fourniront, à elles seules, la plupart des réponses dont nous avons besoin pour le réfuter.

L'auteur de l'*Essai sur l'indifférence en matière de religion*, demande ce qu'est *le sentiment religieux* : « Aucun « dogme, dit-il, n'est écrit dans notre cœur; et Dieu « n'existait pas pour nous avant qu'on nous l'eût nommé « (tom. II, pag. 194). »

Il pense de la sorte dans son second volume. Voici quelle était sa pensée, lors de la publication du premier : « La religion, disait-il, est si naturelle à l'homme, que « peut-être il n'est pas en lui de *sentiment* plus indes- « tructible. Même lorsque son esprit la repousse, il y a « encore dans son cœur quelque chose qui la lui rappelle : « et cet *instinct religieux* qui se retrouve dans tous les « hommes est aussi le même dans tous les hommes. *En-* « *tièrement à l'abri des écarts de l'opinion, rien ne le* « *dénature, rien ne l'altère.* Le pauvre sauvage, qui « adore le grand esprit, dans les solitudes du nouveau « monde, n'a pas sans doute une notion aussi nette et

gion peuvent être scandaleuses, ses dieux peuvent être corrompus, et cette forme néanmoins avoir un effet heureux pour la morale.

« aussi étendue de la divinité que Bossuet : mais il en a le
« même *sentiment* (tom. I, pag. 85). »

« Le sentiment, poursuit-il toutefois, est passif de sa
« nature : il ne nie rien, il n'affirme rien (tom. II, pag.
« 183) », et par conséquent ne nous enseigne rien. Mais il cite ensuite avec admiration et assentiment ces mots de Tertullien : « Les témoignages de l'ame sont d'autant
« plus vrais qu'ils sont plus simples.... d'autant plus com-
« muns qu'ils sont plus naturels, d'autant plus naturels
« qu'ils sont plus divins. Le maître, c'est la nature; l'ame
« est le disciple. » (*De Testim. animæ, lib. adv. gentes.* cap. 5 et 6, tom. II, pag. 266.) Qu'est-ce donc que cette nature, si ce n'est celle qui porte l'homme au sentiment religieux ? Qu'est-ce que cette ame, dont les témoignages sont si éclatants, si ce n'est l'ame que le sentiment religieux domine ?

M. de la Mennais prétend « que le sentiment du vrai
« et du faux, du bien et du mal, est changeant et varia-
« ble (tom. II, pag. 200). Que l'homme fait quelquefois
« le mal avec complaisance (*ibid.* pag. 201), et que ceux
« qui admettent le sentiment comme autorité, ne sauraient
« distinguer ce qu'est la vertu de ce qu'est le crime (*ib.*
« pag. 201, 202). » Que pouvons-nous faire de mieux que de nous en remettre à son talent, pour confondre ses sophismes ? Il nous apprendra « que le *sentiment* de la
« divinité, celui du juste et de l'injuste, celui du bien et

5.

Les fables sont l'objet d'une crédulité qui n'exige ni ne provoque la réflexion. On dirait

---

« du mal, se retrouvent chez tous les peuples (tom. II,
« pag. 119); que partout, dans tous les temps, l'homme
« a reconnu la distinction essentielle du bien et du mal,
« du juste et de l'injuste; que jamais aucune nation
« ne confondit les notions opposées du crime et de la
« vertu (tom. I, pag. 172, 173). » Il nous apprendra
« que lorsqu'on dit à l'homme qu'il n'existe ni juste ni
« injuste, ni crime ni vertu, que rien n'est bon ni mal en
« soi, que nourrir son vieux père ou l'égorger sont des
« actions indifférentes, tout l'homme se soulève à cette
« seule idée, et que la conscience pousse un cri d'horreur
« (*ib*. pag. 87). » Il nous apprendra, enfin, « que l'homme
« ne peut violer les lois du juste ou de l'injuste, qu'en
« violant sa raison, sa conscience, sa nature toute entière,
« en renonçant à la paix et au bonheur (*ib*. pag. 366,
« 367), et que si nous considérons le monde entier durant
« tous les siècles, nous verrons un effroyable déborde-
« ment de vices et de crimes divers, multipliés à l'infini,
« une continuelle violation des devoirs les plus saints, et
« en même temps, l'immuable distinction du bien et du
« mal, perpétuellement reconnue et proclamée par la
« conscience universelle (tom. III, pag. 487). »

« Sentez-vous, demande-t-il, qu'à cette vie en succède
« une autre qui ne finira pas? Non, répondez-vous (tom.
« II, pag. 202). » L'auteur se trompe. Nous répondons si
peu négativement que nous lui dirons, en empruntant
encore ses paroles : « Le genre humain, défendu par une

qu'elles se logent dans une case à part des têtes humaines, et ne se mêlent point au reste

---

« foi puissante et *par un sentiment invincible*, ne vit
« jamais dans la mort qu'un changement d'existence (*ib*.
« pag. 142). On s'est efforcé de détruire les titres de la
« grandeur de l'homme. Vaine tentative : ils subsistent ;
« on les lui montrera. Ils sont écrits *dans sa nature*. Tous
« les siècles les y ont lus ; tous, même les plus dépravés
« (*ib*. pag. 139). »
« Si la religion, continue-t-il, est une chose de senti-
« ment, tous les hommes devraient alors trouver la vraie
« religion écrite au fond de leur cœur.... Mais qu'on
« m'explique, dans ce cas, la diversité des religions (tom.
« II, pag. 198). » Croirait-on la difficulté insurmontable ?
l'auteur lui-même va la surmonter. « Tout ce qu'il y avait
« de général dans le paganisme, dit-il, était vrai. Tout ce
« qu'il y avait de faux n'était que des superstitions locales
« (*ib*. préf. CIII). Et qu'on n'objecte pas la multitude des
« cultes divers (tom. II, pag. 78). La diversité des cultes
« prouve seulement que les hommes peuvent négliger le
« moyen que Dieu leur a donné pour reconnaître la véri-
« table religion (tom. II, pag. 179). » Et plus loin : « L'ido-
« lâtrie n'était pas, à proprement parler, une religion
« tom. III, pag. 147). »
Que si, pour concilier de si palpables contradictions,
M. de la Mennais prétend qu'en attribuant la conscience,
le sentiment, à une révélation divine, il les dépouille de
l'influence que nous leur prêtons, pour en faire hommage
à Dieu même ; nous répondrons que l'une de ces idées

des idées. Comme l'arithmétique est aux Indes la même qu'ailleurs, en dépit de la Trimourti

---

n'est point incompatible avec l'autre. Nous prenons l'homme tel qu'il existe, avec le sentiment qui le guide; et nos assertions restent les mêmes, soit que ce sentiment ait eu sa première et antique source dans une manifestation surnaturelle, ou qu'il soit tel par sa nature essentielle et intrinsèque.

Il y a néanmoins dans M. de la Mennais, nous le reconnaissons, une objection, qu'il n'a pas pris soin de réfuter lui-même. Nous essaierons de le remplacer. Nous voudrions que ce fût avec un égal succès.

« Est-ce par sentiment, dit-il, que certains peuples « offraient à d'horribles divinités le sang de leurs enfants, « ou leur sacrifiaient la pudeur de leurs filles? » (Tom. II, pag. 200.) Non, sans doute, ce n'était point par sentiment. M. de la Mennais ignore-t-il un fait que tous les historiens anciens nous attestent? Chez presque tous les peuples de l'antiquité, il y a eu de certaines corporations qui se sont emparées, à leur profit, du sentiment religieux; qui ont usurpé le droit de parler au nom des puissances invisibles, et qui, interprètes mensongers de ces puissances, ont ordonné aux hommes, ivres de terreur, des actes barbares que le sentiment repoussait. Non: ce n'était point le sentiment religieux qui engageait les Gaulois à sacrifier à Teutatès des victimes humaines; c'étaient les prêtres de Teutatès. Ce n'était point le sentiment religieux qui enfonçait le couteau des Mexicains dans le sein de leurs enfants en bas âge, devant la statue

indienne, la morale était à Rome la même qu'ailleurs, en dépit des traditions qui sem-

---

de Vitzli-Putzli; c'étaient les prêtres de Vitzli-Putzli. Ce n'était point le sentiment religieux qui forçait les Babyloniennes à se prostituer, ou les filles de l'Inde à former des danses lascives devant le Lingam; c'étaient les prêtres de cette obscène divinité. Cela est si vrai, que ces crimes et ces indécences n'ont souillé que passagèrement le culte des nations indépendantes de ces corporations redoutables. La démonstration de cette vérité formera une partie essentielle de nos recherches subséquentes.

M. de la Mennais finit par prononcer un anathême formel contre le sentiment religieux. « Si ce sentiment « doit être notre guide, dit-il, il n'y a point de désordre « qui ne soit justifié (tom. II, pag. 202). Le sentiment « religieux n'est que le fanatisme. Il ne tarde pas à ré- « véler à chacun des dogmes différents. S'il se rencontre « un enthousiaste, d'un caractère ardent et sombre, il « n'y a point de crime qu'il ne puisse commettre, sous « prétexte d'inspiration (*ib.* pag. 207). » Nous ne nous arrêterons pas à rappeler à M. de la Mennais qu'il nous assurait naguère, en termes exprès, que « le sentiment « religieux était entièrement à l'abri des erreurs de l'opi- « nion, que rien ne le dénaturait, que rien ne l'altérait. » (*Vid. supr.* et tom. I, pag. 85 de l'Essai sur l'indifférence.) Nous lui opposerons un autre passage, tracé encore de sa propre main : « De quoi les hommes n'abu- « sent-ils pas? Ils abusent des aliments destinés à les « nourrir, des forces qui leur sont données pour agir et

blaient l'ébranler. Le peuple qui attribuait son origine aux amours de Mars et d'une vestale,

---

« se conserver; ils abusent de la parole, de la pensée, des
« sciences, de la liberté, de la vie; ils abusent de Dieu
« même. Faut-il pour cela dire que ces choses sont per-
« nicieuses? » (Tom. I, pag. 470). Voilà ce que répond
M. de la Mennais aux détracteurs du christianisme, et ce
que nous répondons aux détracteurs du sentiment religieux.

Sans doute des hommes ont abusé de ce sentiment, les uns en se livrant à tous les rêves d'une imagination déréglée; les autres, plus coupables, en l'employant à créer des formes religieuses abominables, intolérantes, oppressives, sanguinaires. Mais le sentiment n'en est pas moins le guide le plus sûr qui nous soit donné. C'est la lumière intime qui nous éclaire au fond de notre ame. C'est la voix qui réclame, en tous lieux, en tous temps, contre tout ce qui est féroce, ou vil, ou injuste. C'est le juge auquel tous les hommes en appellent en dernier ressort; car, chose étrange, lorsque l'écrivain que nous réfutons veut prouver les points principaux de son système, qui le croirait! c'est le sentiment qu'il invoque; ce sentiment qu'il a repoussé, flétri, représenté comme un guide aveugle, infidèle et trompeur. « Sur ce point
« décisif » celui de savoir si le genre humain a toujours respecté le sentiment commun et ce qu'il nomme la raison universelle, « sur ce point décisif, dit-il, j'en
« appelle à la conscience. Je la choisis pour juge, prêt à
« me soumettre à ses décisions. Que chacun rentre en soi,

n'en infligeait pas moins à toute vestale séduite un supplice rigoureux.

« et s'interroge dans le silence de l'orgueil et des préju-
« gés. Qu'il évite de confondre les sophismes de la raison
« avec les réponses du *sentiment intérieur,* que je le
« somme de consulter... Si un seul homme, dans ces dis-
« positions, se dit au fond de son cœur : Ce qu'on me
« propose comme des vérités d'expérience est démenti
« par ce que je sens en moi, et par ce que j'observe dans
« mes semblables, je passe condamnation, et je me dé-
« clare moi-même un rêveur insensé (tom. II, pag. 47). »

Telle est donc la force de l'évidence. Elle traîne à ses pieds les esprits les plus rebelles, et dans l'instant même où ils s'applaudissent de l'avoir obscurcie, elle leur arrache l'aveu de leur impuissance et de leurs erreurs.

Et en effet, si vous rejetez le sentiment, que substituerez-vous à ce moniteur divin placé dans notre cœur ? L'intérêt bien entendu ? Misérable système, fondé sur une absurde équivoque, laissant nécessairement la passion juge de cet intérêt, et mettant sur la même ligne et flétrissant du même nom de calcul le plus étroit égoïsme et le dévouement le plus sublime ! L'autorité ? Mais vous sanctionnez ainsi d'un mot tous ces commandements corrupteurs ou barbares que dans chaque pays, dans les Gaules comme aux Indes, dans la sanguinaire Carthage comme dans la licencieuse Babylone, on disait émanés des dieux. Les dépositaires du pouvoir croyent toujours avoir fait un pacte avec le sort. Ils se rêvent les propriétaires de la force, dont ils sont usufruitiers éphémères.

Le caractère moral des dieux n'a pas non plus l'influence qu'on suppose. Quel que soit

---

L'autorité, c'est leur devise ; comme si mille exemples ne leur apprenaient pas qu'ils peuvent en devenir les victimes, au lieu d'en rester les possesseurs.

Examinons donc cette seconde partie du système de M. de la Mennais. Nous n'aurons pas besoin de longs développements pour en faire justice.

Il commence par établir un principe faux pour en tirer des conséquences plus fausses.

Ce principe, c'est qu'il faut découvrir une raison qui ne puisse errer, une raison infaillible. « Or, cette raison « infaillible, nous dit-il, il faut nécessairement que ce « soit ou la raison de chaque homme, ou la raison de tous « les hommes, la raison humaine. Ce n'est pas la raison « de chaque homme, car les hommes se contredisent les « uns les autres, et rien souvent n'est plus divers et plus « opposé que leurs opinions : donc c'est la raison de tous « (tom. II, pag. 59). » On ne conçoit guère comment la raison de chacun ne pouvant le conduire qu'à l'erreur, et c'est ce que l'auteur que nous réfutons cherche à démontrer à chaque page, la collection de tant d'erreurs partielles constituerait la vérité. Mais le vice n'est pas seulement dans ce sophisme : il est dans le premier principe, dans le point de départ de tout le système. Il n'est pas vrai qu'on puisser trouver une raison infaillible : il n'est pas vrai qu'il faille la trouver. Elle peut exister dans l'être infini. Elle n'existe ni dans l'homme ni pour l'homme. Doué d'une intelligence bornée, il applique cette intelli-

ce caractère, la relation établie entre les dieux et les hommes est toujours la même. Leurs

---

gence à chaque objet qu'il est appelé à juger, dans chaque occasion où il est forcé d'agir, et, si l'on nous permet cette expression, à fur et à mesure qu'il en a besoin. Cette intelligence est progressive, et par cela même qu'elle est progressive, il n'y a rien d'immuable, rien d'infaillible dans ce qu'elle découvre, et il n'est nullement nécessaire qu'il s'y trouve quoi que ce soit d'infaillible ou d'immuable. Ce que la nature a senti devoir être immuable, elle l'a placé, non dans notre raison; mais pour ce qui est physique, dans nos sens; pour ce qui est moral, dans notre cœur. Nos sensations sont toujours les mêmes, quand les mêmes objets agissent sur nous, dans les mêmes circonstances. Nos sentiments sont toujours les mêmes quand les mêmes questions se présentent. Tout ce qui est du ressort du raisonnement est, au contraire, variable et contestable par son essence. La logique fournit des syllogismes insolubles pour et contre toutes les propositions.

Il en est de la raison infaillible du genre humain comme de la souveraineté illimitée du peuple. Les uns ont cru qu'il devait y avoir quelque part une raison infaillible; ils l'ont placée dans l'autorité. Les autres ont cru qu'il devait y avoir quelque part une souveraineté illimitée; ils l'ont placée dans le peuple. De là, dans un cas l'intolérance, et toutes les horreurs des persécutions pour des opinions; dans l'autre, les lois tyranniques et tous les excès des fureurs populaires. L'autorité religieuse a dit : Ce que je crois est vrai, parce que je le crois : donc tous doivent le

égarements particuliers demeurent étrangers à cette relation, comme les désordres des rois

---

croire ; donc ceux qui le nient sont des criminels. Le peuple a dit : Ce que je veux est juste, parce que je le veux : donc tous doivent s'y conformer ; donc j'ai droit de punir ceux qui me résistent. Au nom de la raison infaillible, on a livré les chrétiens aux bêtes, et envoyé les Juifs aux bûchers. Au nom de la souveraineté illimitée, on a creusé des cachots pour l'innocence, et dressé des échafauds pour toutes les vertus. Il n'y a point de raison infaillible; il n'y a point de souveraineté illimitée. L'autorité peut se tromper comme chaque homme isolé, et quand elle veut imposer ses dogmes de force, elle est aussi coupable que le premier individu sans mission. Le peuple peut errer en masse, comme chaque citoyen en particulier, et quand il fait des lois injustes, sa volonté n'est pas plus légitime que celle du tyran environné de ses satellites, ou du brigand caché dans la forêt.

Le principe est donc faux : mais la conséquence qu'on veut en tirer est bien plus absurde. « L'autorité, nous « dit-on, est la raison générale, manifestée par le témoi- « gnage ou la parole (tom. II, préf.. xcııı). L'homme « doit s'y soumettre, car sa raison individuelle s'égare, « tandis que la raison générale ne saurait errer (*ib.* pag. « 270). »

Il s'ensuit donc que lorsque le témoignage ou la parole sont produits par le consentement commun, à l'appui, n'importe de quels rites, de quelles opinions, de quelles pratiques, la raison individuelle doit les admettre et les

ne changent rien aux lois contre les désordres des individus. Dans l'armée du fils de Phi-

---

professer. « Non, réplique-t-on : ces choses sont des « erreurs locales, des superstitions particulières (*ib.* cııı). » Mais pour découvrir que ces choses sont telles, il faut que la raison individuelle examine, c'est-à-dire qu'elle s'isole de la raison générale, qui, en apparence au moins, prend ces choses sous sa protection. Vous le dites vous-même. « L'autorité existe de fait, partout où se trouvent « des dogmes *quelconques*, un culte *quelconque*, une loi « *quelconque* (tom. I, pag. 179). » Vous ajoutez, il est vrai : « La différence n'est jamais que de l'autorité légi-« time à l'autorité usurpée. » Mais qui distinguera si l'autorité est usurpée, ou si elle est légitime ? Ce ne sera certainement pas la raison générale ; elle ne se manifeste que par le témoignage ou par la parole ; elle ne se manifestera donc sous une religion persécutrice, sous un gouvernement oppresseur, qu'en faveur de cette religion ou de ce gouvernement. Ce ne sera donc que la raison individuelle : mais comment pourra-t-elle se manifester ? En s'isolant encore de la raison générale ; et n'est-ce pas ce que vous lui avez interdit formellement ?

Ces vérités sont tellement palpables que l'auteur que nous combattons se voit forcé de l'avouer. « Tout homme « que des circonstances quelconques mettraient dans l'im-« possibilité de connaître la société spirituelle, ne serait « tenu d'obéir qu'à l'autorité connue de lui, ou à l'auto-« rité du genre humain (tom. II, pag. 283). » Quant à cette dernière, comment la découvrir ? Vous avez accusé

lippe, le soldat macédonien, convaincu de meurtre, eût été condamné par Alexandre,

---

Rousseau de vouloir qu'on étudiât sur les lieux toutes les religions du globe, pour distinguer la religion véritable; et en défigurant ainsi sa pensée, vous vous êtes ménagé un facile triomphe. Mais le même pélerinage que vous lui reprochez de proposer sera nécessaire pour nous assurer de ce que dit la raison universelle ou l'autorité du genre humain.

Quant à l'autorité connue de chacun, le Mexicain, en vertu de la seule autorité qu'il connaisse, égorgera des hommes; le Babylonien livrera son épouse ou ses filles à la prostitution. Si l'un ou l'autre s'y refusent, ne sera-ce pas la raison individuelle, s'isolant de la raison générale, et commettant le crime qui vous semble si odieux, celui de se préférer à l'autorité?

Et n'êtes-vous pas obligé de confesser que l'idolâtrie la plus licencieuse, la plus sanguinaire, a eu son universalité? « Cette universalité, répondez-vous, est semblable, « sous tous les rapports, à l'universalité des vices, qui « n'étant jamais des lois, mais la violation d'une loi, n'ac- « quièrent jamais d'autorité en se multipliant (tom. III, « pag. 165). Il n'y avait d'universel dans l'idolâtrie « que l'oubli du vrai Dieu (*ibid.*). » Mais si cet oubli était universel, il avait revêtu tous les caractères que vous attribuez à votre prétendue raison générale. Il se manifestait par le témoignage et par la parole. Les prêtres de Moloch avaient leur témoignage : ceux de Cotytto leurs traditions. Quelle était donc alors la ressource de

bien que son juge fût l'assassin de Clitus. Pareils aux grands de ce monde, les dieux

---

l'espèce humaine? La raison individuelle, ou plutôt les sentiments naturels qui réclamaient contre l'imposture en possession de l'autorité.

Vous vous agitez vainement dans le cercle vicieux que vous avez choisi pour arène. Vous ajoutez sans fruit, à des sophismes plus ou moins adroits, des arguments tellement puérils qu'on rougit d'y répondre ou même de les transcrire. Quand vous prétendez « que l'homme n'use des « aliments qu'en vertu de la croyance, qu'on dit à l'enfant « *mangez* et qu'il mange, sans exiger qu'on lui prouve « qu'il mourra, s'il ne mange point (tom. II, p. 125) », ne sentez-vous pas qu'à part du ridicule, vous fournissez précisément l'exemple qui démontre le mieux combien votre hypothèse est absurde? Certes l'enfant ne prend de la nourriture ni parce que des raisonnements l'ont convaincu qu'il devait en prendre, ni parce que la tradition le lui a révélé. Il mange parce qu'il a la sensation de la faim.

Nous nous résumons, et en accordant à M. de la Mennais que la religion doit avoir pour base ou le raisonnement, ou le sentiment, ou l'autorité, nous disons que le raisonnement dont la sphère est toute matérielle ne nous conduira qu'au scepticisme sur des objets qui ne sont pas matériels; que l'autorité nous livrera sans défense à tous les calculs de la tyrannie, de la cupidité et de l'intérêt, et que le sentiment seul, susceptible d'erreur sans doute, comme toutes nos facultés faibles et bornées,

ont un caractère public et un caractère privé. Dans leur caractère public, ils sont les appuis

---

conservera néanmoins toujours quelque chose qui réclamera contre ces erreurs, si elles sont funestes.

Et remarquez que la plupart du temps, elles ne deviennent redoutables que lorsqu'elles sortent de la sphère du pur sentiment pour revêtir des formes positives qui leur prêtent un appui légal. Laissé à lui-même, et privé de cet appui, le sentiment, s'il s'égare, est réprimé par les loix humaines.

Prenez le crime le plus horrible que le sentiment religieux, dans le délire, ait jamais fait commettre : des insensés ont tué d'innocentes créatures, pour les envoyer dans le ciel et pour y monter purifiés par une pénitence publique et par le supplice. Mais après un seul exemple de cette frénésie, on a pris des mesures contre la répétition d'un pareil attentat, et le désordre s'est arrêté. Qu'a-t-on fait contre les assassins de la Saint-Barthélemy, contre les bourreaux des Dragonnades ? et ne cite-t-on pas la Saint-Barthélemy et les Dragonnades comme des rigueurs peut-être salutaires ? voilà la différence des abus du sentiment religieux, et de ceux des formes dont le pouvoir le revêt souvent pour en profiter.

Que si, moins exagéré dans vos accusations et ne les puisant plus dans un petit nombre de faits heureusement très-rares, vous vous bornez à dire que le sentiment religieux conduit l'homme à ce qu'on nomme des superstitions, nous le reconnaîtrons encore : mais ces superstitions sont-elles donc si funestes ? chose remarquable : ce ne

de la morale : dans leur caractère privé, ils n'écoutent que leurs passions; mais ils n'ont

---

sont pas les superstitions que vous craignez. Vous les accueillez avec bienveillance, quand vous pouvez les enrégimenter. Vous ne les haïssez qu'indisciplinées et indépendantes, et c'est pourtant alors qu'elles sont non-seulement innocentes, mais souvent bienfaisantes et consolatrices. Quoi de plus doux et de plus inoffensif que cette pensée : que les prières des vivants peuvent abréger les peines des morts? Ce n'est qu'en transformant cette espérance en obligation formelle, qu'on en a fait au XVe siècle une source de corruption pour les croyants, et de persécution pour les incrédules. Abandonnée au sentiment individuel, elle n'aurait été qu'une pieuse correspondance, entre des ames amies qu'un sort rigoureux a séparées. Quoi de plus naturel que le désir de se réfugier dans quelque asyle, pour y échapper au tumulte du monde, éviter les tentations du vice, et se préparer, par une vie sans tache, à une mort sans effroi? Mais quand vous hérissez de murailles ces religieuses retraites, quand l'autorité oppose ses verroux et ses grilles aux regrets excusables qui voudraient moins de perfection et plus de jouissances, vous transformez ces retraites en cachots. Quoi de plus touchant que le besoin d'avouer ses fautes, de confier à un guide révéré le secret de ses faiblesses, et de solliciter même des pénitences pour les expier? Mais en imposant le devoir, vous nuisez au mérite : vous forcez ce qui devrait être volontaire, vous ouvrez une porte à des vexations barbares. La confession spontanée

de rapports avec les hommes que dans leur caractère public(1). C'est à ce dernier que le sentiment religieux s'attache exclusivement : comme il se plait à respecter et à estimer ce qu'il adore, il jette un voile sur tout ce qui porterait atteinte à son estime et à son respect.

Mais quand il se sépare de la forme qu'il épurait ainsi par son action puissante, bien

---

consolait le vivant coupable : la confession forcée devient le supplice des agonisants.

Ne vous défiez pas tant de la nature de l'homme. Vous le dites, elle est l'ouvrage de Dieu. Elle a pu déchoir : tant de causes travaillent chaque jour à la dégrader ! Mais elle n'a pas perdu toutes les traces de sa filiation divine. Le sentiment lui reste. Ne l'étouffez point par des lois minutieuses. Ne le poursuivez pas de foudroyants anathèmes. L'homme n'est pas ce que vous prétendez. Il n'est pas vrai « que le mal lui plaise. » Il n'est pas vrai « que « né pour le ciel, il cherche l'enfer, comme un voyageur « égaré cherche sa patrie (tome IV, page 37). »

(1) Faute d'avoir senti cette vérité, l'on s'est trompé sans cesse sur les effets que devait avoir la mythologie licencieuse des peuples anciens. A voir ce qu'on a écrit sur cette mythologie, on dirait que les dieux approuvaient dans les mortels toutes les actions qu'ils commettaient eux-mêmes.

qu'inaperçue, tout change. Les traditions corruptrices qu'il reléguait dans le lointain, ou qu'il interprétait de manière à en éluder les conséquences, reparaissent et viennent porter l'appui de leur lettre morte à la dépravation, qui dès lors se prévaut de l'exemple; et l'on dirait que, par une combinaison singulière, moins l'homme croit à ses dieux, plus il les imite.

CHAPITRE IV.

Que cette distinction explique seule pourquoi plusieurs formes religieuses paraissent ennemies de la liberté, tandis que le sentiment religieux lui est toujours favorable.

Il est un autre problème plus difficile à résoudre encore, et sur lequel néanmoins l'erreur est d'un extrême danger.

Prenez à la lettre les préceptes fondamentaux de toutes les religions, vous les trouverez toujours d'accord avec les principes de liberté les plus étendus, on pourrait dire avec des principes de liberté tellement étendus, que, jusqu'à ce jour, l'application en a paru impossible dans nos associations politiques.

Mais parcourez l'histoire des religions, vous trouverez souvent l'autorité qu'elles ont créée, travaillant de concert avec les autorités de la terre à l'anéantissement de la liberté. L'Inde, l'Éthiopie, l'Égypte, nous montrent l'espèce humaine asservie, décimée, et, pour ainsi dire, parquée par les prêtres. Quelques époques de nos temps modernes nous présentent, sous des traits plus doux, un spectacle peu différent; et naguère le despotisme le plus complet que nous ayons connu, s'était emparé de la religion comme d'un auxiliaire complaisant et zélé. Durant quatorze ans de servitude, la religion n'a plus été cette puissance divine descendant du ciel pour étonner ou réformer la terre : humble dépendante, organe timide, elle s'est prosternée aux genoux du pouvoir, demandant ses ordres, observant ses gestes, offrant la flatterie en échange du mépris; elle n'osait faire retentir les voûtes antiques des accents du courage et de la conscience; elle bégayait, au pied de ses autels asservis, des paroles mutilées, et loin d'entretenir les grands de ce monde du dieu sévère qui juge les rois, elle cherchait avec terreur dans les regards hautains de son maître, comment elle devait parler de son dieu; heureuse encore si elle n'eût été contrainte de commander, au nom d'une doctrine de paix, les invasions et les guerres, de travêtir ses prédications en manifestes, de souiller la sublimité de ses préceptes par les sophismes de la politique, de bénir le ciel des succès de l'injustice, et de calomnier la volonté divine en l'accusant de complicité.

Ces contradictions entre la théorie et la pratique de la plupart des systêmes religieux, ont accrédité deux opinions qui peuvent être singulièrement funestes, et qui sont toutes deux également fausses : la première, c'est que la religion est une alliée naturelle du despotisme ; la seconde, c'est que l'absence du sentiment religieux est favorable à la liberté.

Notre distinction entre le sentiment et les formes religieuses, peut seule nous délivrer de ce double préjugé.

En considérant le sentiment religieux en lui-même, et indépendamment de toutes les formes qu'il peut revêtir, il est évident qu'il ne contient nul principe, nul élément d'esclavage.

La liberté, l'égalité, la justice, qui n'est que l'égalité, sont au contraire ses conceptions favorites. Des créatures qui sortent des mains d'un dieu dont la bonté dirige la puissance, étant soumises à la même destinée physique, étant douées des mêmes facultés morales, doivent jouir des mêmes droits.

En étudiant toutes les époques où le sentiment religieux a triomphé, l'on voit partout que la liberté fut sa compagne.

Au milieu de la servitude universelle, sous des empereurs que l'ivresse du pouvoir absolu avait rabaissés au-dessous même de leurs esclaves, ce qui est beaucoup dire, les premiers chrétiens ressuscitèrent les nobles doctrines de l'égalité et de la fraternité entre tous les hommes (1). Rien n'était plus indépendant,

---

(1) Les païens les traitaient de mauvais citoyens, de sujets rebelles. KORHOLT, *Pagan. obtrectator*, page 112, 525. *Quibus*, dit Vopiscus en parlant des chrétiens, *præsentia semper tempora cum enormi libertate displicent*. Il y a une observation à faire sur cette expression de Vopiscus. Il ajoute le mot *semper* pour indiquer que c'était par un esprit habituellement frondeur que les chrétiens s'élevaient contre les crimes et le despotisme qui désolaient le monde connu. On présente toujours, sous la tyrannie, les réclamations des ames honnêtes et libres comme l'effet d'un penchant vicieux à censurer ce qui existe; et il est très-probable que les courtisans de Néron disaient de ceux qui blâmaient l'incendie de Rome, Ce sont des hommes qui ne sont jamais contents.

nous dirions volontiers plus démocratique, que les Arabes, tant que l'islamisme fut dans sa ferveur (1). Le protestantisme a préservé l'Allemagne, sous Charles-Quint, de la monarchie universelle. L'Angleterre actuelle lui doit sa constitution.

L'absence du sentiment religieux favorise au contraire toutes les prétentions de la tyrannie. Si les destinées de l'espèce humaine sont livrées aux chances d'une fatalité matérielle et aveugle, est-il étonnant que, souvent, elles dépendent des plus ineptes, des plus féroces ou des plus vils des humains? Si les récompenses de la vertu, les châtiments du crime ne sont que les illusions vaines d'imaginations faibles et timides, pourquoi nous plaindre lorsque le crime est récompensé, la vertu proscrite? Si la vie n'est, au fond, qu'une apparition bizarre, sans avenir comme sans passé, et tellement courte qu'on la croirait à peine réelle, à quoi bon s'immoler à

---

(1) Mahomet, dans le ch. 9 du Coran, reproche aux chrétiens de se soumettre aux prêtres et aux moines, et d'avoir ainsi d'autres maîtres que Dieu.

des principes dont l'application est au moins éloignée? Mieux vaut profiter de chaque heure, incertain qu'on est de l'heure qui suit, s'enivrer de chaque plaisir, tandis que le plaisir est possible, et, fermant les yeux sur l'abîme inévitable, ramper et servir au lieu de combattre, se faire maître si l'on peut, ou, la place étant prise, esclave, délateur pour n'être pas dénoncé, bourreau pour n'être pas victime?

L'époque où le sentiment religieux disparaît de l'ame des hommes est toujours voisine de celle de leur asservissement. Des peuples religieux ont pu être esclaves; aucun peuple irréligieux n'est demeuré libre. La liberté ne peut s'établir, ne peut se conserver, que par le désintéressement, et toute morale étrangère au sentiment religieux ne saurait se fonder que sur le calcul. Pour défendre la liberté, on doit savoir immoler sa vie, et qu'y a-t-il de plus que la vie, pour qui ne voit au-delà que le néant? Aussi quand le despotisme se rencontre avec l'absence du sentiment religieux, l'espèce humaine se prosterne dans la poudre, partout où la force se déploie. Les hommes qui se disent éclairés, cherchent dans leur dédain pour tout ce qui tient aux idées religieuses, un misérable dédommagement de leur esclavage. L'on dirait que la certitude qu'il n'existe pas d'autre monde, leur est une consolation de leur opprobre dans celui-ci. Ne croyez pas que ce que vous nommez lumières y gagne. Quand le fouet des inquisiteurs se lève, cette tourbe incrédule retourne à genoux aux pieds des autels, et l'athéisme mendie, en sortant des temples, le salaire de l'hypocrisie. État déplorable d'une nation parvenue à ce terme ! Elle ne demande à la puissance que des richesses, à la loi que l'impunité; elle sépare l'action du discours, le discours de la pensée. Elle se croit libre de trahir son opinion, pourvu qu'elle se vante même aux indifférents de sa propre duplicité; elle considère la force comme légitimant tout ce qui sert à lui plaire. L'adulation, la calomnie, la bassesse, se prétendent innocentes, en se disant commandées. Chacun se proclamant contraint se regarde comme absous. Le courage, créé par le ciel pour de magnanimes résistances, se constitue l'exécuteur d'indignes arrêts. On risque sa vie, non pour renverser des oppresseurs, mais pour écraser des victimes. On combat avec héroïsme pour des causes que l'on méprise. La parole déshonorée vole de bouche en bouche, bruit oiseux, importun, qui, ne partant d'aucune source réelle, ne portant nulle part la conviction, ne laisse à la vérité et à la justice aucune expression qui ne soit souillée. L'esprit, le plus vil des instruments quand il est séparé de la conscience, l'esprit, fier encore de sa flexibilité misérable, vient se jouer avec élégance au milieu de la dégradation générale. On rit de son propre esclavage et de sa propre corruption, sans être moins esclave, sans être moins corrompu ; et cette plaisanterie, sans discernement comme sans bornes, espèce de vertige d'une race abâtardie, est elle-même le symptôme ridicule d'une incurable dégénération.

Lorsqu'une nation a long-temps souffert d'une religion fautive en elle-même, ou défigurée par ses ministres, les amis de la liberté peuvent devenir des incrédules, et ces incrédules sont alors les hommes les plus distingués de cette nation. Lorsqu'un gouvernement vexatoire a maintenu par la force la superstition qui appuyait ses injustices, les amis de la liberté peuvent devenir des incrédules, et ces incrédules sont alors des héros et des martyrs ; mais leurs vertus mêmes sont des souvenirs d'une autre doctrine. C'est dans leur système une noble inconséquence, c'est un héritage du sentiment religieux. Ils doivent à cet héritage leur force intérieure. En effet, ce sentiment n'est-il pas l'asyle où se réunissent, au-dessus de l'action du temps et de la *portée* du vice, les idées qui font le culte des hommes vertueux sur cette terre ? N'est-il pas le centre où se conserve la tradition de ce qui est bon, grand et beau, à travers l'avilissement et l'iniquité des siècles ? Ne répond-il pas à la vertu dans sa langue, quand le langage de tout ce qui l'environne est celui de la bassesse et de l'abjection ? Aussi quand des amis de la liberté sont privés de ces consolations et de cet espoir, voyez leur ame s'efforcer toujours de ressaisir l'appui qui lui échappe. Cassius, nourri des maximes d'Épicure et rejetant avec lui toute existence après cette vie, invoquait au sein des combats les mânes du grand Pompée, et dans ses derniers entretiens avec Brutus, « Oui, s'écriait-il, il serait beau qu'il y eût des génies qui prissent intérêt aux choses humaines. Il serait beau que nous fussions forts, non-seulement de nos fantassins et de notre flotte, mais aussi du secours des immortels dans une cause si noble et si sainte (1) ».

Telle est donc la tendance invariable du sentiment religieux. C'est entre lui et la liberté, entre l'absence de ce sentiment et la tyrannie qu'existent la nature identique, le principe homogène.

Mais un élément de nature opposée se glisse quelquefois dans les formes religieuses. Un pouvoir spirituel, né du besoin d'établir des communications régulières entre la terre et le ciel, peut se coaliser avec le pouvoir politique : et la religion qui avait proclamé la liberté et l'égalité de tous, devient trop souvent l'auxiliaire de la tyrannie de quelques-uns.

Remarquez-le bien toutefois : même alors ce ne sont pas des hommes religieux qui signent ce pacte. Les membres des corporations sacerdotales qui en Égypte tyrannisaient

---

(1) Plutarch. in Bruto.

les peuples, ou qui en d'autres pays, en Perse, par exemple, prêtaient leur appui à l'oppression politique, ne regardaient point comme une chose divine le culte dont ils abusaient. Le sentiment religieux n'était pour rien dans cet abus coupable. On ne spécule pas sur les choses que l'on croit divines.

Ainsi pour résoudre cette question, comme toutes les autres, c'est encore la distinction entre le sentiment et les formes religieuses qu'il faut reconnaître.

Loin d'être l'auteur du mal que certains cultes peuvent faire aux hommes, ce sentiment en est la victime : loin de sanctionner ces formes oppressives, il les rejette, et proteste contre elles.

CHAPITRE V.

Que le triomphe des croyances naissantes sur les croyances anciennes est une preuve de la différence qui existe entre le sentiment religieux et les formes religieuses.

Enfin, nous le demandons à tout lecteur qui cherche avec bonne foi la vérité, si l'on n'admet pas la différence entre le sentiment et la forme, comment expliquer l'immense avantage des formes nouvelles dans leur lutte contre les formes usées par le temps ?

Reportons-nous encore à l'époque qui nous a déja fourni des exemples.

Deux religions se disputent l'univers.

L'une est appuyée par l'autorité, elle est forte de dix siècles de durée, ou pour mieux dire, son origine se perd dans la nuit des âges. Les poètes l'ont embellie, les philosophes l'ont épurée, elle a jeté loin d'elle tout ce qui pouvait effaroucher la raison (1). C'est la religion de toutes les nations éclairées : c'est le culte du peuple dominateur.

L'autre n'a ni la protection du pouvoir, ni l'appui de traditions antiques. La poésie ne lui a prodigué aucun ornement. Elle n'est point accompagnée du cortége brillant de la philosophie. Elle n'a point contracté d'alliance avec les profondeurs imposantes de la métaphysique. Elle a pris naissance dans une contrée obscure, chez un peuple odieux au reste des hommes, et même dans la fraction la plus dédaignée de ce peuple, objet du mépris universel.

---

(1) Cette assertion n'est en rien contraire au tableau que nous avons tracé de la superstition romaine lors de la décadence du polythéisme. Cette superstition ne faisait point partie de la religion publique; elle venait au contraire pour la remplacer. Le polythéisme n'en avait pas moins reçu toutes les améliorations de la philosophie; et, dans la théorie, il valait incomparablement mieux que la croyance des siècles antérieurs. Mais la conviction n'y était plus; et, quand il en est ainsi, tous les perfectionnements ne sont que des branches empruntées d'un arbre vivant, et qu'on veut follement enter sur un tronc sans vie.

Qui ne croirait que la première doit triompher sans peine ? Tous les hommes éclairés le pensent ; tous sourient quand un bruit sourd et confus leur apprend l'existence de quelques fanatiques, épars, inconnus, persécutés.

D'où vient que l'évènement trompe ces superbes prévoyances ? C'est que le sentiment religieux, séparé de la forme ancienne, s'est réfugié dans la nouvelle, et pourquoi ? Parce que la forme antique, malgré les épurations qu'on voudrait bien lui faire subir, lui rappelle les époques où il l'a rejetée, impatient qu'il était de ses vices et de ses imperfections. Le nom de ses dieux se rattache à des souvenirs de grossièreté et d'ignorance. Froissée en tout sens par les investigations humaines, elle est dépouillée de son charme, et, pour ainsi dire, profanée. La forme nouvelle, au contraire, est vierge de tout souvenir fâcheux. Le nom de son fondateur et du dieu qu'il enseigne ne retrace aucune époque où elle ait blessé le sentiment religieux. Il s'y voue donc avec enthousiasme : il adopte son étendart, c'est par la bouche de ses sectateurs qu'il parle. Ils lui doivent cette conscience de force et de certitude qui contraste dans leur langage avec la timidité et l'hésitation du langage de leurs adversaires. Les apôtres de la forme nouvelle marchent entourés de miracles, incontestables par cela seul, que ceux qui les affirment sont pleins d'une inébranlables conviction. Les défenseurs de la forme ancienne s'appuient avec embarras sur des prodiges dont eux-mêmes doutent, copies effacées d'inimitables modèles. Les premiers se servent sans crainte et de la raison et de la foi, de la raison contre leurs ennemis, de la foi pour leur propre doctrine : ils ne craignent point de compromettre par la dialectique une cause qui ne saurait être compromise : leur arme offensive est l'examen, leur égide une persuasion intime et profonde. Les seconds balancent entre la raison qui les menace, et un enthousiasme qui pâlit devant l'enthousiasme opposé. Le scepticisme qu'ils veulent diriger contre leurs adversaires réagit contre eux, et précisément parce qu'ils ne sont pas fermes dans leur croyance, ils sont timides dans leurs négations. Leurs plaidoyers plus ou moins habiles sont empreints de condescendances, d'aveux arrachés et rétractés.

d'insinuations qui laissent apercevoir que la religion qu'ils recommandent n'est un appui que pour les faibles, et que les forts peuvent s'en passer. Or, ils se mettent au nombre des forts, et l'on est mauvais missionnaire quand on se place au-dessus de sa propre profession de foi.

On pourrait croire qu'ils ont plus de zèle parce qu'ils ont un motif de plus. Ils sont excités par leur intérêt, tandis que les martyrs de l'opinion qui s'élève sont loin du moment où sa victoire procurera des avantages personnels à ses partisans. Mais le désintéressement est la première des puissances, et lorsqu'il faut entraîner, persuader, convaincre, l'intérêt affaiblit, au lieu de fortifier.

Remarquez comme toutes les notions se groupent autour du sentiment religieux, et dociles à son moindre signe, se modifient et se transforment pour le servir. Dans la croyance ancienne que la philosophie avait subjuguée, l'homme était rabaissé au rang d'atome imperceptible dans l'immensité de cet univers. La forme nouvelle lui rend sa place de centre d'un monde, qui n'a été créé que pour lui : il est à la fois l'œuvre et le but de Dieu. La notion philosophique est peut-être plus vraie : mais combien l'autre est plus pleine de chaleur et de vie; et, sous un certain point de vue, elle a aussi sa vérité plus haute et plus sublime. Si l'on place la grandeur dans ce qui la constitue réellement, il y a plus de grandeur dans une pensée fière, dans une émotion profonde, dans un acte de dévouement, que dans tout le mécanisme des sphères célestes.

Aussi voyez la forme vieillie proposer sans cesse des transactions : mais ces offres n'obtiennent qu'un refus dédaigneux. Chose remarquable ! A n'en croire que les dehors, c'est la force qui transige, et c'est la faiblesse qui veut le combat. C'est que la véritable force est tout entière du côté de la faiblesse apparente. La forme ancienne est morte, elle n'aspire qu'au repos des morts. La forme nouvelle veut lutter et vaincre, parce que, pleine du sentiment religieux, elle a ranimé la vie de l'ame et réveillé la poussière des tombeaux.

CHAPITRE VI.

De la manière dont on a jusqu'ici envisagé la religion.

Si maintenant nous appliquons les réflexions qu'on vient de lire à la manière dont on a jusqu'ici écrit sur la religion, l'on sera peu surpris que presque tous ceux qui ont voulu aborder ce vaste sujet aient fait fausse route. Trois partis se sont formés qui, faute d'avoir conçu la nature et la marche progressive du sentiment religieux, sont tombés tous les trois dans de graves erreurs (1).

---

(1) En plaçant sur la même ligne les trois partis dont nous allons parler, et en qualifiant d'erreur le motif qui a porté le premier à maintenir par la force ce qui s'écroulait, nous avons employé peut-être une expression trop douce. Souvent il n'y a point eu erreur, mais calcul. Les

Le premier, considérant la religion comme inaccessible à l'homme livré à ses propres forces et à ses propres lumières, communiquée à lui par l'Être suprême d'une manière positive et immuable, ne pouvant que perdre en étant modifiée par l'esprit humain, et devant, lorsque le laps des temps l'a ainsi modifiée, être ramenée le plus qu'il est possible à son premier état et à sa pureté primitive, a dit qu'il fallait raffermir à tout prix les croyances ébranlées. Mais il n'a pas recherché si cette entreprise était au pouvoir d'une autorité quelconque. L'histoire nous montre toutes les précautions inutiles, toutes les sévérités impuissantes. Socrate empoisonné, Aristote fugitif, Diagoras proscrit, n'arrêtèrent pas l'incrédulité d'Athènes. La philosophie grecque, chassée de Rome, revint bientôt pour y triompher, et l'austérité de Louis XIV dans sa vieillesse ne fit que préparer la France im-

---

prêtres du polythéisme dans sa décadence savaient très-bien que ce n'était pas au triomphe de la vérité qu'ils travaillaient en envoyant les chrétiens au martyre, sous le prétexte de conserver la religion de leurs pères.

patiente à l'irréligion la plus manifeste et la plus hardie.

Le second parti, justement épouvanté des maux que produisent le fanatisme et l'intolérance, n'a vu dans la religion qu'une erreur, tantôt grossière, tantôt raffinée, tantôt matérielle, tantôt abstraite, mais toujours plus ou moins funeste. Il en a conclu qu'il serait désirable de fonder la morale sur une base purement terrestre, et d'extirper tout sentiment religieux. Mais s'il avait consulté l'expérience, la religion se serait montrée à lui, renaissant toujours, au moment où les lumières s'enorgueillissaient de l'avoir étouffée. Juvénal écrivait que les enfants seuls croyaient à une autre vie; et cependant une secte ignorée se glissait dans l'empire les yeux fixés sur un monde futur, et le monde présent devait être sa conquête. Et en effet, si la religion nous est nécessaire, s'il existe en nous une faculté qui demande à s'exercer, si notre imagination a besoin de sortir des limites qui nous renferment, s'il faut à cette partie souffrante et agitée de nous-mêmes un monde dont elle dispose et qu'elle embellisse à son gré, ce serait bien en vain qu'on reprocherait à la religion ses inconvénients ou ses périls. La nécessité vaincra toujours la prudence. Qui ne peut supporter la terre doit affronter les flots, quelque semée d'écueils que la mer puisse être.

Enfin le troisième parti, prenant ce qu'il regardait comme un juste milieu entre deux extrêmes, a cru devoir n'admettre qu'une doctrine qu'il nommait la religion naturelle, et qu'il réduisait aux dogmes les plus purs et aux notions les plus simples. Mais ce parti mitoyen n'a différé des deux premiers, des orthodoxes et des incrédules, que dans son but et non dans sa route. Il a supposé comme eux, que l'homme pouvait être mis en possession d'une vérité absolue, et par conséquent toujours la même et toujours stationnaire. Quiconque professait strictement, exclusivement, les dogmes auxquels il s'était restreint, lui a paru posséder cette vérité. Quiconque restait en-deçà par l'athéisme, ou allait au-delà en reconnaissant des révélations miraculeuses, lui a semblé se tromper également.

De ces trois manières d'envisager la religion, il est résulté, nous osons le dire, que personne encore ne l'a contemplée sous son véritable point de vue. Un coup d'œil rapide sur les écrits religieux ou incrédules de la France, de l'Angleterre et de l'Allemagne, nous fournira d'irrécusables preuves de cette assertion.

Avant le commencement du XVIIIe siècle, tous les ouvrages publiés en France par les défenseurs des communions diverses, n'étaient consacrés qu'au triomphe de leur secte. Ils partaient tous d'un point convenu qui leur interdisait les questions fondamentales, ou les dispensait de s'en occuper.

Source féconde de disputes, l'hérésie était envisagée par les catholiques comme une erreur volontaire et traitée comme un crime (1). Ses

---

(1) Depuis un assez grand nombre d'années, on pouvait se flatter que cette manière étroite et haineuse de considérer les différences de religion avait fait place à des principes plus tolérants et plus doux. Durant une longue époque de vexations fort injustes, les prêtres catholiques s'étaient efforcés de nous convaincre que tous les reproches adressés à leur église sur son esprit hostile et persécuteur étaient des calomnies de ses adversaires. Ces ministres d'un culte alors opprimé étaient sans doute de bonne foi ; et nous aimons à penser que rien n'est changé dans leurs conciliatrices et pacifiques doctrines. Mais on ne peut s'em-

partisans, d'accord avec ses ennemis sur les bases, ne contestaient que quelques conséquences de principes admis par tous.

---

pêcher de gémir en voyant un des membres les plus distingués de cette église reproduire, avec une sorte de fureur dont la France avait heureusement perdu l'habitude, des anathèmes puérils s'ils sont impuissants, et bien condamnables s'ils ont quelque force. On en croit à peine ses yeux, lorsqu'on lit au commencement du XIXe siècle, que ceux qui n'admettent pas tel ou tel dogme sont coupables, parce que, *s'il ne dépend pas de la raison de comprendre, il dépend toujours de la volonté de croire ce qui est attesté par un témoignage d'une autorité suffisante* (Essai sur l'indifférence en matière de religion, tome I, page 514.); comme s'il dépendait de notre volonté d'accepter pour suffisant un témoignage qui ne suffirait pas à notre raison, et comme si la difficulté, éloignée d'un degré par ce sophisme, n'en demeurait pas moins insoluble. L'étonnement redouble quand on voit un homme qui ne sort pas du sanctuaire des druides ou des souterrains du saint-office, s'indigner du *penchant abject* que montra la réforme pour la mémoire de Socrate, d'Aristide ou de Caton (*ib.* I, 67); proclamer la tolérance un *abîme où la religion va se perdre* (*ib.* I, 225); faire un crime à un défenseur éclairé du christianisme d'avoir sauvé sans difficulté les déistes de bonne foi, dont la conduite est moralement bonne (*ib.* I, 223); enfin, dans un pays où plusieurs cultes existent simultanément sous la sanction des lois, proclamer qu'*aucune religion ne peut subsister*

Plus décréditée, bien qu'exposée à moins de persécutions que l'hérésie, l'incrédulité était flétrie en quelque sorte par une opinion qui se composait et du vif intérêt qu'avaient excité les guerres religieuses et du prestige de la cour d'un roi qui avait fait de la croyance une affaire de mode et un moyen de crédit.

---

qu'en repoussant toutes les autres (*ib.* I, 225), au risque de rallumer par ce principe les guerres religieuses, et de ramener dans sa patrie les calamités qui firent assassiner deux rois, et coutèrent la vie à des milliers d'hommes. Et que celui qui a tracé ces lignes inconcevables ne s'excuse point en disant qu'en sa qualité de catholique, il ne damne personne (*ib.* préf. XLIII) : son indignation contre le ministre protestant *qui ne s'ingère point de damner ceux qui ne pensent point comme lui* (*ib.* II, XLIII); son courroux à l'idée que, suivant les principes du protestantisme, on ne pourrait exclure du salut, comme hérétiques, ni les juifs, ni les mahométans, ni les païens (*ib.* I, 231); cette soif, en un mot, de distribuer autour de soi des peines éternelles (*ib.* II, 262), nous paraissent l'atteinte la plus directe portée à un culte de paix et d'amour. Se flatterait-on de servir la religion en disant que Dieu a voué au glaive des nations entières (*ib.* III, 47)? Prodiguer à une portion de citoyens que les lois protégent les malédictions et les insultes; dire que, « tel que ces grands

Bossuet, lorsqu'il foudroie les païens dans son Histoire, ou poursuit les protestants dans sa Polémique, paraît plutôt un juge qui, du haut de son tribunal, condamne des coupables, qu'un narrateur impartial des évènements, ou un investigateur calme des doctrines; et quand il dirige ses coups contre les incrédules, ce sont encore des sentences qu'il

---

« coupables dont parle l'antiquité, un peuple », dont un dixième au moins est aujourd'hui français, « a perdu l'in-
« telligence; que le crime a troublé sa raison; qu'au mé-
« pris, à l'outrage, il oppose une stupide insensibilité......
« qu'il se sent fait pour le châtiment; que la souffrance et
« l'ignominie sont devenues sa nature (*ib.* III, 57); que le
« sang que ses ancêtres ont versé il y a deux cents ans est
« encore sur lui »; et, après l'avoir ainsi foulé aux pieds autant que le pouvait la parole, « le renvoyer à son sup-
« plice (IV, 202) », voilà, nous n'hésitons pas à le dire, ce qui n'est permis, ni par la religion, ni par la morale, ni par la politique, ni par la décence; et, dût-on nous prescrire le *silence sur les ruines de notre intelligence écroulée* (*ib.* II, 105); dût-on nous traiter d'*esprits rebelles qui trouveront la loi de supplice, et auront éternellement le crime pour compagnon* (*ib.* III, 60), nous ne nous en féliciterons que plus sincèrement de professer une croyance qui nous permet d'aimer tous les hommes, et d'espérer le salut de tous.

prononce, sentences accompagnées d'argumentation, mais où l'autorité tient une place beaucoup plus considérable que le raisonnement.

Loin de nous de diminuer le mérite d'un grand homme. Si le point de vue, sous lequel Bossuet envisageait la religion, manquait nécessairement d'impartialité et d'étendue, il était admirable par la noblesse et l'élévation. La religion dans sa bouche parlait un langage digne et fier, qu'elle a tristement abjuré depuis. A l'insu même de l'orateur qu'entraînait son génie, les dernières étincelles de la liberté s'étaient réfugiées dans son éloquence. Ce qu'il ne disait point à un monarque absolu au nom des lois et de l'intérêt des peuples, il le disait au nom d'un dieu, devant lequel toutes les créatures rentrent dans leur égalité primitive (1).

---

(1) Rien ne prouve mieux l'alliance naturelle de la religion avec la liberté. Bossuet, par son caractère, était l'homme le plus despotique : toutes ses opinions favorisaient le pouvoir absolu. *La politique de l'Écriture-Sainte* aurait mérité les honneurs de l'imprimerie impériale de

Toutefois en rendant justice à un écrivain que ses panégyristes ne vantent qu'à cause de ce qu'il a eu de violent et d'odieux, nous n'en croyons pas moins pouvoir affirmer que rien de ce que nous a laissé Bossuet, et, à plus forte raison, rien de ce que nous trouvons dans d'autres ouvrages de la même époque ne peut s'appliquer utilement aux questions nouvelles que nous avons présentées, à cette distinction entre le fond et les formes, à cette marche des idées, à cette altération graduelle des croyances, à ces perfectionnements, à ces modifications progressives et irrésistibles, questions alors inaperçues et complètement étrangères aux débats religieux.

Après Louis XIV, la scène changea. Affranchie de l'autorité d'un vieux monarque et de l'étiquette d'une vieille cour, la France, par un effet naturel d'une compression longue et pesante, se précipita dans la licence. Comme

---

Constantinople ; mais, quand il censure le pouvoir au nom de la religion, on dirait un de ces premiers chrétiens, les plus fermes apôtres de l'égalité, et les plus intrépides adversaires de la tyrannie.

on vit succéder madame de Prie à madame de Maintenon, et les dignités de l'église passer de Bossuet à Dubois, on vit l'incrédulité surgir de la tombe de l'hypocrisie.

Nous ne présenterons certainement point les incrédules du siècle dernier comme les héritiers des orgies de la régence. De plus nobles motifs inspirèrent plusieurs d'entre eux. Une réaction lente, mais sûre, se préparait en France de longue main. La Saint-Barthélemy avait révolté toutes les ames. Le meurtre de Henri III, celui de Henri IV avaient soulevé l'opinion contre l'assassinat religieux. Louis XIV, par les cruautés dont il accompagna la révocation de l'édit de Nantes, et en ordonnant les dragonnades, les confiscations, le supplice des pères, l'incarcération des femmes, le rapt des enfants, avait achevé d'armer contre l'oppression sacerdotale tous les sentiments d'humanité. L'indignation des philosophes fut juste et sincère. Mais cette indignation même, les efforts qu'elle leur dicta, l'espèce d'association qu'ils formèrent pour déclarer en commun la guerre aux doctrines qu'ils accusaient de tant de crimes et de tant de maux, toutes ces choses leur inculquèrent un esprit de secte; et partout où domine cet esprit, il emploie des moyens qui lui sont propres.

Voltaire avait dit qu'il valait mieux frapper fort que juste; et tous les imitateurs de Voltaire, race innombrable, active, et qui, des sommités de la littérature, descendait jusque dans ses rangs les plus inférieurs, s'acharnèrent sur la religion avec une fureur presque toujours en raison inverse des connaissances qu'ils avaient acquises, et du talent dont ils étaient doués.

L'axiome de Voltaire avait bien son utilité de circonstance. Les persécutions violentes venaient de cesser : les persécutions sourdes restaient à détruire. Tout semblait légitime pour inspirer l'horreur de tous les genres de persécution. Mais c'était désarmer le fanatisme, ce n'était pas apprécier le sentiment religieux. Il en résultait d'ailleurs une manière outrageante et amère de parler d'une chose chère à la grande majorité de l'espèce humaine, et ce style, qui est toujours sûr d'obtenir un succès momentané chez une nation vieille et corrompue, devait inspirer une sorte de dégoût aux ames délicates et sensibles, minorité inaperçue, mais puissante, qui finit toujours par faire la loi au milieu même de la dégradation générale.

Les philosophes qui, en attaquant la religion existante, voulaient conserver les principes qui servent de base à toute religion, ne considéraient cependant ces principes que sous leur point de vue le plus ignoble et le plus grossier, comme suppléant aux lois pénales.

En lisant leurs écrits, on voit qu'ils veulent que la religion leur serve tout de suite, comme une espèce de gendarmerie, qu'elle garantisse leurs propriétés, assure leur vie, discipline leurs enfants, maintienne l'ordre dans leur ménage. On dirait qu'ils ont, en quelque sorte, peur de croire pour rien (1). La reli-

―――――――――――――――

(1) On pourrait appliquer à notre caractère moral ce qu'on raconte de la paresse physique des Turcs. On dit que le secrétaire d'un ambassadeur de France à Constantinople se promenait tous les jours pendant quelque temps dans son jardin; les Turcs voisins de cet ambassadeur le prièrent de pardonner à son secrétaire, et de ne pas lui imposer une pénitence aussi rigoureuse. Ils ne concevaient pas qu'on pût marcher pour rien et sans but.

gion doit leur payer en services ce qu'ils lui concèdent en croyance.

Cette manière étroite et incomplète de l'envisager a plus d'un inconvénient.

Comme en cherchant dans toutes les beautés de la nature un usage immédiat, une application directe à la vie commune, on flétrit tout le charme de son magnifique ensemble, de même en ne perdant jamais de vue que la religion doit être utile, on dégrade la religion; en second lieu, l'utilité pratique n'impliquant nullement la vérité de la théorie, l'homme n'en est pas plus religieux parce qu'on lui dit que la religion est utile, car on ne croit pas dans un but; enfin, l'utilité de la religion sert de prétexte à ceux qui gouvernent pour faire violence aux consciences de ceux qui sont gouvernés, de sorte que d'un trait de plume on donne à des peuples incrédules des maîtres persécuteurs.

Ce besoin d'utilité immédiate et pour ainsi dire matérielle est au reste le vice inhérent à notre esprit national (1). Il a ses avantages

---

(1) **M.** de Châteaubriand lui-même, dont le talent n'est

sans doute. Il donne plus de régularité, plus de suite à l'enchaînement des idées. L'on marche plus directement au but, en ne le perdant pas de vue. Mais aussi, lorsqu'on n'examine toutes les questions que dans un but, on court grand risque de ne pas apercevoir tous les côtés des questions. On repousse tous les sentiments, toutes les impressions, toutes les émotions involontaires ; qui sont quelquefois plus propres que les raisonnements rigoureux à jeter un jour nouveau sur les objets des méditations humaines, et qui contiennent peut-être le mot de la plupart des énigmes que nous demandons à la logique seule de nous expliquer.

Trois écrivains pourtant se sont élevés par fois au-dessus de cette vue étroite et mesquine. L'un, et nous en avons déja parlé, c'est

---

pas contestable, et qui est certainement le premier de nos écrivains, lorsqu'il peint la partie rêveuse et mélancolique du sentiment religieux, a cédé d'une manière plus bizarre que personne à cette manie d'utilité. Il fait valoir celle du christianisme pour la poésie, comme si un peuple cherchait dans sa croyance de quoi procurer une mythologie à ses versificateurs.

Fénélon : mais on a vu qu'il fut arrêté dès ses premiers pas par l'autorité de l'église romaine, qui, chose bizarre, lui fit un crime d'avoir cru que l'homme pouvait aimer Dieu sans retour sur lui-même, sans vues égoïstes et sans calculs personnels. Le second c'est J. J. Rousseau. Quelques-unes de ses phrases sont empreintes d'un sentiment religieux, pur, désintéressé, sans alliage de motifs terrestres. Mais Rousseau, s'agitant au milieu de mille pensées contraires, a rassemblé sur la religion, non moins que sur la politique, de discordantes et confuses hypothèses. Le plus affirmatif des hommes et le plus impatient de l'affirmation des autres, il a tout ébranlé, non qu'il voulût, comme on l'a dit, tout détruire, mais parce que rien ne lui semblait à sa place. Il a, dans sa force prodigieuse, arraché de leurs fondements antiques les colonnes sur lesquelles reposait, tant bien que mal, l'existence humaine; mais architecte aveugle, il n'a pu, de ces matériaux épars, construire un nouvel édifice. Il n'est résulté de ses efforts que des destructions, de ces destructions qu'un chaos où il a laissé sa puissante empreinte.

M. de Montesquieu, enfin, aurait, par son esprit plus encore que par son ame, pu répandre sur ce qui tient à la religion des lumières nouvelles. Il ne pouvait approcher d'aucun objet sans entrevoir beaucoup de vérités, et comme toutes les vérités se tiennent, remontant des faits qu'il démêlait avec une sagacité admirable à la cause commune de ces effets nombreux, il eût peut-être aperçu le principe général à travers des modifications infiniment variées. Mais outre que le génie même ne devance son siècle que jusqu'à une certaine distance, M. de Montesquieu dans *l'Esprit des Lois* n'avait à examiner la religion qu'accidentellement : il n'en a dit que ce qu'il était forcé d'en dire. En lisant ce chef-d'œuvre du XVIIIe siècle, on croit voir l'auteur écartant les idées qui se pressent à lui jusqu'à l'importunité, comme Énée repoussait les ombres avec son épée pour se faire jour à travers la foule.

La révolution française, produite parce que nous avions trop de lumières pour vivre sous l'arbitraire, a dévié de sa route parce que nous n'avions pas assez de lumières pour profiter de la liberté. Elle a déchaîné une multitude qu'aucune méditation n'avait préparée à cet affranchissement subit. Elle n'a pas tardé à se transformer en une force matérielle, sans frein comme sans règle, dirigée contre toutes les institutions dont les imperfections l'avaient provoquée. La religion a été en butte à la persécution la plus exécrable. Il s'en est suivi ce qu'il devait s'ensuivre; la réaction a été d'autant plus forte que l'action avait été plus injuste et plus violente. Parmi les écrivains actuels de la France, plusieurs de ceux qui s'intitulent les défenseurs de la religion, hommes non moins ignorants de l'histoire que les démagogues leurs prédécesseurs, et non moins aveuglés sur les conséquences de toutes les mesures tyranniques, proposent, comme une découverte en faveur de la religion, de vieux attentats qui ont échoué sous François Ier, sous Philippe II, sous Marie d'Angleterre et sous Louis XIV. Misérables sophistes, non moins perfides envers les gouvernements qu'envers les peuples !

Ainsi la religion a été traitée en France d'une manière toujours partiale et souvent superficielle. Elle a tour à tour été défendue avec une pédanterie virulente et hostile, attaquée avec une animosité sans discernement.

A-t-elle trouvé en Angleterre des partisans moins passionnés, ou des ennemis plus équitables ?

Par une heureuse réunion de circonstances, le protestantisme, bien qu'établi de force sous Henri VIII, s'est, grace aux cruautés de Marie et aux tentatives impuissantes des Stuarts, identifié avec la constitution qui a fait long-temps l'orgueil de l'Angleterre. Mais il en est résulté que là, plus que chez aucune autre nation éclairée, la religion est une chose dogmatique (1), inaccessible à toute discussion libre et impartiale.

Warburton, Hurd, Tillotson ont l'esprit dominateur de Bossuet sans avoir son génie. L'Église anglicane est pour eux, ce qu'était

―――――

(1) Cette disposition dogmatique met obstacle même aux recherches qui ont pour objet de connaître les opinions, et d'approfondir les antiquités des autres pays. « Que peut-« on attendre », dit avec raison l'un des plus ingénieux critiques de l'Allemagne (M. Rhode, Ueber Alter und Werth einiger morgenlændischer Urkunden), « que peut-« on attendre de recherches dont les auteurs commencent « par les mots suivants ? Ou les onze premiers chapitres « de la Genèse sont vrais, ou notre religion est fausse. Or

pour l'évêque de Meaux l'Église de Rome, avec cette différence qu'en eux l'intolérance est plus absurde, puisque, en contestant à d'autres le droit d'être hérétiques, ils abdiquent celui d'être protestants. Les écrivains d'un ordre inférieur ont en général plus d'érudition classique que nos théologiens, mais leur point de vue n'est pas plus large. Ils ne pénètrent pas mieux dans l'esprit des siècles antiques et des peuples lointains, leur philosophie n'est pas plus libérale, leur logique ne s'agite pas dans un cercle moins vicieux.

Les sectaires anglais ont sans doute répandu quelque clarté sur l'histoire des premiers siècles du christianisme. Toute lutte fait toujours jaillir un peu de lumière. Mais ces dissidents, soumis autant que les orthodoxes à l'esprit dogmatique qui caractérise la nation entière, ne sortent point de l'enceinte

---

« notre religion n'est pas fausse, donc les onze premiers « chapitres de la Genèse sont vrais. » Sir W. Jones. Asiat. Research. I, 225. Il est au reste tel incrédule qui s'est servi dans le sens opposé d'arguments tout aussi peu concluants. Le sophisme est de tous les temps et de toutes les sectes.

tracée par le dogme, c'est dans cette enceinte qu'ils s'agitent. Ils combattent pour des interprétations, et ce sont encore là de ces disputes où tous les partis ayant adopté des bases communes, aucun ne s'occupe des vérités primordiales, le sujet de la querelle n'étant qu'une conséquence de plus ou de moins à tirer de ce qu'on a d'avance proclamé comme étant la vérité.

Parmi les incrédules, plus mal vus en Angleterre qu'ailleurs, parce que les Anglais se souviennent que l'un des moyens employés par Charles II pour détruire la liberté nationale, était de verser le ridicule sur la religion, parmi les incrédules, disons-nous, Collins, Tindall, Woolston, et plus tard Toulmin n'occupent qu'un rang subalterne. Nous passons à dessein Hobbes sous silence : la religion lui paraissait un moyen de tyrannie, et il la ménageait sans y croire. Il ne peut être considéré comme son ami, car il la déshonore; ni comme son ennemi, car il la recommande. Toland doit tout son mérite à Spinosa. Shaftesbury, Bolingbroke, Cherbury et Hume, sont les seuls écrivains de cette classe qui aient une valeur réelle. Mais ils ont aussi tous les défauts des philosophes français, la déclamation, les épigrammes, l'amertume, les insinuations malveillantes, les récits altérés sans scrupule, ou mutilés avec artifice.

Dans son histoire naturelle de la religion, Hume a apporté beaucoup d'esprit, peu de connaissances approfondies, une ironie assez habile par son apparente douceur, une plaisanterie souvent piquante; mais son ouvrage n'en est pas moins très-indigne de la gravité du sujet.

Gibbon a gâté son érudition immense, ses recherches infatigables, la finesse souvent remarquable de ses aperçus, et l'impartialité qu'il s'impose quand la partialité serait devinée, par une adresse quelquefois perfide, lorsqu'il croit pouvoir l'employer impunément, par une absence complète de sympathie avec l'enthousiasme, condition sans laquelle on est incapable de décrire une religion naissante, et par une révoltante indifférence pour le courage et le malheur.

Thomas Payne n'a fait que reproduire dans un style trivial et souvent grossier, la métaphysique superficielle du baron d'Holbach. Par une erreur trop commune, il a cru voir dans la religion une ennemie de la liberté qu'il chérissait sans la bien comprendre, et comme il exagérait les principes de l'une, il a méconnu la nature de l'autre.

Godwin, bien plus profond et plus ingénieux que Payne dans le développement d'idées politiques, par fois chimériques, ne s'élève guère au-dessus de lui quand il écrit sur la religion. Dominé par les préjugés d'une philosophie vulgaire, on dirait qu'il abdique la pénétration qui lui est habituelle, et, dans ses attaques contre un sentiment qu'on ne peut détruire, il semble ignorer le cœur humain qu'il décrit ailleurs avec une fidélité remarquable.

Le dogme et l'incrédulité brutale ou frivole se partagent donc aujourd'hui encore les esprits en Angleterre; mais ni le dogme ni l'incrédulité ne parlent à l'ame, et l'essence de la religion ne réside ni dans les subtilités de l'un ni dans les abstractions de l'autre.

En examinant attentivement la disposition religieuse des deux pays sur lesquels nous venons de diriger nos regards, on pourrait remarquer une certaine analogie; mais il faut l'observer de près pour la découvrir : les sectaires anglais sont gênés dans l'agitation religieuse qu'ils ressentent par la lettre du dogme dont ils voudraient ne pas s'écarter. La génération qui s'élève en France est arrêtée dans le besoin religieux qu'elle commence à éprouver, d'un côté, par une tradition d'incrédulité qui est devenue une espèce de dogme philosophique dont cette génération n'ose encore s'affranchir, et de l'autre, par l'alliance fâcheuse de la religion et de la politique. Ces causes entravent chez nous et chez nos voisins le développement du sentiment religieux.

L'Allemagne protestante nous offre un spectacle plus satisfaisant. Les Allemands ont le grand mérite, ou le grand bonheur, de reconnaître presque tous une vérité fondamentale, sans laquelle on ne découvre rien de vrai, on n'établit rien de bon. Cette vérité, c'est que tout est progressif dans l'homme. Aucune de ses notions ne reste au même point; elles se développent malgré les résistances, se font jour à travers les obstacles; et, à la fin de chaque espace de temps un peu long, elles se trouvent avoir subi des modifications, reçu des améliorations essentielles.

De toutes les vérités, celle-ci est la plus repoussée en France. Nous avons une certaine satisfaction de nous-mêmes, qui nous fait croire que, précisément à tel moment donné, nous sommes arrivés à la perfection, et que, désormais, il faut que l'espèce humaine s'arrête et nous admire.

Les Allemands, moins contents d'eux dans le présent, moins envieux de leurs successeurs dans l'avenir, savent que chaque génération est placée comme un point dans la vaste série des choses humaines, pour profiter de ce qui a été fait, et pour préparer ce qu'il y a à faire. Les formes sociales, politiques, religieuses, leur paraissent ce qu'elles sont, des secours indispensables à l'homme, mais qui doivent se modifier quand lui-même se modifie; et cela seul est une excellente donnée pour juger de la religion.

Une circonstance particulière a contribué depuis cent ans à les confirmer dans cette disposition, et à les faire avancer dans cette route.

Le protestantisme était autrefois en Allemagne ce qu'il est encore aujourd'hui en Angleterre, une croyance aussi dogmatique que le catholicisme dont les réformateurs s'étaient séparés. Les ministres des deux communions dissidentes oubliaient que leurs chefs n'avaient pu justifier leur réforme, qu'en proclamant la liberté des opinions en matière de culte. Par une inconséquence absurde et cruelle, dont au reste leurs premiers modèles leur avaient donné l'exemple, ils s'indignaient des bornes que voulait tracer l'église romaine; mais ils se prétendaient autorisés à en poser de non moins arbitraires. Ils réclamaient la liberté pour eux et la refusaient à leurs ennemis. Ils déclamaient contre l'injustice et le ridicule de l'intolérance, et ils s'en servaient.

Frédéric II monta sur le trône. La littérature de son pays était dans l'enfance. Il accorda toutes ses faveurs à des lettrés français. Ces lettrés, si l'on excepte Voltaire qui ne put vivre long-temps dans une atmosphère de protection et de dépendance, étaient médiocres et subalternes, comme tous les écrivains qui condescendent à former le cortége du pouvoir. Race vaniteuse et ambitieuse d'effet, ils avaient fondé leur renommée en France sur une incrédulité superficielle et dénuée de cet esprit d'investigation sérieuse qui, suivant qu'on envisage la question, motive ou excuse l'incrédulité. Appelés à une cour étrangère, ils portèrent avec eux, comme des artistes, cette incrédulité, portion obligée de leur bagage, instrument de leurs succès. Le christianisme se vit en butte à des assauts continuels de la part du monarque philosophe, de ses flatteurs dociles et de ses imitateurs empressés. Tous les côtés qui paraissaient faibles furent exposés sans ménagement; toutes les légendes furent livrées au plus amer ridicule.

A ces lettrés français, audacieux par ordre, impies par culte pour le pouvoir, se joignirent quelques littérateurs allemands, bien supérieurs à leurs tristes modèles. De là naquit cette école de Wieland en vers, de Nicolaï en prose, et Lessing lui-même, que nous rougirions de comparer sous le rapport de la bonne foi, de l'érudition et du génie, aux marquis d'Argens et aux Lamettrie, sembla quelquefois s'en rapprocher. Les vexations de l'autorité dans plusieurs principautés allemandes fournissaient aux adversaires de la religion plus que des prétextes. Des professeurs dénoncés par leurs opinions, des prédicateurs poursuivis pour hétérodoxie, indiquaient le besoin de plus de liberté intellectuelle; et l'odieux des persécutions rejaillissait sur les idées que les persécuteurs prétendaient venger. Mais l'esprit allemand, méditatif par nature, trop grave pour être long-temps distrait par des plaisanteries, trop plein de candeur pour sacrifier à des applaudissements ce qui lui semblait vrai, le caractère allemand enclin à l'enthousiasme et ne trouvant de bonheur dans la religion comme dans l'amour, que par l'exaltation et la rêverie, répugnaient l'un et l'autre à des doctrines arides, tranchantes, devenues dogmatiques, et n'alléguant pour preuves que des sarcasmes dont tout homme équitable sentait l'injustice, et des faits que tout homme instruit savait n'être pas exacts.

En conséquence, beaucoup de défenseurs de la croyance menacée se présentèrent. Par une suite de la liberté que Frédéric laissait aux écrits, les nouveaux apologistes de la religion plaidèrent sa cause chacun à sa manière. De là, des dissidences essentielles, bien qu'inapperçues, entre ces soldats d'une armée sans chef.

Les uns s'attachèrent à l'ancien système et l'appuyèrent; comme ils le purent, sur ses colonnes ordinaires, les miracles et les prophéties.

Les autres, renonçant à ces ressources, se restreignirent à la partie purement morale, et jetèrent dans une sorte de lointain obscur, la partie historique, traditionnelle, et surtout miraculeuse.

Ceci néanmoins ne se fit pas tout à coup. Cette marche n'était qu'une retraite honorable, où l'on n'abandonnait les différents postes que successivement, et pour pouvoir mieux garder les autres. Ce qui se nomma plus tard des perfectionnements, semblait alors des sacrifices.

Mais Frédéric II étant mort, l'autorité adopta sur la religion un système contraire à celui de ce prince. Elle voulut réunir sous une bannière commune les théologiens épars. Ceux qui refusèrent d'entourer cette bannière furent en butte aux reproches des hommes restés fidèles aux dogmes antiques. On leur fit un crime de leurs transactions, et voilà que leurs sacrifices leur furent imputés comme apostasie. Les partis exagérés sont en religion comme en politique; des édits de persécution parurent dictés par des spectres et émanés du fond d'un sérail.

Beaucoup d'auxiliaires zélés du christianisme furent de la sorte déclarés ses ennemis. Ils n'acceptèrent point ce titre, et de leurs efforts pour le repousser, combinés avec l'impossibilité où ils étaient de reprendre les doctrines qu'ils avaient, sinon désavouées, du moins délaissées, se forma un système, dans lequel se trouve, obscur et informe, le germe d'une idée que nous croyons éminemment juste.

L'homme, dans ce système, sorti des mains de la suprême puissance, a été guidé par elle dès ses premiers pas. Mais le créateur a proportionné ses secours à la position et aux facultés de ses créatures. La religion juive a conduit les Hébreux jusqu'au moment où elle a réussi à les rendre susceptibles d'une croyance plus épurée. Le christianisme alors a remplacé la loi de Moïse. La réformation a mis le christianisme d'accord avec les lumières d'un siècle postérieur. D'autres améliorations viendront un jour réformer encore la réforme (1).

---

(1) C'est en conséquence de ce système qu'à l'époque dont nous parlons l'Allemagne vit se multiplier les traités sur la condescendance de Dieu envers les hommes, sur la

Nous laissons de côté le surnaturel admis par ce système, surnaturel restreint, qui doit

---

marche graduelle des révélations, sur l'éducation du genre humain, sur le christianisme enfin adapté aux besoins du temps. Pour donner une idée de la pensée dominante qui présidait à tous ces écrits, nous rapporterons les raisonnements de ces théologiens sur les miracles.

« Les miracles, disaient-ils, soit qu'ils aient été des
« choses surnaturelles ou seulement des phénomènes na-
« turels, mais dont la cause était inconnue aux hommes
« ignorants qui les contemplaient, les miracles ont été des
« preuves valables et nécessaires dans le temps où ils ont
« eu lieu. L'espèce humaine était trop peu éclairée pour
« être convaincue par des arguments ; il lui fallait des
« preuves plus frappantes et plus courtes. Il nous en
« faut aujourd'hui d'un autre genre. C'est par la logique,
« la morale, le sentiment du beau et de l'honnête qu'on
« peut nous convaincre. Les miracles ne doivent pas être
« contestés, mais écartés. » Ils en disaient autant des mystères et des prophéties.

Un fait remarquable, c'est que la même idée s'était présentée à un Anglais un siècle plutôt. Il avait avancé qu'on pouvait calculer la durée d'une religion d'après la diminution graduelle de son analogie avec les opinions et les intérêts contemporains. JOHN CRAIGS, *Theologiæ christianæ principia mathematica*. Lond. 1689, in-4°, Leip. 1755. Mais l'esprit dogmatique des Anglais avait repoussé, comme impie, cette hypothèse ; elle a pris, au contraire, en Allemagne un caractère éminemment religieux. « Comme
« établissement extérieur, dit un de ses défenseurs en 1812,

mécontenter les dévots et déplaire aux philosophes. Mais nous pensons qu'il contient,

---

« le christianisme est soumis avec le temps à des modifi-
« cations et des changements inévitables, mais le fond de
« la doctrine n'a rien à redouter de ces changements. Elle
« en paraîtra au contraire plus sublime et plus divine.
« Quelque forme qu'elle revête, les idées fondamentales
« et éternellement vraies de cette religion, seront toujours
« plus clairement exprimées. Les formes du judaïsme ont
« survécu à son esprit au bout de deux mille ans. L'esprit
« du christianisme survivra à ses formes en en prenant
« d'appropriées à chaque situation intellectuelle et sociale
« de l'espèce humaine. » Journ. littér. de Iéna, 3 septembre 1812.

Ce système se raproche sous quelques rapports de la doctrine indienne sur les incarnations successives qui ont lieu toutes les fois que Dieu veut faire connaître aux hommes la vérité. Il est assez remarquable qu'on retrouve une idée analogue dans une hypothèse juive. Les Juifs attribuaient la même ame à Adam, à Abraham et à David, et croyaient que cette ame sera celle du Messie. Bartholocci, Biblioth. Rabbin. Ils prétendaient encore qu'il ne fallait point distinguer Élie de Phinès, fils du grand prêtre Éléazar, et que le prophète qui a vécu parmi les hommes, tantôt sous le nom de Phinès, tantôt sous celui d'Élie, n'était point un homme, mais un ange toujours le même qui s'incarnait pour donner ses conseils au peuple de Dieu. Orig. Tract. VII. — Ægidius Camart, *De rebus gestis Eliæ.*

comme nous l'avons dit, le germe d'une pensée neuve et importante : nous la développerons tout à l'heure. Achevons ici de rechercher dans quel état religieux se trouve l'Allemagne.

Le système que nous venons d'exposer est consolant et noble. Il n'aurait plus qu'un pas à faire pour écarter de la religion cette tendance étroite et hostile qui suppose la vérité un don du hasard ou du caprice, et condamne à des peines éternelles ceux qui, sans leur faute, ont été privés de cette vérité (1).

---

(1) Considérer toutes les religions comme des manifestations de la divinité proportionnées aux lumières et aux mœurs des peuples, c'est établir entre la Providence et les hommes des rapports qui font de toutes les vertus et de toutes les connaissances humaines un sujet de gratitude et d'amour. Les Grecs ont été libres, éclairés, heureux. Les Romains, malgré leur soif de conquêtes, fruit d'abord de la nécessité, puis de l'habitude et de l'amour du pouvoir, et malgré l'atrocité trop fréquente de leur politique extérieure, nous offrent le tableau de l'homme perfectionné, de ses facultés, de son courage, de son patriotisme, de toutes les vertus mâles et grandes, portées au-delà, peut-être, de ce qu'aujourd'hui nous pouvons concevoir. La religion qui avait tant d'influence sur ces deux peuples, et qui par conséquent a dû contri-

Mais indépendamment de l'absence de toutes les preuves historiques, métaphysiques et morales, ce système, empreint de l'anthropomorphisme, qui est l'endroit faible de toutes les croyances, ne saurait satisfaire, ni l'esprit qui exige la démonstration, ni le sentiment qui aime à revêtir l'être qu'il adore d'une bienveillance et d'une bonté sans bornes. Annoncé comme une révélation, il pourrait triompher des objections et des doutes : et le plus belliqueux des prophètes a proclamé, comme source de sa mission divine, une idée à peu près analogue. Mais proposé par un homme à d'autres hommes, il doit, ainsi que toutes les conjectures humaines, flotter au hasard dans

---

buer à leur perfectionnement, ne peut-elle pas être considérée comme un bienfait de la Providence? Cette Providence à laquelle on devrait ces révélations successives, toujours plus pures et plus salutaires, ne se montre-t-elle pas à nous sous des traits dignes de sa justice et de sa bonté? N'est-il pas doux de voir cette bonté et cette justice veiller sur la liberté d'Athènes, sur le patriotisme de Sparte, sur le dévouement de Rome république; inspirer Socrate; encourager Timoléon; appeler à elle Caton d'Utique; armer Brutus; soutenir la fermeté de Sénèque?

cet océan de conjectures où elles s'engloutissent, pour reparaître quand l'oubli leur a rendu l'air de la nouveauté.

Aussi les Allemands, au bout de quelques années, ont-ils traversé cette hypothèse pour en embrasser une plus vaste, et, sous quelques rapports, plus satisfaisante.

Forcés de l'exprimer en peu de mots, pour la rendre sensible, nous demandons aux lecteurs français pardon de l'obscurité qu'ils pourront y trouver au premier coup d'œil. Cette obscurité se dissipera peut-être, et nous espérons qu'ils verront que le nuage renferme une idée.

La religion, disent les partisans de ce nouveau système, est la langue universelle de la nature, exprimée par différents signes, différents dogmes, symboles et rites. Tous les peuples, ou du moins chez tous les peuples, la classe éclairée, c'est-à-dire les prêtres, ont parlé cette langue. Les diversités qu'on croit remarquer ne sont que des anomalies passagères, des formes peu importantes, que celui qui veut connaître et juger la religion doit écarter, pour se faire jour jusqu'à l'unité réelle et mystérieuse dans laquelle elles viennent se confondre comme dans un centre.

Ce point de vue nouveau, sous lequel l'Allemagne savante considère aujourd'hui la religion, a été d'une immense utilité. On lui doit depuis quelques années d'admirables découvertes sur les rapports des religions entre elles, sur les communications des peuples, sur le lien commun des mythologies. On lui doit de connaître l'antiquité dans sa profondeur et dans son charme. Nos érudits avaient étudié les monuments et les traditions des temps écoulés, comme les couches d'un monde sans vie, ou les squelettes d'espèces détruites. Les Allemands ont retrouvé dans ces traditions et ces monuments la nature de l'homme; cette nature, toujours la même, bien que diversifiée, et qu'en conséquence il faut prendre pour la base vivante de toutes les recherches et de tous les systêmes. La Grèce et l'Orient dans les écrits de Fréret, de Dupuis, de Sainte-Croix, ressemblent à des momies desséchées. Sous la plume de Creutzer et de Görres, ces arides momies deviennent d'élégantes et admirables statues, dignes du ciseau de Praxitèle et de Phidias.

Tout sert à l'intelligence dans sa marche éternelle. Les systêmes sont des instruments à l'aide desquels l'homme découvre des vérités de détail, tout en se trompant sur l'ensemble ; et quand les systèmes ont passé, les vérités demeurent.

Il y a de plus un côté juste dans cette hypothèse, qui, d'ailleurs, au moment où l'incrédulité dogmatique inspire une sorte de fatigue, doit, comme le théisme, et comme le panthéisme, flatter le sentiment religieux chassé de son asyle et cherchant un refuge. Et nous n'hésitons pas à le prédire, nous la verrons bientôt en France, remplacer le système étroit et aride de Dupuis. Ce sera un triomphe pour l'imagination, et sous quelques rapports un gain pour la science (1).

---

(1) Ce n'est pas sans une satisfaction véritable que nous annonçons que l'ensemble de ce nouveau système allemand sera bientôt mis sous les yeux du public français par un jeune écrivain, qui réunit aux plus vastes connaissances une sagacité rare, une bonne foi plus rare encore, et une impartialité dont notre littérature offre peu d'exemples. M. Guignaud fera bientôt paraître une traduction de la Symbolique de Creutzer, ouvrage qui a commandé l'attention de toute l'Europe savante, mais qui a le défaut de manquer, dans l'original, de cette méthode et de cette clarté dont la France seule éprouve le besoin et apprécie le mérite. Le traducteur a remédié à

Néanmoins les savants qui l'ont adoptée, nous paraissent avoir méconnu une vérité corrélative sans laquelle ce système a le défaut caractéristique de tous les systèmes.

Sans doute, la religion est la langue dans laquelle la nature parle à l'homme ; mais cette langue varie, elle n'a point été la même à toutes les époques, dans la bouche des peuples ou de la classe éclairée qui gouvernait ces peuples. La religion est soumise, pour cette classe comme pour le vulgaire, à une

---

ce grave inconvénient, en refondant ce livre, et en replaçant les idées importantes dont il est semé dans leur ordre naturel. Ce que le plan de notre ouvrage et ses bornes nous interdisaient de développer recevra, par le travail de M. Guignaud, des développements inattendus ; et bien que ses opinions et nos doutes se trouvent quelquefois en opposition, nous pensons que souvent il aura, sans le vouloir, fortifié de preuves incontestables les vérités que nous avons tâché d'établir. Dans tous les cas, le travail de M. Guignaud aura l'immense utilité d'ouvrir aux amis de la pensée et aux admirateurs de l'antiquité une carrière tout-à-fait nouvelle, et d'agrandir la sphère des idées sur les religions anciennes, sphère beaucoup trop rétrécie par les érudits du siècle dernier, et dont le grand travail de Dupuis nous a fait prendre, depuis vingt ans, une petite partie pour le tout.

progression régulière à laquelle les prêtres obéissent aussi bien que les tribus qu'ils dominent. Cette progression est plus mystérieuse dans les doctrines sacerdotales, parce que sous le joug sacerdotal tout est mystérieux. Quelquefois aussi elle est plus lente, parce que les prêtres font tous leurs efforts pour la retarder. Mais elle n'en est pas moins inévitable et déterminée par des lois fixes, qui ont leur origine dans le cœur humain. On s'égare donc, lorsqu'au lieu de regarder la doctrine la plus pure comme le résultat des travaux, des progrès, en un mot, de l'amélioration morale et intellectuelle de l'espèce humaine, on suppose que cette doctrine a précédé, on ne sait comment, toutes les autres doctrines, et lorsqu'on la place à une époque où l'homme était incapable de la concevoir, pour en faire honneur à des colléges de prêtres; ces prêtres, plus savants, et surtout plus rusés que la masse du peuple, étaient bien éloignés toutefois d'avoir pu s'élever à des conceptions qui ne sauraient être que le résultat lent et graduel d'une série d'efforts assidus, de découvertes accumulées, et de méditations non interrompues.

Vouloir faire de la religion une unité immuable et seulement voilée aux regards profanes, se flatter qu'on découvrira cette langue unique, et qu'alors les cultes, les dogmes, les symboles de toutes les nations se révéleront à nos yeux comme une portion de cette langue sacrée, c'est se bercer d'un espoir chimérique. Ce n'est ni dans les symboles, ni dans les doctrines que cette unité peut se trouver. Mais pénétrez dans la nature de l'homme, vous y apercevrez, si vous l'étudiez bien, la source unique de toutes les religions et le germe de toutes les modifications qu'elles subissent.

CHAPITRE VII.

Plan de notre ouvrage.

Le tableau que nous venons de tracer des diverses manières dont on a jusqu'ici considéré la religion, nous paraît prouver qu'il existe encore sur ce point important une lacune. Nous avons essayé de la remplir autant que nous l'ont permis nos forces.

Nous n'avons déclaré la guerre à aucun dogme : nous n'avons attaqué la divinité d'aucune des croyances qu'entoure la vénération publique. Mais nous avons pensé qu'on pouvait écarter avec respect, car tout ce qui touche à la religion mérite du respect, nous avons pensé, disons-nous, qu'on pouvait écarter avec respect des questions épineuses, et partir d'un fait qui nous semble évident.

Ce fait, c'est que le sentiment religieux (1) est un attribut essentiel, une qualité inhérente à notre nature.

Nous avons observé les formes que ce sentiment pouvait revêtir. Nous les avons

---

(1) Nous avons tâché de définir le sentiment religieux dans un chapitre précédent. Mais pendant l'impression de cet ouvrage, le premier des poètes anglais en a donné une définition tellement d'accord avec la nôtre, que nous ne pouvons nous empêcher de la rapporter ici.

> How often we forget all time, when lone,
> Admiring nature's universal throne,
> Her woods, her wilds, her waters, the intense
> Reply of hers to our intelligence!
> Live not the stars and mountains? Are the waves
> Without a spirit? Are the drooping caves
> Without a feeling in their silent tears?
> No, no. They woo and clasp us to their spheres,
> Dissolve this clog and clod of clay before
> Its hour, and merge our soul in the great shore,
> Strip off this fond and false identity!
> Who thinks of self, when gazing on the sky?
> Lord Byron's Island.

On nous assure que certains hommes accusent lord Byron d'athéisme et d'impiété. Il y a plus de religion dans ces douze vers que dans les écrits passés, présents et futurs de tous ces dénonciateurs mis ensemble.

trouvées proportionnées nécessairement à la situation des individus ou des peuples qui professent une religion.

N'est-il pas clair, en effet, que le sauvage qui ne subvient à sa subsistance que comme les habitants des forêts, ne saurait avoir les mêmes notions religieuses que l'homme civilisé? Quand la société est constituée, mais que les lois physiques du monde sont encore ignorées, n'est-il pas simple que les forces physiques soient les objets de l'adoration? A une époque plus avancée, les lois de la nature physique étant dévoilées, l'adoration se retire sur le terrain de la morale. Plus tard, l'enchaînement des causes et des effets en morale étant découvert, la religion se retranche dans la métaphysique, et la spiritualité. Plus tard encore, lorsque les subtilités de la métaphysique sont abandonnées, comme impuissantes à rien expliquer, c'est dans le sanctuaire de notre ame que la religion trouve heureusement son inexpugnable asyle.

Tel a donc été notre premier principe. Nous avons dit : la civilisation étant progressive, les formes religieuses doivent se ressentir de cette progression : et l'histoire nous a confirmés dans ce premier résultat de nos recherches.

Nous avons alors examiné quelles étaient les époques de cette progression et nous avons cru remarquer que chaque forme religieuse se divise en trois périodes distinctes.

L'homme s'élance d'abord vers une religion, c'est-à-dire, il cherche d'après son instinct et ses lumières, à découvrir les rapports qui existent entre lui et les puissances invisibles. Quand il croit avoir découvert ces rapports, il leur donne une forme régulière et déterminée.

Ayant pourvu de la sorte à cette première nécessité de sa nature, il développe et perfectionne ses autres facultés. Mais ses succès mêmes rendent la forme qu'il avait donnée à ses idées religieuses disproportionnée avec ses facultés développées et perfectionnées.

Dès ce moment, la destruction de cette forme est inévitable. Le polythéisme de l'Iliade ne convenant plus au siècle de Périclés, Euripide dans ses tragédies se rend l'organe de l'irréligion naissante.

Si, comme il est dans la nature des choses, la chute de la croyance vieillie est retardée par des institutions, cette prolongation factice ne produit pour l'espèce humaine qu'une existence de pur mécanisme, durant laquelle tout semble privé de vie. L'enthousiasme et la croyance délaissent la religion. Il n'y a plus que des formules, des pratiques et des prêtres.

Mais cet état forcé a aussi son terme. Une lutte s'élève, non-seulement entre la religion établie et l'intelligence qu'elle blesse, mais entre cette religion et le sentiment qu'elle ne satisfait plus.

Cette lutte amène la troisième époque, l'anéantissement de la forme rebelle, et de là les crises d'incrédulité complète, crises désordonnées et quelquefois terribles, mais inévitables, quand l'homme doit être délivré de ce qui ne lui serait désormais qu'une entrave. Ces crises sont toujours suivies d'une forme d'idées religieuses, mieux adaptée aux facultés de l'esprit humain, et la religion sort plus jeune, plus pure et plus belle de ses cendres.

Dès l'état le plus brut, l'homme suit cette marche; mais il rencontre sur sa route des obstacles de différents genres. Parmi ces obstacles, il y en a d'intérieurs, et il y en a d'extérieurs.

Les obstacles intérieurs sont d'abord son ignorance, puis l'empire de ses sens, la domination des objets qui l'entourent, son égoïsme et enfin, sous quelques rapports, une portion de sa raison même.

Il y a dans la raison séparée du sentiment une partie matérielle, si l'on peut ainsi parler, qui s'oppose à tous les élans de l'ame (1). Nous avons vu plus haut qu'elle ne pouvait rendre compte d'aucune de nos émotions intimes. L'appliquer, dans sa sécheresse et avec ses bornes, à la religion, c'est appliquer l'arithmétique à la poésie. On la dénature et on la fausse, quand on la sort de sa sphère. Elle nous montre bien, dans notre route quotidienne, les rochers qui nous heurteraient, les abymes où nous tomberions : mais tournée vers le ciel, elle n'est plus qu'un

---

(1) Les nymphes, dit Callimaque, découvrirent trois pierres mystérieuses qui servaient à dévoiler l'avenir. Elles les présentèrent à Minerve, qui les refusa, en disant qu'elles convenaient mieux à Apollon.

flambeau terrestre qui nous dérobe la splendeur des astres (1).

Les obstacles extérieurs sont les calamités qui, bouleversant l'existence physique de l'homme, retardent les progrès de son existence morale, et les intérêts qui portent d'autres hommes à lui faire prendre de gré ou de force une route opposée.

---

(1) Il y a de certaines idées qui sont justes aussi long-temps qu'elles restent dans la sphère qui leur est propre, parce que l'esprit humain y arrive par les connaissances qu'il acquiert dans cette sphère elle-même. Telles sont les idées du temps, de l'espace, de l'étendue : telle est encore celle de cause et d'effet. Ces idées nous sont suggérées par l'observation des phénomènes, c'est-à-dire, des apparences qui frappent nos sens. Elles sont donc applicables, et indispensables pour diriger notre jugement dans la sphère de ces apparences. Mais le sentiment intérieur semble sortir de cette sphère ; car les résultats de la logique stricte, appliquée au sentiment intime, sont presque toujours en opposition avec ce sentiment, bien que dans certains cas il soit tellement fort, que toute la rigueur du raisonnement ne peut triompher de sa résistance. Par exemple, l'idée de cause et d'effet, pour ce qui tient aux objets extérieurs et à nos relations avec ces objets, est le fondement de toute logique raisonnable. Mais si nous transportons cette idée de cause et d'effet à la

L'homme est ainsi placé entre trois forces contraires, qui se le disputent : on dirait que le ciel l'appelle en haut ; la terre le retient en bas, et il y a des êtres, semblables à lui, qui l'entraînent de côté. Cependant il avance conformément à l'impulsion que sa nature lui imprime, et au milieu des obstacles qu'il doit vaincre. Sa marche est réglée, elle est néces-

---

nature de l'ame, elle nous conduira directement et irrésistiblement à nier tout libre arbitre, c'est-à-dire qu'elle nous conduira à un résultat que notre sentiment intérieur, malgré tous nos efforts, ne saurait admettre. Or, si d'une manière de raisonner qui, sur certains objets, nous mène à des conclusions évidentes pour notre intelligence, conformes à notre sentiment intérieur, et satisfaisantes pour notre esprit, il résulte, sur d'autres objets, des conséquences qui révoltent notre intelligence, contrarient notre sentiment intime, et loin de satisfaire notre esprit, lui font éprouver la douleur de ne pouvoir réfuter ce qui lui répugne, n'est-il pas clair que cette manière de raisonner, convenable dans le premier cas, ne l'est pas dans le second? Le caractère distinctif d'un raisonnement juste, c'est de donner à l'homme le repos qui accompagne la conviction. Quand il ne lui procure pas ce repos, ce n'est pas toujours que le raisonnemennt soit faux en lui-même : ce peut être aussi qu'il est appliqué à des objets auxquels il ne doit pas être appliqué.

saire. Sa direction peut être contrariée ou suspendue; mais rien ne peut lui donner pour long-temps une direction contraire.

Telle est donc la série d'idées, ou plutôt de faits, que nous nous proposons de prouver. Si nous réussissons, le résultat de cette démonstration nous semble devoir être salutaire.

La religion étant inhérente à l'homme et renaissant toujours sous une forme nouvelle quand l'ancienne forme est brisée, et la marche de la religion se proportionnant naturellement aux progrès de chaque époque; il s'ensuit, d'un côté, que la philosophie, en travaillant à épurer les idées religieuses, doit renoncer à se mettre en lutte avec le sentiment religieux et à vouloir détruire ce qui n'est pas soumis à la destruction : mais il s'ensuit, d'un autre côté, que l'autorité ne peut ni ne doit tenter d'entraver, de détourner, ni même d'accélérer les améliorations apportées à la religion par les efforts de l'intelligence (1).

---

(1) « Un peuple qui perfectionne ses lois et ses arts,

Nous disons qu'elle ne doit pas même les accélérer : car autant les perfectionnements libres et graduels nous semblent désirables, autant nous répugnons à toutes les réformes violentes et prématurées. Nous détestons le pouvoir intolérant, mais nous craignons un peu le pouvoir philosophe. Les persécutions de Louis XIV ont fait beaucoup de mal. Les prétendues lumières de Joseph II en ont fait presque autant. Les décrets imprudents de l'assemblée Constituante n'en ont pas fait moins, si non par leur teneur immédiate, du moins par leurs conséquences assez rapprochées.

Que l'autorité soit neutre. L'intelligence de l'homme, cette intelligence dont le ciel l'a doué pour qu'il en fît usage, se chargera du reste. Elle n'est ennemie de la religion que lorsque la religion est persécutrice. Elle s'acquittera d'autant mieux de la mission d'im-

―――――

« est bien malheureux et bien à plaindre quand il ne « peut perfectionner sa religion. » PAW, Recherches sur les Égyptiens et les Chinois, I, pag. 178. — *Voy.* sur le même sujet HERDER, Phil. de l'Hist., III, 138-150.

partialité et d'amélioration qui lui est confiée, qu'elle ne sera pas irritée par des obstacles, troublée par des périls et contrainte à prendre un élan trop fort pour surmonter d'opiniâtres résistances.

Cette neutralité du pouvoir servira même à conserver plus long-temps les formes religieuses, auxquelles l'habitude ou la conviction doivent attacher une juste importance. Ces formes sont d'autant plus susceptibles de durée qu'elles résistent moins aux perfectionnements insensibles. C'est d'ordinaire au milieu du combat qu'elles se brisent. Les prêtres d'Athènes rompirent les premiers la bonne intelligence qui subsistait entre la philosophie et le polythéisme, et que la philosophie voulait respecter : et l'inflexibilité de Léon X décida la réforme que Luther lui-même n'avait point en vue, en commençant ses attaques contre les abus de l'église romaine (1).

---

(1) Ce ne serait pas la seule utilité de cette manière d'envisager la religion. Elle aurait encore l'avantage de rendre raison de beaucoup d'évènements qui nous paraissent des effets du hasard, ou que nous attribuons

CHAPITRE VIII.

Des questions qui seraient une partie nécessaire d'une histoire de la religion, et qui néanmoins sont étrangères à nos recherches.

Ayant rendu compte à nos lecteurs de nos intentions et de notre plan, nous devons, avant de terminer cette introduction, leur expliquer pourquoi plusieurs questions, qui,

---

à des causes partielles, tandis qu'ils sont le résultat nécessaire d'une marche invariable. Ainsi quand nous verrions Cyrus et Bonaparte dans la même position, conquérants tous deux d'un antique royaume, dont les institutions politiques aussi-bien que religieuses étaient en hostilité contre leur puissance, nous concevrions pourquoi l'un, par un concordat avec les mages, établit la religion de Zoroastre comme une religion de cour, au milieu de la croyance grossière de ses Perses à demi sauvages, et pourquoi l'autre en agit à peu près de

d'ailleurs, entreraient naturellement dans un ouvrage historique, seront écartées de nos recherches, et leur indiquer les précautions que nous aurons à prendre, afin de nous rapprocher du but que nous nous sommes proposé d'atteindre.

Pour découvrir comment l'homme s'élève d'une croyance grossière à une croyance plus épurée, nous avons dû remonter à l'état le moins avancé des sociétés humaines, c'est-à-dire, à l'état sauvage.

Ici une question semblait se présenter.

L'état sauvage a-t-il été l'état primitif de notre espèce ?

Les philosophes du XVIIIe siècle se sont

---

même envers le catholicisme, au milieu de l'incrédulité nationale.

Nous retrouverions dans la subite persécution des chrétiens, par le collègue de Galère, dans l'hésitation de cet empereur, dans le zèle de ses courtisans, dans la fureur des prêtres de l'ancien culte, beaucoup de traits caractéristiques de la révocation de l'édit de Nantes. Nous apprendrions que Julien n'est pas resté sans imitateurs. Les temps modernes s'éclaireraient par les temps passés, comme ceux-ci par les temps modernes.

décidés pour l'affirmative, avec une grande légèreté.

Tous leurs systêmes religieux et politiques partent de l'hypothèse d'une race réduite primitivement à la condition des brutes, errant dans les forêts, et s'y disputant le fruit des chênes et la chair des animaux; mais si tel était l'état naturel de l'homme, par quels moyens l'homme en serait-il sorti?

Les raisonnements qu'on lui prête pour lui faire adopter l'état social, ne contiennent-ils pas une manifeste pétition de principe? ne s'agitent-ils pas dans un cercle vicieux? Ces raisonnements supposent l'état social déja existant. On ne peut connaître ses bienfaits qu'après en avoir joui. La société, dans ce systême, serait le résultat du développement de l'intelligence, tandis que le développement de l'intelligence n'est lui-même que le résultat de la société.

Invoquer le hasard, c'est prendre pour une cause un mot vide de sens. Le hasard ne triomphe point de la nature. Le hasard n'a point civilisé des espèces inférieures, qui, dans l'hypothèse de nos philosophes, auraient dû rencontrer aussi des chances heureuses.

La civilisation par les étrangers laisse subsister le problème intact. Vous me montrez des maîtres instruisant des élèves ; mais vous ne me dites pas qui a instruit les maîtres : c'est une chaîne suspendue en l'air. Il y a plus ; les sauvages repoussent la civilisation quand on la leur présente.

Plus l'homme est voisin de l'état sauvage, plus il est stationnaire. Les hordes errantes que nous avons découvertes, clair-semées aux extrémités du monde connu, n'ont pas fait un seul pas vers la civilisation. Les habitants des côtes que Néarque a visitées, sont encore aujourd'hui ce qu'elles étaient il y a deux mille ans. A présent, comme alors, ces hordes arrachent à la mer une subsistance incertaine. A présent, comme alors, leurs richesses se composent d'ossements aquatiques, jetés par les flots sur le rivage. Le besoin ne les a pas instruites ; la misère ne les a pas éclairées ; et les voyageurs modernes les ont retrouvées telles que les observait il y a vingt siècles l'amiral d'Alexandre (1).

---

(1) Voy. *The Periplus of Nearchus*, by D. Vincent,

Il en est de même des sauvages décrits dans l'antiquité par Agatharchide (1), et de nos jours par le chevalier Bruce (2). Entourées de nations civilisées, voisines de ce royaume de Méroé si connu par son sacerdoce, égal en pouvoir comme en science au sacerdoce égyptien, ces hordes sont restées dans leur abrutissement : les unes se logent sous les arbres, en se contentant de plier leur rameaux et de les fixer en terre ; les autres tendent des embûches aux rhinocéros et aux éléphants, dont elles font sécher la chair au soleil ; d'autres poursuivent le vol pesant des autruches ; d'autres, enfin, recueillent les essaims de sauterelles poussées par les vents dans leurs déserts, ou les restes des crocodiles et des chevaux marins que la mort leur livre ; et les maladies

---

Lond. 1798, et la traduction française de cet ouvrage. — NIEBUHR, Descr. de l'Arab. et MARCO POLO.

(1) AGATHARCH. *de Rubr. mar. in Geogr. min. Hudson.* I, pag. 37 et suiv.

(2) BRUCE, Voy. en Abyss. II, 539 ; III, 401.

que Diodore décrit (1), comme produites par ces alimens impurs, accablent encore aujourd'hui les descendants de ces races malheureuses, sur la tête desquelles les siècles ont passé, sans amener pour elles ni améliorations, ni progrès, ni découvertes. Nous reconnaissons cette vérité.

Aussi ne prenons-nous point l'état sauvage comme celui dans lequel s'est trouvée l'espèce humaine à son origine. Nous ne nous plaçons point au berceau du monde, nous ne voulons point déterminer comment la religion a commencé, mais seulement de quelle manière, lorsqu'elle est dans l'état le plus grossier qu'on puisse concevoir, elle se relève et parvient graduellement à des notions plus pures.

Nous ne disons nullement que cet état grossier ait été le premier; nous ne nous opposons point à ce qu'on le regarde comme une détérioration, une dégradation, une chute : mais c'est le terme le plus éloigné de la perfection; c'en est assez pour que nous devions nous y placer, afin de contempler mieux l'es-

---

(1) Diodore, I.

pace que l'homme a franchi pour arriver au terme opposé.

On peut nous faire cependant encore une objection.

Lorsqu'on remonte jusqu'aux plus obscures des époques historiques, l'on n'aperçoit plus dans la nuit des siècles que quelques masses énormes que les ténèbres rendent à la fois plus confuses et plus imposantes, et qui, séparées entre elles par des abymes, conservent des traits d'une étonnante similitude.

En parcourant l'Europe, l'Asie, et ce que nous connaissons de l'Afrique, en partant de la Gaule, ou même de l'Espagne, et en passant par la Germanie, la Scandinavie, la Tartarie, l'Inde, la Perse, l'Arabie, l'Éthiopie et l'Égypte, nous trouvons partout des usages pareils, des cosmogonies semblables, des corporations, des rites, des sacrifices, des cérémonies, des coutumes et des opinions, ayant entre elles des conformités incontestables; et ces usages, ces cosmogonies, ces corporatious, ces rites, ces sacrifices, ces cérémonies, ces opinions, nous les retrouvons en Amérique, dans le Mexique et dans le Pérou.

C'est vainement que l'on voudrait assigner

pour cause à ces conformités des dispositions générales inhérentes à l'esprit humain (1). Il éclate dans plusieurs détails des ressemblances si exactes sur des points si minutieux (2),

---

(1) Fréret, Mém. sur les Gaulois, Acad. des Incript. XXIV, pag. 389.

(2) A la fête de Bhavani aux Indes, le premier du mois de mai, les Indiens, et principalement les bergers, élèvent des Mais, qu'ils ornent de fleurs. La même cérémonie avait lieu le même jour, par des hommes de la même profession, chez plusieurs nations du Nord et de l'Occident. Le ridicule usage du poisson d'avril se pratique aux Indes comme en Europe, le premier avril, aux fêtes nommées Huli. (Rech. asiat. II, 333.) Les renards de Samson se retrouvent dans une fête de Carséoles, ville du Latium. (Ovid. Fast. IV, 681-712.) Il y a beaucoup d'analogie entre la vache rousse des Fordicules et la vache rousse des Hébreux. Il n'y en a guère moins entre les ruses de Vichnou, pour obtenir le breuvage nommé Amrita, qui procurait l'immortalité, et celles d'Odin, pour s'emparer de l'hydromel qui éclaire les sages et inspire les poètes. Cette ressemblance dans les détails s'étend des cérémonies aux traditions. Chez les Germains, Mannus, fils de Tuiston, avait eu trois fils, auteurs des principales nations germaniques. Les Scythes parlaient des trois fils de Targytaüs leur fondateur. (Hérod. IV, 6 et 10.) Polyphème et Galatée avaient donné le jour à Celtus, à Illyricus et à Gallus. Saturne avait eu Jupiter, Neptune

qu'il est impossible d'en trouver la raison dans la nature ou dans le hasard : et ce que nous apprenons journellement des antiquités de l'Inde, la manière dont les savants anglais reconnaissent dans les traditions de cette contrée les dates principales de l'histoire juive et les fables de la religion grecque, romaine

---

et Pluton. Le ciel et la terre avaient engendré Cottus, Briarée et Gygès. On connaît les trois enfants de Noé. Mais ce qui est bien plus remarquable encore, c'est la parfaite conformité de la fable romaine d'Anna Perenna, et des fables indiennes sur la déesse de l'abondance, nommée Anna Purna Devi. Ovide dit qu'on regardait Anna Perenna tantôt comme la lune, et Anna Purna porte un croissant; tantôt comme Thémis, et Anna Purna est l'épouse du dieu de la justice, Vrichna Iswara; d'autres fois comme Io, et Anna Purna est représentée sous la forme d'une vache; ou comme Amalthée, nourrice de Jupiter, et Anna Purna, assise sur un trône, donne des aliments au jeune Schiven, qui tend la main pour les recevoir. Enfin, la tradition même d'Anna Perenna, vieille femme, nourrissant les Romains sur le mont Sacré, s'applique à l'Anna Purna indienne, qui, suivant les Pouranas, nourrit miraculeusement Viasa Muni et ses dix mille pupilles, réduits à la famine par Schiven, irrité de ce que leur maître lui avait préféré Vichnou. (Comp. Ovid. fast. III, 657-674, et Paterson, Mémoire sur la religion indienne. Rech. asiat. VIII.)

et scandinave, l'espèce de concordance qui en résulte pour les annales de ces peuples, toutes ces choses ont redonné, dans ces derniers temps, une vraisemblance presque irrésistible à l'hypothèse d'un peuple primitif, source commune, tige universelle, mais anéantie, de l'espèce humaine. N'est-ce pas à ce peuple que nous devrions demander le point de départ de la religion, au lieu de le chercher chez quelques misérables hordes, auxquelles nous n'accordons qu'avec peine une nature semblable à la nôtre ?

Nous n'affirmons nullement qu'il soit impossible au travail et au génie d'arriver un jour à la connaissance de la grande vérité, du grand fait, du fait unique, qui doit servir à réunir les fragments épars de la chaîne brisée dont nous soulevons quelques anneaux. Nous aimons à rendre justice aux hommes studieux, aux voyageurs intrépides qui se proposent cette découverte. Nous admirons leur patience infatigable, et ce courage que rien ne rebute et qui brave des difficultés dont l'imagination s'épouvante. Car ce ne peut être qu'en étudiant chaque peuple dans ses plus petits détails, en comparant les usages les plus minutieux et les traditions les plus confuses, en recueillant tous les débris des langues antiques, nous ne parlons pas de celles qui sont anciennes pour nous, mais de celles qui, mortes déja pour les hommes qui nous ont précédés sur cette terre, n'avaient laissé chez les nations les plus reculées que des traces vagues et un faible souvenir; ce ne peut être qu'en voyageant sur tout notre globe et en retournant, pour ainsi dire, les couches nombreuses accumulées l'une sur l'autre par la succession des âges, qu'ils rassembleront les matériaux indispensables au succès dont la noble espérance les soutient dans tous leurs efforts.

Mais ce succès, précieux en lui-même, ne fera toutefois que les ramener au point où nous sommes. L'hypothèse d'un peuple primitif impose à ceux qui l'adoptent une difficulté de plus à résoudre. D'une part, reportés par ce système au-delà de l'histoire de l'espèce humaine, ils doivent se jeter dans l'étude de celle des grandes époques de notre globe, pour rendre compte des révolutions physiques par lesquelles ce peuple primitif a été détruit; et c'est ainsi que toutes les fois qu'on s'occupe à fond d'une question quelconque, on arrive à sentir que pour savoir complètement une chose, il faudrait ne rien ignorer. D'une autre part, la destruction du peuple primitif étant incontestable, plusieurs de ses parties se sont vues forcées de recommencer le grand œuvre de la civilisation. On peut tout au plus supposer dans quelques contrées quelques souvenirs d'une situation antérieure, quelques traditions, quelques usages. Mais ces souvenirs sont confus, ces traditions vagues, ces usages inexplicables par l'oubli de leurs motifs, et l'ensemble des conjectures devra toujours commencer à cet état de grossièreté et d'ignorance d'où nous avons cru devoir partir.

CHAPITRE IX.

Des précautions que la nature de nos recherches nous oblige de prendre.

Plusieurs précautions nous seront indispensables pour atteindre le but que nous nous sommes proposé dans cet ouvrage.

La première sera de distinguer les époques des diverses religions.

Une nation n'a pas, à la fin d'un siècle, la même croyance qu'au commencement; bien qu'elle adore les mêmes divinités, elle n'en conserve pas long-temps des notions uniformes.

En entrant dans la civilisation, les peuples reçoivent une impulsion qui ne s'arrête plus : mais les changements sont imperceptibles. Aucun signe visible ne les indique. L'extérieur d'une religion reste immuable, lors même que la doctrine se modifie. Le nom seul des dieux ne varie pas et c'est une cause nouvelle d'erreur.

Dans l'esprit de beaucoup de lecteurs assez instruits, le nom de chaque mythologie retrace un ensemble d'opinions dont ils ne démêlent pas les dates. La religion d'Homère et celle de Pindare leur paraît parfaitement semblable, et retrouvant sur les bords du Tibre les mêmes acteurs célestes que sur les rives du Simoïs, ils s'imaginent encore que le chantre d'Achille et celui d'Énée ont décrit une religion à peu près pareille (1).

---

(1) Une erreur de ce genre, et même beaucoup plus grave, a diminué le mérite d'un ouvrage qui renferme de grandes beautés. On ne saurait trop regretter que M. de Chateaubriand ait commis, dans ses *Martyrs*, un anachronisme d'environ quatre mille ans. Il a présenté comme simultanées deux choses, dont l'une n'existait plus et l'autre pas encore. La première était le polythéisme d'Homère, et la seconde le catholicisme de nos jours. Certes, après Euripide, après Épicure, et presque en présence de Lucien, les vierges grecques ne demandaient pas au premier jeune homme qu'elles rencontraient : *Ne seriez-vous pas un immortel?* Et d'une autre part, il n'y avait encore chez les chrétiens, du temps d'Eudore et de Cymodocée,

Il n'en est rien. Les dieux de l'Iliade, loin d'être ceux des poètes romains, ou des lyriques et tragiques grecs, ne sont pas même exactement ceux de l'Odyssée. Les dieux de

---

ni soumission habituelle au pouvoir sacerdotal, ni dogmes fixes, ni rien de ce qui caractérise, en plus d'un endroit, les discours de la vierge et du martyr. L'illustre auteur de ce poëme a de plus été entraîné, par cette erreur, à faire usage d'un genre de merveilleux tout contraire et bien inférieur à celui qui ressortait naturellement de son sujet. Son enfer a tous les défauts de celui de Virgile, parce qu'on sent qu'il est écrit à une époque pareille, lorsque aucun des éléments de la description ne faisait partie d'aucune croyance. Le talent du style ne peut remédier à ce vice de la conception. Le paradis de M. de Châteaubriand, copie de l'Olympe, est également frappé d'une imperfection qui ne lui permet pas de lutter avec son modèle. Il a la diversité des couleurs de moins et la métaphysique de plus. La pureté au sein de la corruption, la certitude en présence des doutes universels, l'indépendance sous la tyrannie, le mépris des richesses au milieu de l'avidité, le respect pour la souffrance lorsqu'on voyait partout l'exemple de la cruauté indifférente et de la férocité dédaigneuse, le détachement d'un monde où le reste des hommes avait concentré tous ses désirs, le dévouement quand tous étaient égoïstes, le courage quand tous étaient lâches, l'exaltation quand tous étaient vils; tel était le merveilleux qu'on pouvait faire descendre du

la Grèce n'ont en commun avec ceux d'Ovide et de Virgile, que le nom et quelques fables dont la signification avait changé. Leur caractère moral, leurs relations avec les hommes

---

ciel, et ce merveilleux placé dans l'ame des premiers fidèles, et renouvelant la face du monde, n'eût pas eu peut-être moins d'intérêt que des anges, pâles héritiers des dieux de l'Iliade, traversant l'empirée comme Vénus blessée par Diomède, ou Junon voulant tromper Jupiter.

Si cette critique et une observation placée dans une note antérieure paraissaient des attaques contre l'écrivain qu'elles concernent, nous nous croirions obligés d'expliquer notre pensée. Notre ouvrage prouve assez que nous n'adoptons point les opinions religieuses que M. de Châteaubriand a défendues, et sur bien d'autres questions nous sommes certainement d'avis très-opposés. Mais nous ne le confondons point toutefois avec les hommes qui ont embrassé, plus tard que lui, la cause que le premier il a relevée. Quand il a publié le Génie du Christianisme, la lice était ouverte à ses adversaires; le pouvoir superbe qui tenait tout l'univers à ses pieds, ne s'appuyait que sur sa force intrinsèque, et permettait la discussion sur tout ce qui ne touchait point à la politique. M. de Châteaubriand affrontait donc la critique dans toute sa liberté, ce qui est toujours la preuve d'un sentiment honorable de sa propre valeur. Ses successeurs arrivent sous d'autres auspices. Lors même qu'ils auraient, comme lui, le mérite du talent, ils n'auraient pas celui de combattre

à ces deux époques n'ont aucun rapport.

Jusqu'ici, l'on a plutôt recueilli qu'apprécié les témoignages. L'on a cité presque indifféremment sur la religion grecque Homère et Virgile, Hésiode et Lucien. L'on a même consulté avec confiance, sur les époques les plus reculées de cette croyance, des mythologues tout-à-fait modernes, ou des philosophes dont l'intérêt visible et le but avoué était d'épurer l'ancien polythéisme (1).

---

leurs ennemis à armes égales. Que serait-ce si par hasard ils lui étaient immensément inférieurs sous le premier rapport? s'ils n'avaient pour éloquence que de l'emportement, pour originalité que de la bizarrerie, et pour bravoure que la certitude qu'on ne peut leur rendre les coups qu'ils portent? Entre eux et M. de Châteaubriand, il y a la même différence qu'entre un chevalier dans un tournois, n'ayant pour lui que son adresse et sa force, et des inquisiteurs du saint-office, ayant avec eux leurs sbires et leurs familiers.

(1) Pour donner une idée de l'excès auquel cette méthode fautive a été portée, nous indiquerons l'auteur de l'Essai sur la religion des Grecs. Quand au milieu d'un grand étalage d'érudition il veut nous parler de l'enfer d'Homère, il nous renvoie à une note, et dans cette note nous trouvons des vers de Virgile; une autre note nous

Confondant ainsi les dates et les doctrines, les auteurs de la plupart des systêmes ont mêlé les opinions des siècles divers : ils n'ont point distingué les dogmes empruntés du dehors des dogmes indigènes, les fables qui avaient toujours composé les croyances na-

---

rapporte des passages de Proclus et de Jamblique. Il est vrai que quelquefois parmi ses autorités nous rencontrons aussi Racine et Boileau.

Ce que M. Leclerc de Septchênes a fait pour la religion des Grecs, d'autres écrivains l'ont fait pour celle des Perses ; ils ont invoqué, comme des garants dignes de toute confiance, non-seulement Plutarque, mais Porphyre, dont on connaît l'enthousiasme et le dévouement au platonisme nouveau; Eubule, contemporain de Porphyre, non moins inexact, mais bien moins savant que lui; Eusèbe, homme érudit, mais d'une crédulité puérile; Dion Chrysostôme, esprit imbu de toutes les subtilités d'Alexandrie; Eudème, enfin, dont le siècle même nous est inconnu, et que soupçonnait déja d'imposture le compilateur qui nous en a conservé quelques fragments. (V. *Excerpta ex Damascii libro de principiis*, pag. 259.) Ils n'ont pas considéré que ces hommes écrivaient, pour la plupart, près de six cents ans après la chute de l'empire de Darius, lorsque le polythéisme grec et la philosophie grecque, la théurgie éclectique, le judaïsme et le christianisme, avec toutes les superstitions qu'entraînent à leur suite les bouleversements politiques, le mélange des

tionales de celles qui s'y étaient introduites successivement, ou y avaient été jetées tout à coup par quelque évènement inattendu.

Il en est cependant des religions des anciens comme de leur géographie, tout y est

---

peuples, l'asservissement, l'épouvante et le malheur, avaient pénétré dans la religion des Perses.

Personne, au reste, n'a poussé l'absence de toute critique et la confusion de tous les auteurs à un degré plus haut que M. de la Mennais, dans le troisième volume de son Essai sur l'indifférence en matière de religion. Il cite indistinctement, pour prouver ce qu'il nomme la religion primitive, Pythagore, Épicharme, Thalès, Eschyle, Platon, Sanchoniaton, Diodore, Pausanias, Jamblique, Clément d'Alexandrie, Maxime de Tyr, Cicéron, Plutarque, Anaxagore, Lactance, Archelaüs, Porphyre, Sénèque, Épictète, Proclus, etc. Il saisit au hasard quelques expressions de chacun d'eux, pour en conclure qu'ils ont professé la même doctrine. Le sceptique Euripide, qui fait d'ailleurs, comme tout auteur tragique, dire à ses personnages le pour et le contre, lui paraît un garant non moins respectable que le religieux Sophocle. Le crédule Hérodote est appelé en témoignage avec l'incrédule Lucien. L'auteur se prévaut d'un mot d'Aristote pour le présenter comme ayant professé le théisme et l'immortalité de l'ame à notre manière, tandis que le dieu d'Aristote, dépouillé de toute vertu, de toute qualité, de toute relation avec les hommes, est une abstrac-

progressif. La géographie d'Homère n'est pas celle d'Hésiode, celle d'Hésiode n'est pas celle d'Eschyle, celle d'Eschyle n'est pas celle d'Hérodote. Il faut dans tout ce qui concerne l'antiquité partir de la progression.

Mais ce qui redouble la difficulté de ce travail c'est que presque toutes les mythologies

---

tion dont aucune religion ne peut s'emparer, et que, suivant le même philosophe, l'ame, après la mort, sans mémoire, sans conscience, sans sentiment d'individualité, est une autre abstraction que ne peuvent atteindre ni les châtiments, ni les récompenses. M. de la Mennais en agit de la même manière avec Xénophane, le panthéiste le plus audacieux qui ait existé, et qui, ne reconnaissant qu'une substance unique et immobile, le monde, ne mérite certes pas le nom de théiste pour avoir appelé Dieu cette substance qui, disait-il, avait toujours subsisté et subsisterait toujours dans le même état. Pline l'ancien qui, dès le commencement de son ouvrage, déclare que l'univers seul est dieu, est invoqué pour attester la permanence de la révélation faite à nos premiers pères. Sanchoniaton, nom générique, annexé, on ne sait pourquoi, à des ouvrages évidemment supposés, les vers dorés du prétendu Pythagore, les hymnes si peu antiques du fabuleux Orphée, tout est bon à M. de la Mennais, pourvu qu'on y trouve le mot θεός, auquel chaque philosophe et chaque poète attachait un sens différent. Il n'y a pas jusqu'à Horace lui même, *Epicuri de grege porcus, parcus deo-*

ont subi, dans leur arrangement chronologique, une subversion qui a placé dans les temps les plus anciens, les opinions les plus récentes, et qui a représenté les opinions les plus anciennes comme une dégénération d'opinions encore antérieures. Le motif de ce renversement de dates est facile à comprendre, quand une fois on l'a indiqué.

Lorsque le progrès des lumières a rompu chez un peuple toute proportion entre les notions religieuses et le reste des idées, mille rafinements, mille explications subtiles s'introduisent dans la religion. Mais les inventeurs de ces rafinements, les auteurs de ces explications ne les présentent point comme des déviations du culte existant. La plupart des novateurs en politique ne disent jamais

---

rum cultor et infrequens, qui ne lui serve à proclamer l'immutabilité, l'antiquité, la pureté du théisme primitif.

Il ne valait vraiment pas la peine de nous dire qu'on avait découvert qu'aujourd'hui l'antiquité était peu connue, pour nous présenter comme instruction une compilation qui, s'il n'y avait en France des savants véritables, reporterait la science où elle était avant les premiers efforts de la critique naissante.

qu'ils veulent établir un gouvernement nouveau. A les entendre, ils n'aspirent qu'à rendre aux institutions anciennes leur pureté primitive. Il en est de même de la religion. Les philosophes, les esprits éclairés et surtout les prêtres, qui, comme nous le montrerons ailleurs, ont toujours deux impulsions, celle de conserver les opinions existantes, parce que c'est leur intérêt immédiat, et celle d'introduire dans la religion qu'ils regardent comme leur propriété, toutes leurs découvertes successives, parce que c'est l'intérêt durable du sacerdoce, ces hommes réclament pour leurs additions et leurs interprétations plus ou moins ingénieuses, abstraites ou recherchées, les honneurs de l'antiquité, la faveur de la tradition (1). Pour mieux dominer

---

(1) C'est là ce qui a trompé nos savants. *Theologia physica prima veteribus innotuit*, dit Villoison. dans Sainte-Croix, des Mystères, pag. 235, *deinde apud solos remansit doctos et philosophos ac mysteriorum antistites.* Il y a là une vérité et une erreur. Il est vrai que la théologie physico-mystérieuse prit naissance d'assez bonne heure dans les pays où le sacerdoce exerça beaucoup

les générations vivantes, ils empruntent la voix des générations passées (1).

Dans le *Bhaguat-Gita* (2), ouvrage com-

---

d'influence; mais il est faux qu'elle ait d'abord été la religion populaire, et qu'elle soit ensuite devenue une doctrine secrète réservée aux philosophes et aux initiés. Elle a commencé par être secrète, et s'est répandue ensuite peu à peu, malgré les prêtres.

(1) Indépendamment même de l'intention, les écrivains qui traitent des époques grossières des religions, sont toujours d'une époque plus avancée; ce qui fait qu'ils confondent toujours les opinions de leur temps avec celles qu'ils veulent décrire.

(2) Il paraît, dit le traducteur anglais du Bhaguat-Gîta, que le principal but des dialogues qui composent cet ouvrage, fut de réunir tous les cultes existants à l'époque où ces dialogues furent écrits (ils sont supposés l'avoir été il y a environ cinq mille ans), et de renverser les dogmes prescrits par les Védes, en établissant la doctrine de l'unité de Dieu (ceci n'est pas exact; le Bhaguat-Gîta établit le panthéisme et non le théisme), en opposition avec les sacrifices idolâtres et le culte des images. (Préf. du Bhag.-Gît. pag. 20). Dans ce passage, le traducteur anglais reconnaît clairement une religion antérieure et plus grossière. Cependant, par une suite du préjugé reçu, il dit ailleurs qu'en traduisant le Bhaguat-Gîta, son intention a été moins de faire connaître les superstitions actuelles que la religion primitive des Indiens.

posé avec l'intention manifeste de substituer à la doctrine des Védes une doctrine plus philosophique, Crishna dit à son disciple qu'il a révélé jadis à d'autres les vérités sublimes qu'il lui communique aujourd'hui, mais que le laps des temps les a recouvertes d'un voile. Comme tous les réformateurs, Crishna met de la sorte l'antiquité en avant. Dans un dialogue faussement attribué au Mercure Égyptien et traduit par Apulée (1), ce législateur s'écrie, en s'adressant à l'Égypte : un temps viendra qu'au lieu d'un culte pur tu n'auras plus que des fables ridicules. C'est le mot d'un philosophe qui, tandis que l'esprit humain s'élève de l'ignorance aux lumières, renverse cette marche pour donner à ses opinions plus d'autorité (2).

---

(1) Dialogue intitulé Asclépius.

(2) Indépendamment de la marche naturelle des idées, les évènements modifient les religions, et alors les prêtres de ces religions, ne voulant pas reconnaître que leurs doctrines ont cédé à une force extérieure et purement humaine, attribuent aux modifications qu'elles ont subies une antériorité chimérique. Ainsi, la religion égyptienne

On peut remarquer un travail analogue chez les sages de la Grèce. Empédocle, Héraclite, Platon lui-même (1), tachent d'identifier leurs hypothèses avec ce qu'ils nomment la plus ancienne théologie. Ce dernier, par exemple, attribue aux premiers Grecs le culte des astres qui leur fut toujours étranger (2), et il ne tient pas à lui qu'on ne les regarde, contre le témoignage de l'histoire, comme ayant commencé par l'astrolâtrie.

Il est évident que tous les rafinements des

---

se divise évidemment en plusieurs époques. L'ancienne religion de ce pays éprouva plusieurs altérations par l'invasion des Perses sous Cambyse. La religion qui était résultée du mélange de l'ancienne et des opinions persanes, se modifia encore sous Alexandre et ses successeurs, parce que les opinions grecques pénétrèrent alors en Égypte. Les prêtres égyptiens, en mêlant à leur culte les fables et les doctrines de leurs vainqueurs, s'efforcèrent de leur persuader qu'elles étaient originairement venues d'Égypte. (Brucker, Hist. phil. I, 281, 282.)

(1) Plat. dans le Cratyle.

(2) Quand nous disons que le culte des astres fut toujours étranger aux Grecs, nous ne prétendons point qu'ils

croyances religieuses sont postérieurs à la crédulité simple; comme il est évident que la barbarie est antérieure à la civilisation (1). Mais un motif naturel a fait placer ces innovations avant les fables populaires, dans la chronologie ostensible des mythologies. Placées ainsi, elles contribuent à rendre la religion respectable : ce sont des fantômes imposants qui ajoutent à la majesté sombre d'un

---

n'aient pas placé les astres parmi les divinités; mais nous prouverons, 1° que les astres déifiés par les Grecs n'ont occupé qu'un rang subalterne; et 2° que les divinités qui dirigeaient les astres dans la mythologie grecque avaient un caractère individuel, tout-à-fait distinct des fonctions qui leur étaient attribuées.

(1) Montrons, par un seul exemple, comment, à mesure que les écrivains sont plus modernes, ils prêtent un sens plus raffiné à des coutumes et à des rites que les auteurs anciens expliquaient d'une manière fort simple. Hérodote et Plutarque racontent tous les deux que les prêtres égyptiens se rasaient le corps. Mais Hérodote assigne à cet usage une cause naturelle, un but de salubrité, dans un climat très-chaud. Plutarque y voit une idée mystérieuse. « Les Égyptiens agissaient ainsi, dit-il, « parce que les cheveux, les crins et la laine sont des « produits impurs que l'homme doit rejeter, pour arriver « par la pureté à la perfection. »

antique édifice. Substituées ouvertement à la doctrine reçue, des innovations pareilles sembleraient des impiétés.

Cette observation se vérifie chez presque toutes les nations anciennes. Nous voyons en Perse les opinions mystérieuses et raffinées du vieux empire de Bactriane attribuées aux Perses barbares, et les vestiges de la religion grossière de ces derniers, représentés comme la corruption d'un culte épuré.

Si nous prenions à la lettre l'histoire de la mythologie scandinave, telle qu'on nous la raconte, nous croirions que les peuples du Nord ont commencé par le théisme et l'allégorie et qu'ils ont fini par le fétichisme : la première des divinités scandinaves s'appelle *Alfadur, All-Vater*, Père de tout, nous dit-on; puis viennent Odin et ses deux frères. Les Nornes ou Parques sont d'abord au nombre de trois, et président d'une manière générale au passé, au présent et à l'avenir. L'allégorie n'est pas méconnaissable, mais ensuite elle se perd. Il y a autant de Nornes que d'hommes; les Nornes deviennent les fétiches des individus. Cette progression serait inexplicable, si nous l'acceptions, comme on nous la présente. Mais elle sera facile à concevoir, quand nous aurons montré qu'elle a été racontée ainsi par les prêtres ou drottes, qui chez les Scandinaves s'étaient emparés d'une très-grande puissance.

De même dans le polythéisme grec, les divinités cosmogoniques, Chronos ou le Temps, Rhée, le Ciel, l'Érèbe, la Nuit, l'Océan, la Terre, précèdent en apparence les divinités réelles.

Il est essentiel d'avoir ces observations présentes à l'esprit dans la lecture de cet ouvrage. Sa nature ne nous permettait pas de rapporter tous les faits, d'entrer dans tous les détails indispensables pour démontrer combien est fondée chacune des distinctions que nous avons établies entre les diverses époques des croyances : mais ceux qui nous lisent avec le désir de trouver la vérité, doivent se demander, lorsqu'ils penseront avoir à nous opposer quelque fait particulier, si ce fait n'aurait pas été introduit dans la religion dont il fait partie postérieurement à l'époque à laquelle on le rapporte, et repoussée ensuite par une adresse usitée, ou par une méprise commune, vers une époque antérieure; quel est le premier auteur qui a rapporté ce fait ; de quelle date est cet auteur, et s'il n'a pas confondu les opinions de son temps ou ses propres conjectures avec des opinions plus anciennes.

Une seconde précaution que nous aurons à prendre sera d'écarter les explications scientifiques que nous ont offertes sur les anciens cultes plusieurs savants distingués. Les travaux de ces érudits ont été sans doute d'une grande utilité. Ils ont répandu beaucoup de lumières sur des portions peu connues de l'histoire des temps reculés. Ils ont éclairci plusieurs questions essentielles. Ils nous ont offert des conjectures souvent intéressantes, quelquefois probables. Aucune vérité n'est à dédaigner. La solution de plus d'un problème qui semblait minutieux et dont l'investigation paraissait puérile, a jeté un jour inespéré sur des objets de la plus haute importance. La science est toujours salutaire, comme l'ignorance est toujours funeste.

Cependant ces érudits, nous oserons le dire, ont commis une erreur grave.

La religion n'a été pour les uns que la représentation symbolique de l'agriculture, pour les autres que celle de l'astronomie, pour d'autres encore que des faits historiques défigurés par les traditions, ou des allégories méconnues par l'ignorance. Sous un certain rapport, toutes ces explications ont quelque chose de vrai. Chez toutes les nations de la terre, une classe d'hommes plus ou moins puissante a cherché à faire de la religion le dépôt des connaissances humaines. Mais conclure de là que la religion fut inventée pour renfermer ce sens mystérieux, et que les opinions populaires n'ont été que des déguisements ou des dégradations de cette doctrine, c'est tomber dans une erreur aux conséquences de laquelle il est impossible d'échapper. Les fables religieuses ne sont devenues que par degrés des hiéroglyphes, à l'aide desquels la classe instruite a enregistré ses calculs, ses observations sur les faits, ou ses hypothèses sur les causes.

L'erreur des savants ne vient pas de ce qu'ils ont prêté à la religion un sens scientifique, mais de ce qu'ils ont cru pouvoir le placer avant le sens populaire ou littéral. Au lieu de considérer la religion comme un sentiment, ils l'ont envisagée comme une combinaison : au lieu d'y reconnaître une affection de l'ame, ils l'ont voulu transformer en une œuvre de l'esprit. Au lieu de voir la nature, ils n'ont vu que l'art. Comme si cette erreur fondamentale ne leur eût pas suffi, chacun a choisi l'une de ces hypothèses pour en faire l'unique source de la religion. De la sorte, un système déjà défectueux par sa base, est devenu chimérique et forcé dans tous ses détails (1). L'on a compté pour rien les penchants les plus natu-

---

(1) Ce qui n'était, dit le traducteur de Warburton, que l'origine d'une seule branche de l'idolâtrie, M. l'abbé Pluche en a voulu faire l'origine de toute idolâtrie. On peut en dire autant de presque tous ceux qui ont écrit sur la religion, et de ceux mêmes qui ont relevé ce défaut dans les autres. De la sorte, on a, pour ainsi dire, enté l'erreur sur l'erreur. Toutes les fables des religions sont susceptibles d'interprétations diverses, suivant qu'on les applique à l'histoire, à la cosmogonie, à la physique, ou à la métaphysique. La victoire des dieux sur Typhon était, par exemple, dans la doctrine secrète des prêtres égyptiens, tantôt le symbole de l'expulsion des rois bergers, tantôt celui du dessèchement de la basse Égypte. Il est tout simple que le sacerdoce recoure à la langue religieuse pour ses récits comme pour ses enseignements et ses hypothèses : les explications coexistent sans se nuire; elles ont toutes leur genre de vérité; mais elles sont toutes indifférentes quant à l'influence réelle des cultes.

rels de l'homme : l'on a révoqué en doute les témoignages les plus positifs de l'antiquité. L'on a rejeté à la fois ce que l'étude de nous-mêmes nous révèle et ce que l'histoire nous apprend.

Ouvrez le Monde primitif, vous n'y trouverez ni le sentiment de cette piété profonde et mâle, de cette conviction intime et sérieuse qui caractérise les Romains, ni la connaissance des événements qui, en introduisant dans ce culte des fêtes nationales, en avaient fait un principe de patriotisme politique autant que de vénération religieuse. La fuite du roi des sacrifices, fuite évidemment commémorative de l'expulsion des Tarquins (1), en même

―――――――――

(1) Lors même qu'on répandrait du doute sur la vérité historique des premiers évènements de l'histoire romaine, il n'en demeurerait pas moins évident que l'impression morale produite par la croyance a dû être en raison de cette croyance, et non du sens mystérieux ou de l'allusion scientifique dont le peuple n'aurait eu aucune connaissance. Si les Romains ont attaché à la commémoration de la chute des Tarquins des idées de dévouement au gouvernement républicain, et de haine pour l'autorité d'un seul, il importe fort peu que quelques érudits ou anti-

temps que liée à des traditions sacerdotales empruntées du dehors, devient exclusivement la fuite du soleil au déclin de l'année. Jupiter Stator est le même soleil qui s'arrête. La Fortune des femmes cesse de rappeler l'ambassade de Véturie : l'auteur la transforme d'abord en une fête à la Victoire, sous prétexte qu'elle retraçait une victoire de la piété filiale ; puis cette victoire devient le triomphe remporté par le soleil sur l'hiver. Les Juvénales, que Néron fonda (1) le jour où, pour la première fois, il se fit couper la barbe pour célébrer cette grande époque, en offrant en spectacle l'empereur du monde comme histrion et comme chanteur (2), est un emblême du renouvellement des saisons (3). Ainsi, défigurant tout, les érudits sont arrivés, portant chacun son

---

quaires de Rome aient su que cette cérémonie avait aussi une signification astronomique, et que cette signification était la première et la seule réelle dans l'intention des fondateurs.

(1) Tacit. Ann. XIV, 15; XV, 33.

(2) Xiphilin. 61.

(3) Monde primit. IV, 292.

étendart favori (1), à la suite duquel ils traînaient des faits captifs, sous des travestissements bizarres (2). L'un a vu partout le déluge où l'autre a reconnu le feu. Celui-ci retrouvait des mois où son successeur démêlait des dynasties (3). Nul n'a poussé la subtilité et l'audace en ce genre aussi loin qu'un homme (4) qui

---

(1) Ce que les érudits ont fait pour les explications scientifiques, les historiens n'ont pas manqué de le faire pour les explications historiques. Lévêque, qui a composé une Histoire de Russie, place dans la Tartarie la source de toutes les religions. Chacun veut que ce qu'il sait le mieux soit le principe de ce que les autres savent.

(2) Les explications exclusives des savants nous rappellent l'anecdote qu'on raconte sur l'auteur d'*Acajou*. Ayant vu des estampes destinées à un livre qu'il ne connaissait pas, il voulut les expliquer, et composa son roman. Il se trouva que ces estampes étaient préparées pour un ouvrage d'un tout autre genre; mais le roman n'en resta pas moins.

(3) Cudworth aperçoit dans Mithra le Dieu unique. Mosheim, son commentateur, n'y démêle qu'un chasseur avec ses chiens déifiés.

(4) Il suffit de considérer la suite des assertions qui composent le système de Dupuis, tel que lui-même l'expose, pour se convaincre de sa fausseté. « J'examine »,

semble néanmoins avoir décidé des idées en France sur cette matière, et pour qui tous les

---

dit-il, « ce qu'ont pensé de la divinité les hommes de tous
« les siècles et de tous les pays. » Ce n'est donc pas seulement des philosophes et de leurs hypothèses qu'il parle,
mais aussi du peuple et de sa croyance. « J'ai prouvé »,
continue-t-il, « par les témoignages historiques de tous les
« peuples du monde, par l'inspection de leurs monuments
« religieux et politiques, par les divisions et distributions
« de l'ordre sacré et de l'ordre social, enfin par l'autorité
« des anciens philosophes, que c'est à l'univers et à ses
« parties que, primitivement et le plus généralement, les
« hommes ont attribué l'idée de la divinité. » Comme, chez presque toutes les nations, les prêtres étaient, dans l'origine, les seuls historiens, il n'est pas étonnant que les témoignages historiques aient placé au-dessus ou à côté de la religion vulgaire les doctrines raffinées des prêtres; et, de cela seul qu'ils ont été forcés de faire mention de cette religion vulgaire pour l'interpréter, il s'ensuit que cette religion vulgaire était pour le peuple la seule religion. Les monuments religieux étant de même construits sous la direction de cette caste, les allégories de la science devaient y occuper une plus grande place que dans le culte public. Quant à l'autorité des philosophes, il est assez simple que, retrouvant dans les symboles des prêtres des doctrines cosmogoniques analogues aux leurs, ils les aient fait valoir aux dépens des dogmes et des opinions populaires. Il s'ensuit que la métaphysique et la physique sacerdotales sont devenues la métaphysique et la physique

philosophiques; mais nullement que la multitude n'ait reconnu dans les idées religieuses que des abstractions personnifiées. Or, si elle ne les a pas reconnues pour telles, elles n'ont pas été une religion primitive ou générale. « L'histoire des dieux », poursuit Dupuis, « n'est autre « chose que celle de la nature; et, comme elle n'a point « d'autres aventures que ses phénomènes, les aventures « des dieux seront donc les phénomènes de la nature mis « en allégorie. » L'histoire des dieux n'est celle de la nature que pour les hommes qui ont étudié la nature. La foule ne l'étudie pas. L'histoire des dieux est pour cette foule celle des impressions de détail qu'elle reçoit des objets extérieurs, combinées avec son besoin d'adorer quelque chose qui soit au-dessus d'elle; les motifs qu'elle suppose à l'action de ces objets extérieurs, les passions qu'elle leur prête ont dû donner lieu à des fables sans aucun rapport avec les phénomènes de la nature, mais qu'on a ensuite interprétées de manière à les rattacher à ces phénomènes. « L'ancienne religion du monde », ajoute cet auteur, « est « encore la moderne. » Rien n'est plus faux, si cette assertion s'applique à la partie morale, à l'influence réelle de la religion. On aurait beau prouver mille fois que tous les objets de l'adoration, depuis Osiris jusqu'à Jésus-Christ, n'ont, dans le langage des prêtres, été que le soleil, certes, l'influence qu'avait la religion sur les Égyptiens, et celle qu'a exercée le christianisme dans sa pureté, n'en demeureraient pas moins différentes; l'espèce humaine n'en aurait pas moins changé de destinée, et fait un pas immense, en

Mahomet, n'ont été que le soleil et les astres.

___

passant du polythéisme égyptien, ou même du polythéisme grec qui, comme on le verra, valait beaucoup mieux, à la conception du théisme, et d'un théisme fondé sur la justice et non sur la force, sur la bonté et non sur l'exigeance, sur l'amour et non sur la terreur. Dupuis reprend :
« La lumière et les ténèbres qui sont dans un éternel con-
« traste avec elle; la succession des jours et des nuits,
« l'ordre périodique des saisons, et la marche de l'astre
« brillant qui en règle le cours; celle de la lune, sa sœur
« et sa rivale; la nuit et les feux innombrables qu'elle
« allume sur l'azur des cieux; la révolution des astres,
« plus ou moins longue sur notre horizon, et la constance
« de cette durée dans les étoiles fixes, sa variété dans les
« étoiles errantes ou les planètes; leur marche directe ou
« rétrograde, leurs stations momentanées; les phases de
« la lune croissante, pleine, décroissante, et dépouillée
« de toute lumière; le mouvement progressif du soleil de
« bas en haut et de haut en bas... l'ordre successif du
« lever et du coucher des étoiles fixes qui marquent les
« différents points de la course du soleil, tandis que les
« faces variées que prend la terre marquent ici-bas les
« mêmes époques du mouvement annuel du soleil; la
« correspondance de celle-ci dans ses formes avec les for-
« mes célestes auxquelles s'unit le soleil; les variations que
« subit cette même correspondance durant une longue
« suite de siècles; la dépendance passive dans laquelle la
« partie sublunaire du monde se trouve vis-à-vis de la
« partie supérieure à la lune; enfin la force éternelle qui

L'Agriculture, l'astronomie, l'histoire, la mé-

« agite toute la nature d'un mouvement intérieur sem-
« blable à celui qui caractérise la vie... tous ces différents
« tableaux, exposés aux regards de l'homme, ont formé
« le grand et magnifique spectacle dont je l'environne au
« moment *où il va se créer des dieux...* Il ne s'est point
« mépris sur la toute-puissance, sur la variété de ces causes
« partielles qui composent la cause universelle. Pour le
« prouver, j'ai ouvert les livres où l'homme a, dès la plus
« haute antiquité, consigné ses réflexions sur la nature ; et
« j'ai fait voir qu'aucun de ces tableaux n'a été oublié.
« Donc, c'est là ce qu'il a chanté ; c'est là ce qu'il a adoré. »
Nous avons cité ce long passage, parce qu'il met dans
toute son évidence l'erreur profonde de Dupuis. L'homme,
dans l'enfance de l'état social, et dans l'ignorance où il est
alors plongé, remarque sans doute la transition de la
lumière aux ténèbres, la succession des jours et des nuits,
l'ordre des saisons ; mais assurément il n'a pas démêlé
alors les révolutions des astres, leur marche directe ou
rétrograde, leurs stations momentanées, la correspondance de la terre dans ses formes avec les formes célestes,
et les variations que subit cette correspondance *durant
une longue suite de siècles.* Ce dernier mot décèle toute la
fausseté du système. Dupuis suppose l'homme environné
de ce spectacle, éclairé par ces observations, qu'une longue suite de siècles a dû précéder, au moment où il va se
créer des dieux! Ainsi, il serait resté sans idées religieuses
durant tous les siècles antérieurs. Cette supposition se
réfute d'elle-même par les faits que nous avons sous les

taphysique, l'allégorie surtout, de quelque

---

yeux. L'Ostiaque et l'Iroquois n'ont pas eu besoin d'être des savants et des astronomes pour se prosterner devant un fétiche ou un manitou. Dupuis se fonde sur les livres où l'homme a, dès la plus haute antiquité, consigné ses réflexions. Mais la religion, dans sa forme grossière, a précédé tous les livres. Ces découvertes en astronomie, ces observations du cours des astres, ces triomphes de l'intelligence humaine, c'est bien là ce que l'homme a chanté; mais ce n'est point là ce que l'homme a adoré primitivement, c'est même ce que l'homme n'a jamais adoré : car ces phénomènes physiques, bien qu'ils aient pu être revêtus d'emblêmes religieux, n'ont jamais été l'objet de l'adoration. L'homme a pu adorer des êtres auteurs de ces phénomènes, mais auxquels il a toujours prêté un caractère individuel, indépendant de leurs rapports avec les phénomènes de la nature. « Cette nature », poursuit Dupuis, « s'est toujours montrée aux hommes comme l'être prin-« cipe de tout, et qui n'a pas d'autre cause que lui-même. » La nature ne s'est point montrée à la masse des hommes sous une forme tellement abstraite, tellement inintelligible, même pour des esprits fort exercés : cette notion n'a pénétré dans les têtes humaines qu'après des âges d'étude et de réflexion. « Les hommes ont jugé de ce qui est par ce « qu'ils voient et par ce qu'ils sentent. » Précisément; et c'est pour cela que leur religion s'est formée de conjectures sur les apparences extérieures, et non de découvertes qu'ils n'avaient point encore faites : elle s'est composée de sentiments naissant au fond de leur ame, et non de rai-

nature qu'elle ait pu être, ont été postérieures

---

sonnements, produit de longues méditations. « Les nations
« qu'ils nous plaît d'appeler sauvages en sont restées là.
« Que de siècles il a fallu aux hommes pour y revenir ;
« et combien peu sont capables de recevoir cette sublime
« leçon ! » Si cette leçon est tellement sublime que si peu
d'hommes soient capables de la recevoir, comment se
fait-il que les nations sauvages y soient arrivées ? car il a
bien fallu y arriver pour y rester. Mais une phrase de
Dupuis nous dévoile la source de son erreur. « L'empire
« des sens », dit-il, « précède celui de la réflexion. Les no-
« tions puisées dans l'ordre physique ont existé durant
« bien plus de siècles, et chez un bien plus grand nombre
« d'hommes que les abstractions métaphysiques postérieu-
« rement imaginées. » Le vice est dans l'emploi du mot
notions, quand il devait y avoir sensations. L'empire des
sens est aussi étranger aux notions physiques qu'aux
abstractions métaphysiques. Les unes sont de la science
aussi bien que les autres ; et la religion précède la science
physique aussi bien que les hypothèses métaphysiques.

En réfutant l'idée fondamentale du système de Dupuis,
nous croyons avoir réfuté celui de Volney. La base de ces
deux systèmes est identique, et les vices des raisonnements
sur lesquels ils reposent sont du même genre. Dupuis et
Volney croient l'un et l'autre que l'essentiel est de prouver que telle fable a pris naissance dans une allégorie
cosmogonique ou astronomique. La chose peut être bonne
à savoir, mais ne nous apprend rien sur l'effet moral de
la religion dans laquelle cette fable était ou est encore

à la religion. Elles en sont devenues des par-

---

consacrée. Nous le demandons à nos lecteurs, quand même Volney aurait bien clairement démontré qu'Abraham n'est que le génie personnifié de l'astre Sirius, et que, dans le sacrifice d'Isaac, il devient la planète de Saturne (Nouvelles recherches sur l'Histoire ancienne, tom. I, pag. 155-159), cela change-t-il rien aux rapports que la tradition de ce sacrifice établissait entre Jehovah et ses adorateurs? et, pour juger de l'influence de la religion juive, n'est-ce pas de ces rapports qu'il faut nous occuper? Quand le même écrivain nous parle du soin de l'auteur de la Genèse pour donner à son récit le caractère historique et moral convenable à son but (*ib.* pag. 158), il nous met sur la route; mais comment se fait-il qu'il s'en détourne aussitôt? N'en est-il pas de même des sept richis ou patriarches indiens (*ib.* pag. 155)? Qu'ils soient les génies des sept étoiles de la constellation de l'Ourse, réglant la marche des navigateurs et des laboureurs qui la contemplent, à la bonne heure; mais ne vaudrait-il pas la peine, pour apprécier la religion des Indes, de rechercher jusqu'à quel point l'exemple des richis, si étonnants par leur pénitence, a pu encourager l'esprit contemplatif des peuples de ces contrées, ou plutôt jusqu'à quel point cet esprit contemplatif, effet du climat, a favorisé l'invention ou l'adoption de fables pareilles? Enfin, lorsqu'il explique ce qu'il nomme la mythologie d'Adam et d'Ève par les signes de l'Ourse et du Bouvier; lorsqu'il attribue au coucher héliaque de ces deux constellations la notion de la chute de l'homme et de la fécondité d'une vierge

ties, mais n'ont jamais pu en être la base. Elle les a reçues dans son sein, mais ne leur a pas

---

(Ruines, pag. 219), ne laisse-t-il pas de côté la portion la plus importante de ces traditions, celle qui se rattache aux idées d'une mauvaise nature ou d'une dégradation primitive dans la race humaine, et aux notions de pureté et d'impureté, doctrine qui, de temps immémorial, a divisé l'Inde en castes; qui, plus tard, a peuplé les déserts de la Thébaïde et les couvents de l'Europe; et qui a fini par scinder le christianisme, et par amener toutes les révolutions que le monde a subies depuis plusieurs siècles?

En critiquant ainsi librement un auteur célèbre, nous ne méconnaissons point son mérite. Il a plus clairement que personne, et d'une manière éminemment ingénieuse, appliqué les calculs astronomiques aux systémes religieux de l'antiquité. Il a déployé, dans l'examen de plusieurs questions de détail, une sagacité admirable. Il a, par exemple, parfaitement décrit comment l'astrologie naît de l'observation des phénomènes célestes (Rech. nouvel. sur l'hist. anc. I, 172); et dans l'occasion nous nous aiderons de ses lumières, en prouvant toutefois, à notre tour, que par cela même que l'astronomie a produit l'astrologie, la religion a été toute autre chose que l'astronomie. Il a très-bien démontré encore que les corrections apportées à la première division des temps introduisirent dans les mythologies une complication qui donna lieu à beaucoup de fables uniformes chez les divers peuples (*ib.* pag. 177). Il a de la sorte dissipé de nombreux

dù son existence. L'on a inséré dans toutes les religions des systêmes scientifiques; mais

---

nuages et semé sur sa route un grand nombre de vérités. Mais quand il termine ses recherches par réclamer pour une seule science le privilége d'avoir servi de base à la doctrine « qui, professée secrètement d'abord dans les « mystères d'Isis, de Cérès et de Mithra, a fini par envahir « toute la terre (*ib.* pag. 211) », il ne réfléchit pas que la doctrine qui a envahi toute la terre, c'est la partie morale de la religion. Les traditions scientifiques, allégoriques, cosmogoniques des cultes antérieurs ont pu s'y glisser; mais ces choses voilées, méconnues, reçues sans examen, transmises sans explication, n'ont modifié en rien son influence sur l'espèce humaine. Quand il prétend que le but de toutes les religions a été de tromper, d'égarer, d'asservir les peuples (Ruines, pag. 324 et suiv.), il calomnie la religion en haine des prêtres; et quand il conclut qu'il *faut tracer une ligne de démarcation entre les objets vérifiables et ceux qui ne peuvent être vérifiés, séparer d'une barrière inviolable le monde fantastique du monde des réalités, et n'attacher aux opinions religieuses aucune importance* (*ib.* p. 224), il propose cequi ne s'est jamais fait, ce qui jamais ne pourra se faire, parce que les objets vérifiables seront toujours fort inférieurs aux objets qui ne peuvent être vérifiés, et parce que, le monde des réalités ne nous suffisant pas, notre imagination et notre ame s'élanceront toujours vers le monde qu'on dit fantastique.

d'un système scientifique l'on n'a point fait une religion (1).

Ces systèmes, d'ailleurs, admis qu'ils étaient dans le culte, n'ont jamais eu de relation directe avec les effets moraux des croyances. Ils n'ont jamais été, pour ainsi dire, en circulation. La portion la plus allégorique de la religion grecque, celle qui traitait de l'origine du monde, des Titans, de Prométhée, était celle dont le peuple s'occupait le moins. Les divi-

---

(1) Warburton (*Div. leg. of Moses*) assigne à la fable deux origines. Suivant la première, elle fut une invention des plus anciens sages, pour exprimer symboliquement leur sagesse mystérieuse; mais cette opinion implique, ou que ces sages sont tombés miraculeusement du ciel au milieu des peuples sauvages, ou qu'il n'a pas existé de religion avant que la civilisation ne fût arrivée à l'époque où elle produit des philosophes. La seconde conjecture, c'est que la fable n'est qu'une corruption de l'histoire ancienne : mais il faut supposer alors que pendant un assez long intervalle l'homme n'a point eu d'idées religieuses; car, si la religion ne s'est formée que de faits historiques, elle a dû attendre, pour se former, non-seulement que ces faits fussent arrivés, mais eussent été défigurés par le laps des temps. Toutes ces hypothèses sont inadmissibles.

nités allégoriques ne jouent presque aucun rôle dans la religion nationale. Uranus, l'Océan, Saturne, ne sont des objets ni d'espérance, ni de crainte, ni d'invocation. Hérodote paraît ignorer ce qu'Homère avait entendu par l'Océan, tant les personnifications cosmogoniques étaient peu mêlées aux opinions habituelles (1). Jamais il n'est parlé de la colère ou de la protection des êtres de cette classe (2). Leurs fêtes sont d'un tout autre genre que celles des divinités régnantes. Ce sont des cérémonies qui n'ont d'autre but qu'une commémoration sans résultat, et qui ne supposent aucune influence réciproque des dieux sur les hommes ou des hommes sur les dieux. Que la mutilation d'Uranus soit une allégorie ; qu'un philosophe, probablement antérieur aux Grecs, ait voulu représenter de la sorte la cessation de la force productrice, cessation qui datait du commencement de l'ordre, parce qu'en soumettant les générations à une repro-

---

(1) Hérod. II, 23.

(2) Hermann, *Hand buch. der mythol. I*, vers. initium.

duction successive, la nature semble renoncer à la création de formes nouvelles; qu'il ait attribué cette mutilation à Chronos, le temps, parce que l'idée du temps est inséparable de celle d'une succession fixe et régulière; qu'Hésiode, qui avait recueilli de toutes parts des dogmes sacerdotaux, pour les introduire dans la religion grecque, ait ensuite revêtu cette allégorie de couleurs poétiques, rien de plus vraisemblable. Mais quel effet moral ou politique cette allégorie pouvait-elle avoir sur le peuple de la religion duquel elle faisait partie (1)?

Il n'est pas douteux que dans la langue astronomique de la religion romaine Pan ne

---

(1) HEYN. *de Theogon. Hes.* 140. *Com. Soc. Gœt.* Les divinités supérieures de toutes les nations ont des rapports incontestables avec l'astronomie. Cette vérité se prouve par le nombre seul de ces divinités, nombre fixé à douze en Grèce et à Rome, aussi bien qu'en Égypte et en Chaldée. L'on verra néanmoins que rien n'est plus différent que les dieux des Grecs et des Romains de ceux de Memphis et de Babylone.

représentât le soleil. Mais si dans le culte public ce dieu n'était qu'une divinité subalterne, maligne dans ses intentions, grotesque dans ses formes, l'objet de la gaîté du peuple, plutôt que de sa crainte ou de son adoration, qui ne sent que le Pan astronomique n'avait aucun rapport avec la religion nationale? Qu'importe qu'Hercule soit le soleil, et ses douze travaux le zodiaque, que les querelles de Jupiter et de Junon, que les amours de Mars et de Vénus soient des systèmes de physique, si la nation qui rend hommage à ces divinités voit en elles des êtres réels de qui dépend sa destinée, et si dans les récits qu'on lui fait de leurs actions elle ne cherche que les moyens de se les rendre propices?

Ce que nous disons ici ne tend nullement, nous le répétons, à déprécier d'utiles travaux. Il est désirable, sans doute, de pénétrer le sens mystérieux des cultes anciens. Mais la découverte de ce sens mystérieux fût-elle assurée, ne suffirait nullement pour nous les faire connaître sous les rapports les plus essentiels. La masse des hommes prend la religion comme elle se présente; pour elle, la forme est le fond (1). C'est dans la lettre des mythologies que se remarquent presque uniquement les progrès de la morale et les modifications successives que les religions subissent. Les allégories et les symboles peuvent rester les mêmes à toutes les époques, parce qu'ils expriment des idées qui ne varient pas. Les fables populaires changent, parce qu'elles expriment des idées qui varient (2).

---

(1) Je lis dans un poème d'ailleurs très-bien fait et très-ingénieux, mais qui repose sur le système de Dupuis, le vers suivant, adressé aux Juifs :

Vous fêtiez le soleil et non pas Jehovah.

Certes, si les Hébreux croyaient adorer Jehovah, leur croyance constituait leur religion, et c'était bien réellement Jéhovah qu'ils adoraient.

(2) Lors même qu'on ne s'appliquerait qu'à découvrir le sens scientifique des religions anciennes, il serait encore indispensable de distinguer les époques successives des mythologies. Par exemple, des savants qui veulent tout rapporter à l'astronomie, et qui prétendent que le sens astronomique était le sens primitif, ont reconnu dans la fonction de conduire les ames des morts aux enfers, fonction attribuée à Mercure, le Mercure Anubis, qui descend dans les signes inférieurs cachés sous l'hémi-

Ainsi, pour choisir un exemple qui soit connu de tous nos lecteurs, la colère d'Apollon contre les Grecs commence par s'appesantir sur les animaux pour frapper ensuite les hommes. Il est clair que le poète veut décrire la marche des ravages de la peste. Ovide (1) a pu aussi bien qu'Homère, et tout poète moderne, qui ferait usage de la mythologie ancienne, pourrait, aussi bien qu'Ovide, employer cette allégorie pour désigner ce phénomène physique; mais la fable populaire, c'est-à-dire, celle qui se rapporte au caractère d'Apollon, aux motifs qui le dirigent, est nécessairement subordonnée aux changements qui ont lieu dans la morale de la religion. Si les dieux sont purement égoïstes, comme dans le polythéisme

---

sphère. (BAYEUX, Trad. des Fast. d'Ovide, V, pag. 616.) Mais la fonction de conduire aux enfers les ames des morts n'a été attribuée à Mercure que dans une mythologie postérieure à la mythologie homérique. Il n'y en a pas de trace dans Homère, et probablement Mercure n'est devenu le conducteur des ames qu'après l'introduction en Grèce des dogmes et des fables de l'Égypte.

(1) Metam. VII, 536-552.

de l'Iliade, la colère du soleil se motivera sur ce qu'on ne lui a pas offert assez de sacrifices, ou sur ce qu'on a offensé l'un de ses prêtres (1). Si au contraire la morale fait une partie principale de la religion, ce qui doit arriver dans une civilisation plus avancée, le poète racontera que le dieu était irrité contre l'armée à cause de ses crimes (2).

Les érudits (3) ont malheureusement toujours éprouvé je ne sais quel dédain à s'oc-

---

(1) Iliad. liv. I.

(2) Odyss. liv. I.

(3) Le reproche que nous adressons aux érudits modernes n'a pas été moins mérité par les anciens. Balbus, dans Cicéron (*de Nat. Deor.* II, 24), après avoir assigné pour l'une des causes de l'idolâtrie les apothéoses des hommes qui avaient civilisé leurs semblables et fait des découvertes utiles à l'espèce humaine, ajoute, que ce ne fut pas là l'unique source de l'idolâtrie; mais que la théologie physique ayant dégénéré peu à peu par l'ignorance et le laps de temps, les hommes avaient oublié le sens des choses, adhéré à l'écorce, et pris l'ombre pour la réalité. Nouveau renversement de l'ordre des idées. L'ignorance déifia les objets physiques. La théologie physique ne vint que beaucoup plus tard. Tous les au-

cuper de cette portion de la mythologie. Il est bien plus important, dit l'un d'entre eux, de connaître la véritable et seule doctrine des philosophes et des savants sur la divinité, l'univers, l'ame et la nature, que de recueillir les fables stupides du vulgaire et les absurdes amplifications des poètes (1). Nous pensons précisément le contraire. La doctrine des philosophes a produit des hypothèses et des systêmes : les fables révérées par le vulgaire ont constitué l'influence des religions. Elles ont décidé de la morale des peuples. Elles ont préparé et amené toutes les luttes, toutes les guerres, toutes les révolutions religieuses.

Il n'est d'ailleurs nullement exact de prétendre que la théologie scientifique fût la seule religion des savants et des philosophes. Nous voyons des traces de croyance populaire chez

---

teurs païens qui écrivaient lors de la décadence du polythéisme sont tombés dans la même erreur. (Voy. Varron et Scevola dans saint August. *de Civit. Dei*, IV, 27, et voy. aussi Den. d'Hal. II).

(1) Villoison, ap. Sainte-Croix, 222, 223.

les hommes les plus érudits et chez presque tous les sages de l'antiquité. Si nous traitons un jour de la philosophie grecque, nous montrerons Socrate consultant la Pythie; Xénophon se conduisant d'après les oracles; Platon accordant une foi implicite à la divination (1). Lors même que les hommes s'écartent à beaucoup d'égards des dogmes professés avant eux et autour d'eux, ces dogmes ne perdent pas tous leurs droits. Ils ressemblent à une armée qui se disperse au lieu de se rendre, et qui prend poste par bandes éparses, dans des endroits différents. La contrée paraît au premier coup d'œil appartenir au vainqueur; mais les vaincus ont leurs refuges, leurs défilés, leurs places fortes qu'ils défendent, et quelquefois ils font des sorties. Quand la philosophie domine dans la classe instruite, il n'y en a pas moins des fragments de religion vulgaire, mêlés aux opinions de cette classe; et pour apprécier

---

(1) On remarque la même chose dans les Romains éclairés. *Voy.* pour preuve la foi que Tacite accorde au miracle qui engagea Corbulon à détruire Artaxata, capitale de l'Arménie. (Annal. XVI, ch. 41).

ces opinions, c'est encore cette religion vulgaire qu'il faut étudier (1). Les poètes eux-mêmes, lorsqu'ils inventent, se plient à la croyance reçue, pour donner à leurs inventions une apparence de vérité. Les religions anciennes, comme le plus judicieux des Romains l'observe (2), furent pour le peuple, à chaque époque, telles que les poètes les représentaient ; ne considérer que leur sens occulte, c'est vouloir faire l'histoire de l'art dramatique, en décrivant les ressorts et les cordages qui font mouvoir les décorations (3).

---

(1) Nous ne croyons pas avoir besoin de dire qu'il faut éviter aussi l'autre extrême. Le professeur Meiners, de Goëttingue, homme d'ailleurs instruit et judicieux, n'a voulu voir dans la religion que la partie la plus grossière. Il a poussé jusqu'au ridicule la manie de reconnaître le fétichisme partout. Il cite, pour prouver que tel ou tel peuple est adonné à ce culte, la manière dont il pare les chevaux, les chameaux, et autres bêtes de somme, dont il leur parle, etc. Avec cette logique, les muletiers d'Espagne seraient fétichistes. Cette erreur diminue beaucoup l'utilité et le mérite de ses recherches.

(2) Varr. ap. *August. de Civ. Dei*, VI, 6.

(3) Les érudits, en traitant de la religion, n'ont vu ni

Enfin, on a négligé jusqu'à présent de séparer avec assez de soin, les religions dominées par les prêtres, des religions qui demeurent indépendantes de la direction sacerdotale. Cependant on se convaincra facilement pour peu qu'on réfléchisse, qu'à dater des premiers moments des idées religieuses, la marche de la religion est différente, suivant le degré de pouvoir dont le sacerdoce est revêtu.

Nous n'avons pas à rechercher ici comment il se fait que certains peuples soient soumis aux prêtres dès l'instant de leur réunion en société, tandis que d'autres jouissent long-temps à cet égard d'une indépendance complète, et ne sont même jamais entièrement subjugués.

Nous entrerons dans l'examen des faits quand nous traiterons de la religion grecque

---

les prêtres, ni le peuple, mais seulement la science. Les incrédules n'ont vu que les prêtres en tant qu'imposteurs. Les croyants n'ont vu, dans toute autre religion que la leur, que la fourberie ou le diable. Personne n'a voulu voir dans toutes les croyances le cœur humain et la nature de l'homme.

des temps homériques, et quand nous décrirons la religion égyptienne, telle qu'elle se conserva jusqu'au mélange et à la destruction de tous les cultes de l'antiquité. Maintenant il nous suffit d'établir la différence qui doit exister entre deux espèces de religion trop souvent confondues.

Lorsqu'une corporation sacerdotale s'empare de la religion dès son origine, la religion suit une autre route que lorsque le sacerdoce, s'établissant graduellement, ne parvient que plus tard à se constituer en corporation régulière et reconnue. Le pouvoir des prêtres doit être sans bornes lorsqu'il existe dès la formation des sociétés. Plus une croyance est grossière, plus les ministres de cette croyance ont d'autorité s'ils forment une classe à part.

Le peu d'influence que possèdent les jongleurs de plusieurs tribus sauvages, vient de ce que, l'état de ces hordes n'étant pas un état organisé par des règles fixes, tout y est vague, tout y est d'impression momentanée, d'habitude irréfléchie. Rien n'y a force de loi, le sacerdoce pas plus qu'autre chose. Mais lorsqu'un peuple, par des circonstances que nous chercherons à déterminer ailleurs, voit, comme en Égypte par exemple, s'élever dans son sein une institution sacerdotale, avant qu'il ait aucune institution politique capable de lutter contre cette puissance religieuse ou de la restreindre, il doit subir le joug de cette puissance. Dès lors la religion qui, livrée à elle-même, se compose de tous les sentiments, de toutes les notions, de toutes les conjectures naturelles à l'homme, devient, dans les mains du sacerdoce, l'objet d'un calcul prémédité, d'un arrangement systématique.

Quand l'homme s'occupe de la religion comme d'une chose qui lui appartient en propre, l'habitude et l'imitation l'engagent sans doute à préférer le culte qu'il voit en usage autour de lui; voulant se faire entendre des objets de ses invocations, il leur parle la langue indiquée par l'expérience de ses ancêtres et de ses contemporains : mais tout néanmoins dans le culte est individuel. On y ajoute, on en retranche, on y change, sans que personne s'arroge le droit de s'en offenser. On court le risque de déplaire aux dieux, mais non d'être puni par les hommes. Les prières et les sacrifices, soit qu'on les offre sur des autels domestiques, dans la retraite des bois, au sommet des montagnes, s'élèvent directement jusque dans le monde invisible, traversant le vaste espace des airs, sans avoir à chercher une route privilégiée. Tout est libre entre la terre et le ciel. Au contraire dans les religions sacerdotales le ciel se ferme; un triple rempart entoure les immortels. Toutes les issues sont gardées par des intermédiaires jaloux. Toutes les conjectures de l'homme, toutes ses craintes, ses pressentiments fugitifs, les hasards qui le frappent, les apparences bizarres qui le surprennent, les fantômes qu'il aperçoit dans l'obscurité, les bruits qu'il entend, les ombres qu'il voit dans ses rêves, toutes ces choses, il les soumet à des hommes, seuls autorisés à les expliquer; et, de ces éléments fantastiques, ceux-ci composent une législation, une science. Toute victime qui n'est pas immolée par eux est repoussée comme une victime impie. L'encens que leurs mains ne brûlent pas est un encens sacrilége. Pour obtenir l'assistance ou la protection divine, il n'est pas moins nécessaire, à les en croire, de se concilier leur bienveillance que celle des dieux dont ils sont les ministres, et le caractère même de ces dieux subit alors de grands changements. L'homme qui ne demande à la religion que de lui concilier la bienveillance céleste, cherche à découvrir ce que les dieux sont. Le prêtre qui attend de la religion des moyens de gouverner l'espèce humaine, examine comment il doit peindre les êtres au nom desquels il veut gouverner. Il ne faut sans doute pas s'exagérer l'action du sacerdoce. En soumettant suivant ses calculs et suivant ses vues la religion à divers changements, il n'invente rien, il profite seulement de ce qui existe. Son travail n'est pas un travail de création, mais d'arrangement, de forme et d'ordonnance. On n'invente pas les opinions; elles naissent dans l'esprit des hommes, indépendâmment de leur volonté. Les uns les adoptent, les autres s'en servent. Le sacerdoce a trouvé le germe de toutes les notions religieuses dans le cœur de l'homme(1), mais il a dirigé ensuite despotiquement le dé-

---

(1) « Rien ne s'établit sans un principe pris dans la « nature, même ce qui devient ensuite contre nature », observe avec beaucoup de raison un auteur allemand. (WAGNER, Mythologie, pag. 77.)

veloppement de ce germe, et de la sorte il a imprimé à la religion une marche qu'elle n'aurait pas suivie naturellement.

C'est faute d'avoir distingué ces deux espèces de croyance que l'on a commis tant d'erreurs dans l'histoire des religions. En les confondant, on a essayé de se frayer une route qui conduisît à la fois vers deux extrémités opposées, et l'on s'est consumé en vains efforts dans une tentative chimérique. La distinction entre les religions soumises au sacerdoce et celles qui en sont indépendantes, est la première condition requise pour concevoir des idées justes sur cette matière.

On voit combien est vaste la série d'idées qui doit nous occuper. Elle l'est tellement, que l'embrasser dans son ensemble et dans tous ses détails est au-dessus des forces humaines, et peut-être au-dessus de l'attention du public dans les circonstances actuelles. Nous nous sommes donc restreints dans cet ouvrage à indiquer et à démontrer, par le raisonnement et les faits, la vérité fondamentale de laquelle découlent toutes les autres.

Nous sommes partis de la forme la plus grossière que les idées religieuses puissent revêtir. Nous avons montré le sentiment religieux créant cette forme, puis luttant contre elle, et parvenant quelquefois par sa merveilleuse et mystérieuse énergie à la rendre noble et touchante en dépit d'elle-même. Nous avons dit ensuite comment cette forme est modifiée, soit par les corporations de prêtres chez les nations soumises au sacerdoce, soit par les progrès de l'esprit humain chez les peuples indépendants de la puissance sacerdotale.

Nous avons commencé par les premières. Sans doute, on ne peut suivre l'esprit humain, dans sa progression naturelle, qu'en étudiant les religions indépendantes. Tous les changements s'opèrent à découvert dans ces religions, tandis que sous l'empire des prêtres, le travail se fait à huis clos, dans l'enceinte mystérieuse des corporations privilégiées. Mais les cultes que les prêtres ont dominés sont historiquement les plus anciens; et les nations, en très-petit nombre, chez lesquelles le sacerdoce n'a eu que peu de pouvoir, en ont vraisemblablement été plutôt affranchies que préservées. Il en résulte que la simplicité des religions livrées à elles-mêmes provient surtout de ce que l'esprit humain en retranche successivement les notions grossières qui appartiennent à l'enfance des croyances, notions que le sacerdoce, au contraire, enregistre et transforme en dogmes, de sorte que, pour bien comprendre les cultes les plus simples, il faut avoir étudié à fond les plus compliqués.

On verra, nous l'espérons, que la plupart des reproches qu'on adresse à la religion ne sont mérités que par quelques-uns de ses ministres. Les religions qui ont lutté avec le plus de succès contre sa puissance, ont été les plus douces, les plus humaines, les plus pures. Si la démonstration de cette vérité porte nos lecteurs à l'adoption des conséquences qui nous paraissent en découler, l'admiration routinière pour ces corporations de prêtres persans, égyptiens ou gaulois, sera, nous le pensons, fort diminuée.

C'est à cette portion de l'histoire religieuse que nous nous sommes bornés.

La vérité fondamentale étant reconnue, il sera facile d'en déduire les conséquences, et de la suivre dans ses innombrables et admirables modifications. Après avoir vu comment se constituent les deux formes que revêt la religion, celle que l'esprit humain se crée et celle que lui ont plus fréquemment imposée les prêtres, on peut deviner le principe de perfectionnement qui préside à l'une, et le principe stationnaire qui pèse sur l'autre. Lorsque ces deux formes s'entre-choquent et se confondent par la communication des peuples, si c'est l'intelligence de l'homme qui remporte la victoire, ses idées sur la nature divine s'améliorent par une heureuse et rapide progression. Mais on aperçoit en même temps les germes de décadence que ses conceptions, même améliorées, renferment, et l'impulsion irrésistible qui le porte à prendre un essor encore plus élevé. La forme religieuse la plus épurée devient à cette époque la seule admissible, le symbole unique, l'impérieux besoin du monde civilisé. Enfin la chute des croyances vieillies et décréditées, montre l'homme affligé de l'œuvre de destruction qu'il a consommée. Il ne reprend quelque courage qu'à l'aide d'une nouvelle croyance. Celle-ci, comme les précédentes, subit aussi des dégradations. Elle semble reculer quelquefois vers des époques d'ignorance, et ressusciter des dogmes barbares; mais la nature de l'esprit humain étant la même, il réagit comme autrefois contre ces détériorations passagères. Chaque siècle regarde ce qui est proportionné à ce qu'il appelle ses lumières comme le terme immuable du bon et du vrai. Mais un nouveau siècle vient à son tour reculer ce terme. Il pose de nouvelles bornes que les générations qui lui succèdent sont destinées à déplacer, pour les reporter plus loin encore.

Ce n'est donc point une histoire détaillée de la religion que nous avons entreprise. Retracer les révolutions religieuses de toutes les nations serait faire l'histoire de toutes les nations. La religion se mêle à tout. Comme elle pénètre dans la partie la plus intime de l'homme, tout ce qui agit sur l'homme agit sur la religion. Comme elle modifie tout ce qu'elle touche, elle est aussi modifiée par tout ce qui la touche. Les causes se rencontrent, s'entre-choquent, et se font plier mutuellement. Pour expliquer la marche d'une religion, il faut examiner le climat, le gouvernement, les habitudes présentes et passées du peuple qui la professe : car ce qui existe influe, mais ce qui n'existe plus ne cesse pas toujours d'influer. Les souvenirs sont comme les atomes d'Épicure, des éléments rentrant toujours dans la composition des combinaisons nouvelles. Conduire le lecteur à travers ces recherches, serait écrire une histoire universelle. Nous avons au contraire tâché d'éviter la forme historique, tant à cause des longueurs qui en sont inséparables qu'à cause des répétitions sans nombre qu'elle eût nécessitées. Car on ne peut faire marcher concuremment l'histoire de toutes les religions.

Tous les peuples n'ayant pas avancé de même, à cause des modifications différentes apportées dans leurs opinions par les événements et les circonstances, nous aurions été forcés de reproduire perpétuellement sur chacun des observations déja faites sur les autres.

Néanmoins il est impossible de donner à des recherches sur cette matière la forme purement didactique dont M. de Montesquieu a revêtu son travail sur les lois. Les lois sont écrites, et en conséquence leurs révolutions se rattachent à des époques fixes et précises. Mais la religion, existant en grande partie dans le cœur et dans l'esprit de l'homme, se modifie insensiblement sans qu'on s'en aperçoive (1) : et quelques-unes de ses modifications ne peuvent être traitées qu'historiquement.

Nous avons du moins tâché de ne présenter à nos lecteurs que des résultats, appuyés, à la vérité, sur beaucoup de faits. Nous avons réfuté quelques objections. Nous en avons passé d'autres sous silence. D'autres peut-être

---

(1) L'idée, ou plutôt le sentiment de la Divinité, a existé dans tous les temps. Mais sa conception a été subordonnée à tout ce qui coexistait à chaque époque. Plus l'état de l'homme a été grossier et simple, plus les notions de la Divinité ont été bornées et étroites. L'homme n'avait pas la possibilité d'en concevoir d'autres. A mesure que les temps ont avancé, ses conceptions se sont ennoblies et agrandies. La religion, dans son essence, n'est liée à aucun temps, et ne consiste point en traditions transmises d'âge en âge. En conséquence, elle n'est point assujettie à des bornes fixes, imposées aux générations qui se succèdent, d'une manière littérale et immuable. Elle marche, au contraire, avec le temps et les hommes. Chaque époque a eu ses prophètes et ses inspirés, mais chacun parlait le langage de l'époque. Il n'y a donc dans la religion, comme dans l'idée de la Divinité, rien d'historique, quant au fond; mais tout est historique dans les développements.

ne se sont pas offertes à nous. Si nous avions tout développé, l'étendue de cet ouvrage aurait défié toute possibilité d'attention. L'histoire des exceptions serait devenue beaucoup plus longue que celle de la règle générale. La règle est une et simple, les causes des exceptions sont innombrables et compliquées.

DE LA RELIGION,

CONSIDÉRÉE

DANS SA SOURCE,
SES FORMES ET SES DÉVELOPPEMENTS.

LIVRE II.

DE LA FORME LA PLUS GROSSIÈRE QUE LES IDÉES RELIGIEUSES PUISSENT REVÊTIR.

CHAPITRE PREMIER.

Méthode que nous suivrons dans ce livre.

Nous avons défini le sentiment religieux, le besoin que l'homme éprouve de se mettre en communication avec la nature qui l'entoure, et les forces inconnues qui lui semblent animer cette nature.

La forme religieuse est le moyen qu'il emploie pour établir cette communication.

Il est évident que le choix de ce moyen n'est pas arbitraire. L'homme ne se décide point par un pur caprice pour telle ou telle forme préférablement à d'autres. Il est déterminé dans son choix, et par les sentiments qui sont naturellement au fond de son ame, et par les notions que la réflexion suggère à son intelligence, et par l'exigeance que lui inspire son égoïsme, qu'on a eu tort de considérer comme son mobile unique, mais dont l'action néanmoins est d'autant plus puissante qu'elle est habituelle et indestructible.

Pour découvrir le résultat de ces causes diverses, deux modes se présentent : observer et décrire le travail de chacune des facultés de l'homme séparément, et de toutes ces facultés réunies, lorsqu'il se crée une religion ; ou rassembler les faits qui sont le mieux constatés, relativement aux croyances religieuses des peuplades les plus ignorantes, et rechercher ensuite quelle part dans ces croyances doit être attribuée au sentiment, quelle part à l'intelligence, quelle part à l'intérêt.

La première méthode nous semble trop métaphysique et trop abstraite. Mieux vaut partir de faits historiques, pour remonter aux causes de ces faits.

CHAPITRE II.

De la forme que le sentiment religieux revêt chez les Sauvages (1).

De s tribus sauvages que nous connaissons, plusieurs sont dans un état peu différent de celui des brutes. Les unes ignorent l'usage du feu : les autres ne subviennent à leur subsistance que comme les habitants des forêts, ou, moins industrieuses encore, elles n'em-

---

(1) Pour réunir les traits qui devaient composer la peinture des mœurs des Sauvages, nous avons consulté de préférence les voyageurs les plus anciens. Chaque jour les tribus sauvages disparaissent de la terre. Les restes des hordes à demi détruites éprouvent, malgré leur répugnance, les effets du voisinage des Européens. Leurs pratiques s'adoucissent, leurs traditions s'effacent, et les voyageurs modernes retrouvent à peine quelques vestiges de ce que leurs prédécesseurs avaient raconté.

ploient point à se nourrir l'adresse ou la force, mais attendent que la mort leur livre des débris révoltants et insalubres, dont elles repaissent leur faim vorace. Quelques-unes n'ont pour langage que cinq ou six cris à peine articulés.

Les hordes qui sont immédiatement au-dessus de celles que nous venons de décrire ont plus ou moins perfectionné leurs moyens d'existence physique. Elles ont inventé quelques instruments de chasse ou de pêche. Elles ont apporté plus de variété dans les sons qui leur servent à exprimer leurs passions ou leurs besoins. Elles ont construit des huttes. Quelques-unes ont apprivoisé des animaux. L'union des sexes a pris une forme plus stable, ou du moins s'est prolongée par-delà le désir et la possession.

Les premières ressemblent aux loups et aux renards : les secondes, aux castors et aux abeilles.

Dans cet état de grossièreté, le Sauvage naît : il souffre, il pleure : il a faim, il chasse ou il pêche. Le besoin de se reproduire se fait sentir. Il le satisfait. Il vieillit, il meurt, ou ses enfants le tuent.

Cependant ce que nous avons nommé le sentiment religieux l'agite : c'est-à-dire qu'il se voit entouré, dominé, modifié par des forces, dont il ne devine ni l'origine, ni la nature ; et qu'un instinct, particulier à lui seul (1) entre tous les êtres, semble l'avertir que la puissance qui anime ces forces inconnues n'est pas sans un rapport quelconque avec lui. Il éprouve le besoin de déterminer, d'établir ces rapports d'une manière fixe. Il cherche au hasard cette puissance. Il lui parle, l'invoque, l'adore.

Comme nous l'avons démontré, ce n'est pas seulement la crainte qui fait naître en lui cet instinct. Car les objets de sa crainte ne sont ni les objets uniques, ni les objets principaux de son hommage. Sans doute, il place quelquefois dans ce nombre ceux qui lui ont fait du mal : mais il en adore souvent qui ne lui inspirent aucun effroi par eux-mêmes.

Conclure de la terreur qu'il éprouve lorsqu'il les croit remplis de la nature divine, que

---

(1) Livre I.

cette terreur l'a contraint à les adorer, c'est prendre l'effet pour la cause.

Ce n'est pas non plus une idée d'intérêt qui crée son premier culte. Il se prosterne devant des objets qui ne peuvent lui être d'aucune utilité.

Qu'après les avoir déifiés, il cherche à se les rendre utiles, c'est un autre mouvement de sa nature : mais considérer ce mouvement comme le premier, c'est encore changer en cause ce qui n'est qu'un effet.

Le Sauvage adore différents objets, parce qu'il faut qu'il adore quelque chose : mais quels objets adorera-t-il ? Il interroge ce qui l'environne. Rien de ce qui l'environne ne peut l'éclairer. Il se replie sur lui-même : il tire sa réponse de son propre cœur. Cette réponse est proportionnée à la faiblesse de sa raison peu exercée, et à son ignorance profonde. Cette raison n'a encore aucune idée de ce qui constitue la Divinité à une époque plus avancée. Cette ignorance le trompe sur les causes des phénomènes physiques.

L'homme, nous l'avons dit (1), place tou-

---

(1) Livre I.

jours dans l'inconnu ses idées religieuses. Pour le Sauvage, tout est inconnu. Son sentiment religieux s'adresse donc à tout ce qu'il rencontre.

Partout où il y a mouvement, il croit qu'il y a vie. La pierre qui roule lui semble ou le fuir ou le poursuivre : le torrent qui se précipite s'élance sur lui : quelque esprit irrité habite la cataracte écumante : le vent qui mugit est l'expression de la souffrance, ou de la menace : l'écho du rocher prophétise, ou répond ; et quand l'Européen montre au Sauvage l'aiguille aimantée, il y voit un être arraché à sa patrie et se tournant avec désir et avec angoisse vers des lieux chéris (1).

De même que partout où il y a mouvement, le Sauvage suppose la vie, partout où il y a vie, il suppose une action ou une intention qui le concerne. L'homme demeure long-temps avant d'admettre qu'il ne soit pas

---

(1) Un Sauvage qui, pour la première fois, voyait une lettre, et qui était témoin de l'impression produite par la nouvelle qu'elle avait transmise, la regarda comme un être indiscret et perfide qui avait révélé quelque important secret.

le centre de toutes choses. L'enfant s'imagine être ce centre vers lequel tout se dirige. Le Sauvage raisonne comme l'enfant.

Entouré de la sorte d'objets puissants, actifs, influant sans cesse sur sa destinée, il adore parmi ces objets celui qui frappe le plus fortement son imagination. Le hasard en décide (1). C'est le rocher, c'est la mon-

---

(1) On verra tout à l'heure, et dans ce chapitre même, qu'il y a bien autre chose dans le culte du Sauvage que l'adoration des objets que nous allons indiquer ; mais nous avons dû commencer par cette indication, parce que les hommages rendus à ces objets forment, pour ainsi dire, l'extérieur ou le matériel du culte. Il est donc certain que les Sauvages américains choisissent pour fétiches les objets qui s'offrent à eux en rêves. (CHARLEVOIX, Journ. pag. 243. Lettr. édif. VI, 174.) Les Malabares des tribus inférieures se font des dieux au gré du caprice du moment : un arbre, le premier animal qu'ils aperçoivent, devient leur divinité. Les Tongouses plantent un piquet où bon leur semble, y étalent la peau d'un renard ou d'une zibeline, et disent : Voilà notre dieu. Les Sauvages du Canada se prosternent devant les dépouilles d'un castor. (PAW, Recherches sur les Américains, I, 118.) Chez les Nègres de Bissao, chacun invente ou fabrique lui-même sa divinité. (Hist. génér. des voy. II, 104.) Il y a dans les déserts de la Laponie des pierres isolées qui ont une ressemblance grossière avec la forme humaine.

tagne, quelquefois une pierre, souvent un animal.

Cette adoration des animaux nous paraît étrange. En y refléchissant toutefois, nous la trouverons fort naturelle.

Il y a dans les animaux quelque chose d'inconnu, nous pourrions dire de mystérieux, qui doit disposer le Sauvage à les adorer.

Lorsque les Lapons passent à la portée de ces pierres, ils ne manquent jamais, encore aujourd'hui, de sacrifier quelques rennes, dont on trouve les cornes autour de ces pierres. (Voy. d'Acerbi.)

On s'étonnera peut-être de ce que nous n'assignons pas à l'adoration du soleil et des astres une place à part dans le culte des Sauvages. C'est que, lorsque l'astrolâtrie est le culte dominant d'une tribu, sa religion prend une marche toute différente de celle qui est maintenant l'objet de nos recherches. Nous en traiterons dans le livre suivant, et nous ajournons jusqu'alors tout ce que nous avons à dire sur l'astrolâtrie. Quant aux Sauvages pour qui le soleil et les astres ne sont des objets d'adoration que comme tous ceux qui les frappent, cette adoration ne modifie en rien le caractère de la religion dont elle devient partie. Presque tous les Sauvages américains rendent un culte au soleil (Allgemeine Geschichte der Voelker und Laender von America, I, 61-64), mais leur religion n'en est pas moins très-différente de celle des peuples chez qui l'astrolâtrie est en vigueur. Il en est de même du culte du feu. Quand

L'impossibilité de les juger et de les comprendre, impossibilité qui, du reste, nous est commune avec lui, mais dont l'habitude nous empêche de nous apercevoir, leur instinct plus sûr que notre raison, leurs regards qui expriment avec tant d'énergie et de vivacité ce qui se passe en eux, la variété et la bizarrerie de leurs formes, la rapidité souvent effrayante de leurs mouvements, leur sympathie avec la nature qui leur annonce l'approche des phénomènes physiques que l'homme ne saurait prévoir, enfin la barrière qu'élève à jamais entre eux et lui l'absence du langage, tout en fait des êtres énigmatiques.

---

ce culte n'est qu'un hommage isolé, tel que les Sauvages en rendent au premier animal, au premier arbre, rien n'est changé dans la religion. Ainsi, les hordes de la Sibérie et celles de l'Amérique septentrionale adorent le feu, tandis que les peuplades de l'Afrique sont toujours restées étrangères à cette adoration (Meiners, Crit. gesch. I, 237). Cependant aucune différence essentielle ne distingue la religion de la Sibérie ou des bords de l'Ohio de celle de la côte de Guinée. Quand le culte du feu tient au contraire à celui des éléments, c'est l'indice d'une tout autre forme religieuse, dont nous ne pourrons nous occuper que plus tard.

« Il faudrait, » remarque le judicieux Heeren (1), « avoir été soi-même à la place du « Sauvage, pour concevoir la relation dans la-« quelle il croit être avec les animaux. »

---

(1) (Heeren, Ideen ueber die Politik, den Verkehr und den Handel der vornehmsten Voelker der alten Welt.) Les Iroquois et les Delawares rapportent aux animaux l'espèce de civilisation à laquelle ils sont parvenus. Chacune de leurs tribus se distingue par le nom d'un animal, en mémoire de ce bienfait dont ils parlent encore avec reconnaissance. Les Monseys racontent qu'au commencement ils habitaient dans le sein de la terre, sous un lac. L'un d'eux découvrit une ouverture par laquelle il monta jusqu'à la surface. Un loup qui cherchait une proie tua un daim, que le Monsey prit avec lui dans son habitation souterraine. Charmée de cette nourriture inconnue, la tribu entière quitta sa demeure sombre pour s'établir dans un lieu où la lumière du ciel réjouissait ses regards, et où la chasse subvenait abondamment à sa subsistance. De là la vénération dont le loup est devenu l'objet chez eux, comme chez d'autres le serpent à sonnettes, qu'ils appellent leur grand-père. « Il est évident », ajoute l'auteur auquel nous empruntons ces détails, « que les Indiens se « considéraient, dans les premiers temps, comme alliés « en quelque sorte à certains animaux. Toute la nature « animée, à quelque degré que ce soit, est à leurs yeux « un grand tout, dont ils n'ont pas encore essayé de se « séparer. Ils n'excluent point les animaux du séjour des

Tant qu'il ne les a pas dépouillés de leur prestige en les asservissant, ils partagent avec lui la vie et l'empire, ils règnent ses égaux dans les forêts : ils le défient au haut des airs, ou dans la profondeur des ondes. Ils possèdent à un degré supérieur quelques-unes de ses facultés. Ils sont tour à tour ses vainqueurs ou sa proie : et l'on comprend que cherchant de tous côtés le siége caché des forces invisibles, il le place parfois dans l'intérieur de ces êtres, dont rien n'explique l'existence, ni ne révèle la destination.

« esprits, où ils espèrent aller après leur mort. » (Histoire, mœurs et coutumes des nations indiennes qui habitaient autrefois la Pensylvanie et les états voisins, par J. Heckewelder, missionnaire morave, Paris, 1822, p. 397, 406.) L'opinion qu'il existe une sorte de parenté entre les animaux et les hommes est répandue dans toutes les îles des Iudes occidentales et de la Mer du Sud. (HAWKESWORTH, Account of the voyages, etc. III, 758. Marsden hist. of Sumatra, 257. Valentyn, oud en niew ostindien, II, 139, 400.) Quelques tribus prétendent que parfois les femmes accouchent de crocodiles qu'on porte aussitôt dans quelque marais voisin, mais qu'on reconnaît toujours, et que les enfans de la famille traitent comme des frères. (HAWKESWORTH, *ibid.*)

La vénération du Sauvage pour les animaux survit même à l'époque où il les dompte et les emploie à son usage. L'acquisition d'un animal domestique produit une révolution tellement importante dans sa vie, qu'il n'en est que plus disposé à prêter à ce nouveau compagnon de ses travaux une nature presque divine (1).

Les Kamtschadales qui n'ont apprivoisé et soumis qu'une seule espèce, se font après leur mort déchirer par des animaux de cette espèce, dans l'espoir d'aller ainsi rejoindre leurs ancêtres. Le chien fidèle qui partage avec eux les chances de ce monde, devient leur introducteur dans un monde futur (2).

---

(1) Herder, Ideen zur Philosophie der Geschichte, I.

(2) Ils donnent leurs morts à dévorer à des chiens. (Steller, Beschreibung vom Kamtschatka, p. 273.) Les Perses avaient une coutume semblable. N'aurait-elle pas dû son origine au même motif, au prix extrême que les aïeux des Perses, avant Cyrus, montagnards presque aussi sauvages que les Kamtschadales, avaient attaché à la possession d'un animal domestique ? Il arrive souvent que les motifs s'effacent, et que les usages se conservent.

La préférence que le Sauvage accorde à tel animal, à l'exclusion de tel autre, préférence qu'on a voulu souvent attribuer à des raisons compliquées (1), tient à des circonstances fortuites, dont la trace disparaît bientôt. Les Troglodytes dont Pline nous parle, adoraient les tortues qui nageaient jusqu'à eux (2). L'éclat des couleurs, le luisant des écailles, la rapidité des mouvements, ont peut-être valu au serpent des respects religieux, dont le souvenir lui a mérité ensuite sa place distinguée dans la plupart des mythologies (3).

---

(1) Quand nous traiterons de l'adoration des animaux chez les nations civilisées, les Égyptiens par exemple, nous démontrerons la futilité des explications données à ce culte par la plupart des écrivains anciens et modernes.

(2) Pline, Hist. nat. IX, 12.

(3) Indiquer toutes les causes qui fournissent à l'ignorance des objets d'adoration serait un travail fort superflu et sans terme. Les moindres circonstances y concourent, et l'énumération serait infinie. Ceux qui travaillent aux mines, en Irlande, croient à des génies qui travaillent avec eux. Ils les nomment *knockers*. Ils ne cessent de les entendre que lorsqu'eux-mêmes interrompent leur ouvrage.(Staeudlin, Magazin zur Religions Kunde, I, 518,

Mais dans tous les cas, l'idée de l'utilité entre pour si peu dans les motifs de l'adoration, que souvent, lorsque l'idole est vivante, l'adorateur

---

519.) Il est manifeste que c'est l'écho. Qui doute qu'une peuplade chez laquelle il n'y aurait point de culte institué ne fît de ces *knockers* ses divinités? Il en arriverait autant aux montagnards écossais, qui, aujourd'hui encore, rendent une espèce de culte à un bon génie pour qu'il protége leurs troupeaux, et aux animaux carnassiers pour qu'ils les épargnent. (Pennant's Scottand, p. 97.) Les Nègres de Juidah ont fait d'un grand serpent non venimeux et très-facile à apprivoiser leur principal fétiche, parce qu'un de ces serpents s'étant glissé dans leur camp avant leur victoire sur une horde voisine, ils lui ont attribué cette victoire. (DESMARCHAIS, Voy. en Guinée, II, 133.) D'après une tradition du même genre, les Delawares rendaient une espèce de culte à la chouette. Dans une guerre qu'ils avaient eue à soutenir contre une nation puissante, ils s'étaient, disaient-ils, endormis dans leur camp, n'appréhendant aucun danger, lorsque la grande sentinelle du genre humain, la chouette, sonna tout à coup l'alarme. Tous les oiseaux de son espèce répétèrent son cri qui semblait être : *Debout! debout! Danger! danger!* Obéissant à cet appel, chacun saisit son arme, et, à leur grande surprise, ils virent que l'ennemi cherchait à les entourer, et qu'ils auraient tous été massacrés pendant leur sommeil, si la chouette ne les eût avertis à temps. (HECKEWELDER, Mœurs des Indiens de Pensylvanie, p. 339.)

la tue pour la porter partout avec lui (1); et il est encore si vrai que l'inconnu est la sphère où l'adoration se place, qu'à l'époque où l'homme adore presque tous les animaux, il ne rend jamais de culte à ses semblables. L'homme est ce qu'il connaît le mieux, et voilà la source d'une exception qui a frappé beaucoup d'écrivains, sans qu'ils en découvrissent la cause.

Ce culte grossier est si naturel à l'homme ignorant, qu'il y retourne dès qu'il est affranchi des liens ou repoussé des avantages de la religion publique.

Les Párias de l'Inde, rejetés avec horreur du commerce des autres castes, et n'étant admis ni soumis à aucun culte, ont repris cette croyance. Chacun d'eux, nous disent les voyageurs (2), se choisit son propre dieu. C'est tantôt tel ou tel animal, une pierre ou un arbre.

A la Chine, où la religion n'est qu'une forme, et où les mandarins sont panthéistes

---

(1) Lettr. édif. VI, 174.

(2) Roger, Pyrard, I, 276. Hamilton, New Account of the east Indies, 310. Sonnerat, I, 47.

ou athées (1), le peuple adore les serpents et leur offre des sacrifices (2).

---

(1) Nous ne prétendons pas affirmer que, parmi les philosophies religieuses des Chinois, il n'y en ait aucune qui se rapproche du théisme. Une des plus fortes têtes, et l'un des savants les plus distingués que nous ayons en France, M. Abel Rémusat, paraît avoir découvert un système de platonisme chinois très-remarquable par ses conformités avec celui de la Grèce. N'ayant point une connaissance exacte de son mémoire que nous n'avons pu nous procurer, nous ne saurions décider cette question. Dans l'impossibilité où est l'espèce humaine de rester inactive quand l'incrédulité l'oppresse, et que le scepticisme l'agite, il nous semble assez vraisemblable que, depuis long-temps en Chine, comme dans les dernières époques de la philosophie grecque, on s'est épuisé en tentatives pour remonter vers la croyance au moyen de l'abstraction; mais nous parlons de l'état constitué, et, pour ainsi dire, ostensible de la religion chinoise. La Chine, avec laquelle l'Europe acquiert chaque jour une ressemblance plus frappante, la Chine, gouvernée par la gazette impériale et par le Bambou, a d'autant moins de conviction qu'elle a plus de formes, et doit avoir d'autant plus de superstition qu'elle a moins de conviction. Triste résultat du despotisme et d'une civilisation excessive, la Chine est, pour les nations européennes, ce qu'étaient les momies dans les festins de l'Égypte, l'image d'un avenir peut-être inévitable sur lequel on s'étourdit, mais vers lequel on marche à grands pas.

(2) BARROW, Travels in China, p. 534. Au Tonquin, chaque bourgade adore un génie particulier, qu'elle re-

Toutefois, l'action du sentiment religieux ne se borne point à la création de cette forme étroite et grossière. Au-dessus des fétiches (1), divinités matérielles, que le besoin du moment enfante, invoque et détruit, plane tou-

---

présente, comme dans l'ancienne Égypte, sous la forme d'un chien, d'un serpent ou de toute autre bête. (L'abbé RICHARD, Voy. au Tonquin.) La théocratie des Hébreux ne les préserva pas toujours de toute trace de fétichime. Il serait peut-être hasardé de vouloir reconnaître le culte des pierres dans l'adoration de la pierre Beth-el, consacrée par Jacob. Mais le serpent d'airain, que Moïse fit élever dans le désert, et auquel les Hébreux offraient de l'encens, est un vestige manifeste du culte des animaux. L'ordre ombrageux et sévère des lévites ne semble point s'en être effarouché. Les rois les plus attachés à la loi mosaïque, David, Josaphat, Jonathan, le tolérèrent. Ce ne fut que sous Ézechias qu'il fut interdit.

(1) Nous avons donné le nom de fétiches aux divinités des Sauvages, parce que cette désignation étant la plus habituelle, est par là même la plus intelligible de toutes. Du reste, on sait qu'elle est de l'invention des voyageurs européens, et empruntée d'un mot portugais. Le nom des fétiches varie chez les différentes peuplades qui professent ce culte. L'Ostiaque les appelle ses starryks, l'Iroquois ses manitous, etc. Cette nomenclature nous a paru inutile à conserver, l'idée exprimée différemment étant toujours la même.

jours une notion plus vague, plus mystérieuse, moins applicable à la vie commune, et qui cependant remplit d'un respect plus profond, d'une émotion plus intime, l'ame de l'adorateur.

Chez le Sauvage comme chez l'homme civilisé, la tendance religieuse se dirige vers l'idée de l'infini, de l'immensité. De là ce grand esprit, qui réside au sein des nuages, par-delà les montagnes ou dans l'abîme impénétrable des mers, toujours invisible, rarement imploré, parce qu'il prend peu de part à la destinée des habitants de la terre, mais vers lequel l'ame s'élève pourtant, comme s'essayant à des conceptions plus nobles que celles que l'ignorance fournit à l'homme.

Cette tendance est bien impérieuse, puisqu'elle se retrouve chez les hordes les plus abruties. Les Cucis, ou montagnards de Tipra, à l'orient du Bengale, sont les sauvages les plus ignorants et les plus féroces. Ils pensent qu'il y a une divinité dans chaque arbre. Ils n'ont point de lois positives. Le meurtre n'est puni chez eux que par les parents du mort, s'ils ont la force de se venger. La société n'y intervient en rien. Ils coupent la tête aux femmes de leurs ennemis, s'ils les rencontrent sans défense, et lorsqu'ils ont tué une femme enceinte, c'est pour eux un sujet de joie et de gloire. Cependant, ils reconnaissent un grand esprit, différent de toutes les autres divinités qu'ils adorent (1) et qu'ils n'osent représenter par aucune image (2).

Un Sauvage de l'Amérique, qui avait un taureau pour fétiche, déclara un jour au missionaire qui l'interrogeait, qu'il n'adorait pas le taureau même, mais un manitou des taureaux, caché sous la terre, et vivifiant de son souffle tous les animaux de son espèce. Il ajouta que ceux qui adoraient les ours croyaient de même à un manitou des ours, et quand on lui demanda s'il n'en existait pas un pour les hommes, sa réponse fut affirmative (3).

C'est évidemment un effort du sauvage pour

---

(1) Asiatic researches, II, 187-193.

(2) *Ibid.* VII, 196.

(3) Vogel Versuch ueber die Relig. der Ægypt. und Griech. p. 101. LAFITEAU, Mœurs des Sauv. I, 370. Lettr. édif. VI, 171. Culte des dieux Fét. 58-59.

généraliser ses conceptions; c'est le sentiment religieux se débattant contre une forme grossière et méconnaissable sous cette forme qui l'enveloppe et le gêne (1).

Cet effort du sentiment religieux pour s'élever à la conception d'un dieu supérieur aux fétiches, suggère au sauvage une notion plus

---

(1) Si nous pouvions ajouter une foi entière aux renseignements du père Labat sur la religion des Nègres, nous aurions une preuve bien frappante de la distance qu'ils mettent entre leurs fétiches et leur Dieu suprême. Il raconte qu'un Nègre auquel un missionnaire demandait comment sa tribu pouvait adorer un reptile nuisible comme le serpent, répondit que cette divinité n'était pas de son choix, mais de l'ordre du Dieu suprême. Le Créateur, connaissant l'orgueil de l'homme, et voulant l'humilier, lui avait ordonné de se prosterner devant le plus vil et le plus rampant des animaux. S'il avait établi un homme comme l'objet de l'adoration de son espèce, celui-ci s'en serait enorgueilli, et la race humaine se serait crue égale à Dieu. L'idée que le serpent était l'objet que Dieu imposait aux hommages des hommes les retenait dans l'humilité, et leur faisait sentir leur dépendance. Il nous paraît difficile d'attribuer à des Sauvages des subtilités aussi détaillées; et nous soupçonnons le missionnaire qui interrogeait le Nègre, ou d'avoir mal compris les réponses de son néophyte, ou de s'être plu à les embellir.

abstraite encore, qui, dans les philosophies des époques civilisées, prendra d'immenses développements.

Nous voulons parler de la division en deux substances ou de la spiritualité.

Cette hypothèse doit occuper dans une partie subséquente de nos recherches une place si vaste, elle est tellement liée à l'histoire et par là même à la lutte que soutiennent tous les systèmes philosophiques contre les religions positives, elle joue en même temps un si grand rôle dans les doctrines occultes de toutes ces religions, que nous ne pouvons ici, où elle n'est encore qu'un germe imperceptible, en dire que très-peu de mots.

Nous ne prétendons assurément point que le sauvage conçoive la division en deux substances ou la spiritualité, de la même manière que les philosophes anciens ou modernes. La facilité avec laquelle il attribue la vie à tous les objets, semble même un obstacle à ce qu'il les divise en animés et inanimés. Cependant, en continuant ses observations sur la nature qui l'environne, il remarque dans tous les phénomènes qui se présentent à ses regards deux apparences, celle du repos et celle du mouvement. Comme la cause du mouvement ne lui est jamais visible, il est bientôt entraîné à la supposer d'une autre nature que l'être auquel le mouvement est communiqué. De là une distinction entre la substance qui imprime le mouvement et celle qui le reçoit.

L'élément dans lequel nous existons et qui à la fois nous enveloppe et nous pénètre, est propre à lui seul à nous suggérer l'idée de la spiritualité. L'air invisible, et dans un certain sens impalpable, agit sur nous d'une manière constante et pourtant diversifiée. Tantôt c'est un bienfaiteur inaperçu, qui nous apporte au milieu d'une chaleur étouffante une fraîcheur secourable, et paraît s'occuper même de nos jouissances par les parfums dont il nous entoure; tantôt c'est un ennemi terrible, qui nous atteint d'un souffle glacé, ou qui, mugissant autour de nous, ébranle la terre, soulève les vagues, et dans sa puissance inexplicable renverse nos murailles, nous poursuit dans nos derniers asiles, et détruit nos habitations les plus solides. Ainsi, l'idée d'êtres actifs, invisibles, impalpables, et que nous sommes tentés de concevoir comme incorporels, s'offre naturellement à notre pensée.

Si l'homme, détournant ses regards des objets extérieurs, les reporte sur lui-même, il s'aperçoit d'une lutte manifeste entre le principe actif qui dispose de ses organes, et l'être passif dans lequel ce principe paraît renfermé. L'ame dompte le corps : le corps résiste à l'ame qui gémit ou s'indigne d'être ainsi gênée, et qui accuse toujours de ses fautes son enveloppe grossière, ses organes qui la trompent, ses sens qui l'entraînent et qui la séduisent. Les mêmes plaintes se font entendre chez le sauvage et chez le philosophe, dans les forêts du Nouveau-Monde et sous les platanes de l'Académie. Le vieil Iroquois donne sous ce rapport à son fils les mêmes conseils que Socrate à ses jeunes disciples d'Athènes. Il en résulte que plus l'homme veut concevoir un être parfait, plus il le dégage de la matière.

Le sentiment religieux saisit avec ardeur cette distinction pour l'appliquer à la nature divine. Il y trouve un affranchissement de toutes les bornes, une grandeur, une immensité, une pureté qui lui plaisent.

Tous les voyageurs qui nous ont transmis les opinions religieuses des Otahitiens attestent qu'ils distinguent le Dieu suprême, de la matière qu'il a mise en œuvre (1).

La même opinion se retrouve chez plusieurs tribus de la Floride; et, si nous accordons notre confiance aux assertions de plus d'un observateur attentif, elle n'est pas complètement étrangère aux croyances de quelques hordes de la Sibérie.

Que si leurs conjectures sont vagues, si leurs hypothèses sont confuses, elles n'en prouvent que mieux que, dès les premiers pas de l'espèce humaine, le sentiment devance l'intelligence et devine ce que cette dernière ne peut concevoir, ce qu'elle n'oserait pressentir, ce que même elle combat souvent avec les formes sévères de la logique.

Car jusqu'à présent, nous n'avons parlé que de l'action du sentiment dans la création de la forme religieuse. L'homme a en lui d'autres puissances, d'autres facultés, qui concourent également à cette création, et qui ne sauraient y concourir que d'après les règles de leur nature.

---

(1) Cook, Forster, Wilson.

Si le sentiment se nourrit d'émotions vagues, l'intelligence, plus exigeante, veut des raisonnements dont la justesse la satisfasse. Le besoin intérieur que l'homme éprouve d'adorer des êtres avec lesquels il corresponde et dont les soins protecteurs veillent sur lui, suffit au sentiment pour concevoir des dieux tutélaires. L'intelligence, qui observe avant de juger, tire des phénomènes extérieurs qu'elle compare et qu'elle rapproche des conclusions en partie différentes. Si plusieurs de ces phénomènes annoncent une force bienveillante, d'autres indiquent une sorte de haine et d'hostilité. Cette opposition, qui éclate à chaque instant dans chaque détail de la nature physique et morale, est à toutes les époques une énigme insoluble pour les esprits les plus exercés. Qui ne connaît les tentatives multipliées de toutes les écoles de philosophie pour résoudre le problème de l'origine du mal?

L'intelligence moins subtile et moins scrupuleuse du Sauvage tranche la question plus simplement. Il y a dans le monde du mal et du bien. Donc il y a des dieux ennemis et des dieux favorables. Le dualisme, qui joue un si grand rôle dans la religion rafinée de Zoroastre, et qui a failli s'établir en triomphateur dans la croyance chrétienne, remonte en principe jusqu'aux notions religieuses des Sauvages.

Les Araucaniens croyaient à un dieu hostile (1), et les Iroquois (2) dans leurs harangues s'exhortent réciproquement à ne pas écouter la divinité perverse qui se plaît à les tromper pour les perdre.

Mais le sentiment s'élève toujours contre cette conception affligeante ; ne pouvant la détruire, parce qu'elle est conforme aux règles de la logique, il l'adoucit du moins, en établissant la suprématie du bon principe sur le mauvais (3). Cette suprématie, que nous ver-

---

(1) Vidaure, Hist. du Chili, pag. 119. Pour d'autres hordes sauvages, Pyrard, Voy. I, 132.; et Forster, II, 14, Voy. round the world.

(2) Lafiteau, Mœurs des Sauvages. Il est probable, au reste, que les missionnaires ont beaucoup développé cette idée chez les Sauvages, en leur parlant sans cesse du diable, Mayer, Myth. Lexic. II, 545.

(3) Cranz, Catéchisme des Groënlandais. Lindemann Gesch. der Meyn. III, 195. Le fait, d'ailleurs constaté, que les Sauvages rendent un culte plus assidu au mauvais qu'au bon principe, ne détruit point la vérité de nos assertions. Ils n'en espèrent pas moins qu'en définitive ce dernier

rons présentée sous des couleurs brillantes et poétiques dans la religion des Perses, est un dogme fondamental dans le culte des tribus sauvages (1).

Si le sentiment a ses émotions, l'intelligence ses lois, l'intérêt personnel a ses désirs et ses volontés ; il faut que la religion s'y prête. Moins l'homme est éclairé, plus son intérêt personnel est impétueux, et plus en même temps il est resserré dans une sphère étroite et ignoble. Ses passions sont plus violentes, ses idées d'utilité se bornent toutes au moment présent.

Aussitôt donc que, pressé par le sentiment religieux, il s'est créé des objets de culte, il est poussé par son intérêt à les employer à son usage. Il entre alors dans une carrière

---

sera vainqueur ; et leurs hommages au mauvais principe s'expliqueront dans un chapitre suivant par l'influence que leurs jongleurs exercent sur eux.

(1) La seule inspection des épithètes qui accompagnent toujours les invocations au grand esprit prouve la suprématie qui lui est attribuée. Les Lapons l'appellent Ibmel, Jabmal, Radien-Atzhié, puissance souveraine, Père de tout. (Leems, Relig. des Lapons.) Les insulaires des

toute nouvelle où l'intérêt travaille à fausser le sentiment religieux.

Le sentiment l'avait entraîné vers l'inconnu : l'intérêt le ramène aux choses connues. Le sentiment l'avait élevé au-dessus de lui-même : l'intérêt le rabaisse à son niveau.

Nous allons le suivre dans cette nouvelle route. Nous montrerons la religion comme l'intérêt l'a faite, et nous reviendrons ensuite sur la lutte que soutient contre l'intérêt le sentiment religieux.

Dès que l'homme croit avoir découvert la puissance cachée qu'il cherchait sans relâche, dès qu'il a devant lui l'objet qu'il suppose doué de forces surnaturelles, il travaille à tourner ces forces à son avantage. Il étudie

---

Canaries le nomment le Dieu très-grand et très-bon, conservateur des êtres. Les Quojas, tribu de Nègres, lui reconnaissent un pouvoir sans bornes, l'omni-science et l'omni-présence ; et il est à remarquer que les Nègres, qui recourent à leurs fétiches quand il s'agit de leurs passions, font intervenir le grand esprit, quand la morale est intéressée, toutes les fois, par exemple, qu'ils soupçonnent un meurtre ou un empoisonnement. Nous verrons pourtant tout à l'heure que la morale est naturellement étrangère au fétichisme.

donc, sous ce point de vue, l'objet qu'il adore. Ce n'est plus le sentiment religieux qui le domine : c'est l'esprit, armé pour l'intérêt, et réfléchissant sur l'objet que lui a présenté le sentiment religieux.

Plaire à cet objet, obtenir ses faveurs, l'intéresser à ses entreprises, tel est donc maintenant le but du Sauvage. En l'adorant, ce n'est plus un besoin de l'ame qu'il satisfait : c'est un profit positif qu'il espère. Il n'obéit plus à un sentiment ; il combine un calcul.

Pour atteindre son but, il s'efforce de juger de cet objet mystérieux. Or, il n'en peut juger que par l'analogie qu'il lui suppose avec la seule chose dont il ait quelque connaissance, c'est-à-dire, avec lui-même. Comme il s'irrite contre qui l'offense, s'adoucit envers qui l'apaise, devient bienveillant pour qui le sert ou le flatte, ce qui n'est qu'une autre manière de promettre de le servir, il en conclut que l'objet qu'il adore agit ainsi qu'il agirait. Lorsqu'une calamité l'a frappé, il en cherche la cause dans la malveillance de l'idole qu'il a offensée sans le savoir (1). Il s'efforce alors de

---

(1) Quand les Sauvages de la Sibérie sont malades, ils

la désarmer par des prières, des hommages, par tous les moyens que sa propre expérience lui suggère, et qui auraient quelque pouvoir sur lui-même, s'il était vis-à-vis d'un autre dans la situation dans laquelle il suppose l'être inconnu vis-à-vis de lui.

Il fait bientôt un pas de plus. Après avoir apaisé cet être, il cherche à se le rendre propice : les moyens qu'il a employés pour désarmer sa colère lui servent à conquérir sa faveur.

L'idée du sacrifice est inséparable de toute religion. L'on pourrait dire qu'elle est inséparable de toute affection vive et profonde. L'amour se complaît à immoler à l'être qu'il préfère tout ce que d'ailleurs il a de plus cher ; il se complaît même, dans son exaltation raffinée, à se consacrer à l'objet aimé, par les souffrances les plus cruelles et les privations les plus pénibles. Les amants turcs se meurtrissent la poitrine, se déchirent les bras, sous les fenêtres de leurs maîtresses. Les cheva-

---

jettent une poignée de tabac dans le feu, se prosternent, et s'écrient : Tiens, fume, et ne sois plus en colère.

liers du moyen âge s'infligeaient des douleurs volontaires ou s'imposaient des épreuves difficiles, en l'honneur des belles dont ils portaient les couleurs (1); et madame Guyon, dans les extases de sa dévotion tendre et passionnée, cherchait partout des dégoûts à vaincre, des répugnances à surmonter.

Ce mouvement, comme tous les mouvements de l'homme, nous le retrouvons chez le Sauvage. A peine a-t-il des dieux que l'idée du sacrifice se présente à lui.

Exempte d'abord de tout raffinement, elle le conduit à partager avec ses idoles tout ce qui lui est agréable, à se priver pour elle d'une portion de sa nourriture, de ses vêtements, ou des dépouilles qu'il a conquises par quelque victoire qu'il attribue à une assistance surnaturelle.

Mais bientôt la notion du sacrifice devient plus compliquée. Ce ne sont pas seulement des offrandes matérielles que les dieux exi-

---

(1) Voyez nommément sur les Gallois, ou pénitents d'amour, SAINTE-PALAYE, Mémoires sur l'ancienne chevalerie, II, 62.

gent ; ils réclament de leurs adorateurs des preuves de soumission, de dévouement, d'abnégation d'eux-mêmes. De là des jeûnes (1), des macérations et des austérités spontanées (2). Les bords de l'Orénoque et les steps de la Tartarie sont le théâtre de pénitences aussi rigoureuses que celles qui étonnèrent jadis les dé-

---

(1) Les Sauvages de l'Amérique observent des jeûnes sévères et plus ou moins longs avant d'aller à la chasse ou à la guerre. Durant ces jeûnes, il leur est interdit de boire même une goutte d'eau. Ce que les Sauvages appellent jeûnes, dit Charlevoix, Journal, pag. 115, c'est ne rien prendre du tout. Quand ils approchent de la puberté, ils jeûnent de même huit jours sans rien prendre. *Idem*, 346. A la Guyane, les candidats pour la dignité de chef se refusent toute nourriture. BIET, Voy. dans la France équinox. III, ch. 10.

(2) Les habitants de la Guyane, de la Floride, et des îles de la Mer du Sud, se mutilaient, se déchiraient le corps, s'arrachaient les doigts ou les dents, précisément comme les dévots indiens. (Sammlung der Reisen, XVI, p. 504. Dern. voy. de Cook.) Les femmes floridiennes se frappaient avec des épines ou des fouets, et jetaient leur sang en l'air pour en faire hommage aux dieux. Les chefs n'étaient reconnus par leurs tribus qu'après des épreuves durant lesquelles chaque individu leur donnait un certain nombre de coups qui leur faisaient de profondes blessures. BIET, liv. I, ch. 20.

serts de la Thébaïde, et le célibat si vanté par nos saints a ses martyrs parmi les sauvages.

Les philosophes ne nous paraissent pas avoir suffisamment remarqué cette tendance de l'homme à raffiner toujours sur le sacrifice. Ils ont attribué trop souvent à l'artifice et au calcul ce qui était l'ouvrage de la nature. Ils n'ont vu dans les idées d'impureté attachées chez presque tous les peuples à l'union des sexes qu'un caprice de la tyrannie sacerdotale, se plaisant à contrister l'homme par des privations arbitraires. Sans doute des prêtres ont profité de cette notion pour étendre leur pouvoir sur la portion de l'existence humaine qui semblait placée le plus à l'abri de leur despotisme. Mais la notion primitive a des racines bien plus profondes. Si elle n'avait pas ces racines, elle ne serait pas commune aux tribus sauvages et aux nations policées.

Partout la nature, avec un art qu'on dirait bizarre, et qu'on reconnaîtra pour admirable, quand on le suivra dans toutes ses conséquences, a réuni à la plus tendre des affections le besoin du secret, le sentiment de la honte.

Sur cette combinaison merveilleuse repose tout ce qu'il y a de délicat, de touchant, de pur, dans les relations de l'amour, et nous lui devons encore tout ce qu'il y a de régulier dans notre organisation sociale. C'est en renonçant pour un seul homme à cette réserve mystérieuse dont la règle divine est imprimée dans son cœur, que la femme se voue à cet homme, pour lequel elle suspend, dans un abandon momentané, cette pudeur qui ne la quitte jamais; pour lequel seul elle écarte des voiles qui sont d'ailleurs son asile et sa parure. De là cette confiance intime dans son époux, résultat d'une relation exclusive, qui ne peut exister qu'entre elle et lui, sans qu'aussitôt elle se sente flétrie; de là dans cet époux la reconnaissance pour un sacrifice, et ce mélange de désir et de respect pour un être qui, même en partageant ses plaisirs, ne semble encore que lui céder. De là enfin mille souvenirs confus qui s'embellissent de leur obscurité même, et se conservent d'autant plus purs, d'autant plus profonds, qu'ils ne peuvent s'exprimer par la parole.

Cet instinct qui attache aux jouissances de l'amour un sentiment de pudeur ou de honte, a pu facilement suggérer à l'homme l'idée d'un certain dégré de crime attaché à ces jouissances, tandis que l'excès même du plaisir qui les accompagne a fait de leur privation un sacrifice digne d'être offert aux dieux.

Cet instinct, comme tous ceux que la civilisation développe et raffine, n'est point l'œuvre de la civilisation, il est empreint aussi dans le cœur du Sauvage. Les Iroquois ont leurs vierges sacrées (1); et parmi les Hurons il en

---

(1) LAFITEAU, Mœurs des Sauvages, I, 174. Il est curieux de lire ce que dit à ce sujet le même auteur quelques pages plus loin; et le passage est assez important pour que nous croyions devoir le citer en entier. « Ils (les « Sauvages) ont une grande opinion de la virginité. Le « terme qui signifie une vierge, dans la langue abenaquise, « veut dire celle qu'on respecte... Ils attribuent à la virgi- « nité et à la chasteté certaines qualités et vertus particu- « lières; et il est certain que, si la continence leur paraît « essentielle pour donner du succès à ce que leurs super- « stitions leur suggèrent, ils la garderont avec un très- « grand scrupule, et n'oseront la violer le moins du « monde, de peur que leurs jeûnes, et tout ce qu'ils « pourraient faire d'ailleurs ne fût absolument inutile par « cette inobservation. Ils sont persuadés que l'amour de « cette vertu s'étend jusqu'au sentiment naturel des plan- « tes, de sorte que, parmi elles, il y en a qui ont un « sentiment de pudeur, comme si elles étaient animées; « et que, pour opérer dans les remèdes, elles veulent être « employées et mises en œuvre par des mains chastes, sans

est plusieurs qui prononcent le vœu d'une chasteté perpétuelle. De jeunes nègres et de jeunes négresses s'astreignent, en dépit du climat, à une rigoureuse abstinence des plaisirs des sens (1). Le grand nombre, qui, moins impassible, ne peut résister à leur attrait, expie cette faute par des pénitences douloureuses, ou la fait expier aux enfants nouveau-nés par des opérations tellement cruelles qu'elles mettent leur vie en danger (2). Ainsi

---

« quoi elles n'auraient aucune efficacité. Plusieurs m'ont
« dit souvent, au sujet de leurs maladies, qu'ils savaient
« bien des secrets pour les guérir; mais qu'étant mariés,
« ils ne pouvaient plus s'en servir. » *Ibid.* p. 340.

(1) Projart, I, 167-170.

(2) Chez plusieurs peuplades, aussitôt qu'on découvre chez une femme les signes de la grossesse, on la plonge dans la mer pour la purifier; et, durant la route, les jeunes gens des deux sexes l'insultent et la maltraitent. (Bossman, Voy. en Guinée, p. 250.) C'est, en quelque sorte, la virginité reprochant aux sens ce qu'ils ont d'impur. Chez les Giagues, espèce de tribu ou caste sacerdotale et la plus féroce des hordes nègres, les femmes qui accouchent dans le chilombo (l'enceinte dans laquelle la horde est campée) sont punies de mort. Ailleurs, ce sont les pères qui se soumettent au châtiment qu'ils croient mérité. Les Caraïbes jeûnent et se déchirent

l'homme a toujours été poursuivi de la pensée
qu'il n'est point ici-bas seulement pour jouir,

---

les membres après la naissance de leurs enfants. (Dutertre, II, 371-373. Lafiteau, I, 256.) La même chose a
lieu au Paraguay (Charlevoix, I, 182) et à la Guyane,
où les pères, sont non-seulement fustigés, mais traités
comme esclaves pendant un temps plus ou moins long.
D'autres se font des blessures aux organes de la génération
même avant le mariage (Hist. of the Boucan. I, 241) : c'est
la punition précédant la faute. Les Salivas de l'Orénoque
font à leurs nouveau-nés des incisions tellement graves,
que souvent ils en meurent. (Gumilla, I, 183.) On
connaît la mutilation que les Hottentots font éprouver
aux leurs. (Beschryv. van de kaap van goede hope, I,
286. Levaillant, Deux. voy. en Afr. II, 290.) Le même
motif suggère des tortures pour les jeunes filles qui approchent de la puberté. On leur met tout le corps en sang.
(Barrère, Descr. de la Guyane, 168. Lafiteau, Mœurs
des Sauvages, I, 291. Thevet, Cosmogr. univers. II, 913.
Leri, Hist. du Brésil, ch. 17.) La circoncision, qui a
beaucoup d'affinité avec ces usages, ne dériverait-elle
pas d'une idée analogue? Quelquefois les pratiques se sont
modifiées de manière à ne plus rappeler le sens primitif.
Ainsi, la coutume qu'avaient les maris, chez certains
peuples, de se mettre au lit quand leurs femmes accou-
chaient, coutume dont on retrouvait encore des traces
dans quelques provinces méridionales de France, vers le
commencement du XVIIIe siècle (Lafiteau, Mœurs des
Sauvages, p. 50), venait probablement de la même source,
sans que ceux qui l'observaient s'en souvinssent. Il en est

et que naître, peupler et s'éteindre ne forment pas sa destination unique.

Nous verrons plus tard le sacerdoce de plus d'un peuple ancien abuser de ce sentiment indéfinissable, mais indestructible ; nous verrons ce que la nature avait gravé dans le cœur de l'homme pour réunir deux époux par une pudeur commune, et pour qu'aux regards l'un

---

de même de l'usage qui prescrit aux nouveaux mariés, chez plusieurs tribus, de ne consommer le mariage qu'après un intervalle plus ou moins long. « Quoique les « époux passent la nuit ensemble, c'est sans préjudice de « cet ancien usage : les parents de l'épouse y veillent at- « tentivement de leur part, et ils ont soin d'entretenir un « grand feu devant leur hutte, qui éclaire continuelle- « ment leur conduite et qui puisse servir de garant qu'il « ne se passe rien contre l'ordre prescrit..... Un mari, « instruit par des missionnaires, n'ayant pas l'égard qu'il « devait avoir pour l'ancienne coutume, voulut se pré- « valoir de l'exemple des Européens. L'épouse en fut « si outrée que, quoique ceux qui avaient fait le mariage « eussent assez consulté son inclination, ils ne purent « jamais l'obliger à revoir cet époux indiscret. Quelque « représentation qu'on pût lui faire, elle ne se rendit « point, et l'on fut obligé de les séparer..... Parmi les « Abenaquis, une femme qui se trouve enceinte avant la « première année révolue, y devient un sujet d'étonne- « ment et de scandale. » Lafiteau, Mœurs des Sauvages.

de l'autre ils fussent à part du reste du monde, interprété par les prêtres comme une réprobation de la première loi de cette nature. Une continence absurde, supplice lent, mais terrible, qui révolte les sens, bouleverse l'imagination, jette dans un trouble mêlé de fureur les ames les plus douces, les raisons les plus fortes, les êtres les plus timides, deviendra, dans les religions sacerdotales, le meilleur moyen d'honorer les dieux. Mais en dévoilant cet abus coupable, il faut reconnaître que la notion première a précédé l'abus.

L'intérêt cependant ne tarde pas à intervenir dans cette notion puissante du sacrifice, qui, s'emparant de l'homme, le perfectionne et l'égare tour à tour.

Le sentiment voudrait que le sacrifice fût désintéressé. L'intérêt veut qu'il ait pour but une réciprocité de services. Alors la religion n'est plus qu'un trafic. Le culte s'arrête, quand le profit cesse. L'homme passe d'un fétiche à l'autre, cherchant toujours un allié plus fidèle, un protecteur plus puissant, un plus zélé complice.

Dirigeant la religion vers ce but ignoble, l'intérêt en écarte toute notion de morale. Le fétiche est un être égoïste et avide, allié d'un être plus faible, égoïste comme lui. Les sacrifices dont il se repaît ne regardent que lui seul. Les devoirs qu'il impose consistent en victimes, en offrandes, en témoignages de soumission, monnaie convenue, signes représentatifs d'offrandes et de victimes futures. C'est un paiement que le fétiche réclame, pour la protection qu'il accorde; que ce paiement se fasse avec exactitude et libéralité, aucun des deux contractants ne se mêle de ce que fait l'autre vis-à-vis d'un tiers.

La religion est alors tellement un trafic que l'homme établit, pour ainsi dire, ses comptes avec son dieu. Il examine si ce dieu s'est acquitté d'une manière satisfaisante des engagements qu'il est supposé avoir contractés ; et si le bilan n'est pas en faveur de l'idole, l'adorateur la quitte ou la punit, la frappe ou la brise, la livre aux flammes ou la jette dans les ondes (1).

---

(1) Les Nègres vendent, jettent, brûlent ou noient les fétiches dont ils sont mécontents. (Bossmann, Reise nach Guinea, aus dem Franzœsischen uebersetzt. p. 445.) Les Ostiaques, après une chasse malheureuse, les frappent

LIVRE II, CHAPITRE II. 261

Il serait imprudent de trop se récrier sur l'absurdité d'une telle vengeance. Ces puériles et ridicules scandales ne sont pas sans exemple dans des temps plus éclairés (1), et la re-

---

de verges, et se réconcilient avec eux, dans l'espoir que cette punition les aura corrigés. (Voy. au Nord, VIII, 415.) Les habitants du Congo, affligés de la peste, brûlèrent tous les fétiches qu'ils avaient invoqués inutilement. (Projart, Hist. de Loango, etc. 310.) Un voyageur vit un Lapon brûler ses fétiches, parce que ses rennes étaient stériles. (219.) Les habitants de la baie d'Hudson poursuivent leurs idoles à coups de fusil, quand ils croient avoir à s'en plaindre. (Umfreville's present state of Hudson's bay.) Les peuples d'Ouéchib, dans les îles Sandwich, supprimèrent leurs fêtes religieuses, parce qu'ils étaient en colère contre leurs divinités qui avaient laissé mourir leur roi. (Staeudlin Relig. Magnaz.)

(1) Les Chinois, lorsque l'idole qu'ils invoquent n'exauce point leurs prières, fouettent ses statues, brisent ses autels, et la traduisent devant des tribunaux qui la jugent. Si ces tribunaux la condamnent, elle est dégradée, et son culte aboli. Lecomte (Mém. sur les Chin. II, 128, 129) rapporte à ce sujet une anecdote assez remarquable. Un Chinois d'un rang distingué, alarmé pour sa fille dangereusement malade, ne se borna point à consulter tous les médecins qu'il put réunir; mais il eut recours à tous les bonzes du voisinage, et mit en œuvre tous les moyens qui lui furent indiqués par eux, afin d'obtenir des dieux, et surtout de la divinité locale de son domicile, que la vie de

ligion la plus épurée n'en a pas toujours pré-

---

sa fille fût prolongée. Les prêtres de cette divinité lui en donnèrent l'assurance formelle ; mais, en dépit de tous les sacrifices, de toutes les prières et de tous les dons, la malade mourut. Irrité de se voir ainsi trompé dans ses espérances, le père voulut se venger d'une idole implacable ou impuissante. Il porta plainte devant le juge, et, en réparation de ce que cette idole avait accepté tous ses présents sans le secourir, il demanda que ses temples fussent abattus, et ses prêtres condamnés au bannissement. L'affaire parut tellement grave au magistrat du lieu, qu'il crut devoir en référer au gouverneur de la ville, qui s'adressa lui-même au vice-roi. Celui-ci tenta d'abord d'apaiser le plaignant ; mais ce père au désespoir refusa de retirer son accusation, et déclara qu'il s'exposerait plutôt à mourir que de ne pas obtenir la punition d'une divinité méchante et trompeuse. Cette obstination força le vice-roi à faire instruire le procès, et à renvoyer les parties devant le tribunal suprême à Pékin. Cette cour fit comparaître l'accusateur et l'accusé, c'est-à-dire le père et le dieu représenté par ses prêtres, et, après avoir entendu pendant plusieurs jours de longues plaidoiries, ordonna que le dieu serait banni de l'empire, que ses temples seraient rasés, et que ses ministres, les bonzes, subiraient à sa place un sévère châtiment. L'arrêt fut ponctuellement exécuté. Quelquefois aussi les tribunaux prennent l'initiative. Ils fixent un terme fatal durant lequel les dieux protecteurs des villes ou des provinces sont tenus de porter remède à la calamité dont elles souffrent, sous peine de destitution et de destruction de leurs temples. (DUHALDE, Descr. de la Chine, II, 38.)

servé la portion ignorante de ses sectateurs (1).

Quand un Sauvage est en inimitié avec un autre Sauvage, son fétiche devient l'ennemi du fétiche de son adversaire (2). Plus tard, quand deux nations se combattent, les dieux se divisent, et chaque nation a ses auxiliaires dans le ciel. C'est la même hypothèse adaptée à l'état social de chaque période : chez les peuples policés comme chez les tribus igno-

---

(1) Les chrétiens du moyen âge, mécontents de l'un de leurs saints, lui annonçaient solennellement qu'ils renonçaient à son culte, le dépouillaient de ses ornements, et le jetaient dans la rivière. Une sécheresse extraordinaire pensa coûter à saint Pierre, vers le milieu du XVIe siècle, sa dignité de saint. (SAINT-FOIX, Essais sur Paris, V, 103.) Frézier, dans un voyage entrepris en 1712, raconte que le capitaine de son vaisseau, ne pouvant obtenir un vent favorable, pendit au grand mât une image de la Vierge, et lui déclara qu'elle y resterait aussi long-temps que le vent serait contraire. (FRÉZIER, Relation du voyage de la Mer du Sud dans les années 1712-1714, p. 248.) Qui le croirait? les Napolitains, en 1793, à l'occasion des victoires des Français, firent condamner saint Janvier, par une espèce de procédure juridique, et ils le traitèrent de même en novembre 1804, pendant une éruption du Vésuve.

(2) BOSSMAN, Voy. en Guinée, p. 179.

rantes, l'assistance s'accorde, non à la justice de la cause, mais à la libéralité des adorateurs.

Car nous devons encore ici prémunir nos lecteurs contre le dédain précipité que la civilisation prodigue aux Sauvages. Quelle que soit la croyance, la question principale est de voir si le sentiment ou l'intérêt prédomine; si c'est l'intérêt, la pureté de la doctrine est sans importance. La religion alors n'est que du fétichisme : et dans les ames que l'égoïsme corrompt et qu'aveugle la crainte, ce fétichisme est aussi révoltant que chez l'Ostiaque ou chez l'Iroquois. Assurément, Louis XI se mettait au niveau de ces misérables hordes, lorsque, prosterné devant Notre-Dame de Cléry, il espérait racheter un fratricide en séduisant la sainte par des présents magnifiques (1).

---

(1) Il est très-curieux de lire Brantome sur le fétichisme de Louis XI : et, pour n'être pas soupçonnés de calomnier la royale mémoire du prince, nous rapporterons en original le texte de l'historien. « Entre plusieurs « bons tours de dissimulations, feintes, finesses et galan- « teries que fit ce bon roy en son tems, fut celuy, lors « que, par gentille industrie, il fit mourir son frère, le duc « de Guyenne, quand il y pensoit le moins, et lui faisoit

Dans les grands dangers le Sauvage ne se contente pas de son fétiche habituel, il réclame le secours de tous ceux dont il a quelque connaissance ; leur nombre se monte à

« le plus beau semblant de l'aimer, luy vivant, et le re-
« gretter après sa mort : si bien que personne s'en aperçut,
« qu'il eust fait faire le coup, sinon par le moyen de son
« fol, qui avoit été audit duc son frère, et il l'avoit retiré
« avecque luy, car il étoit plaisant. Estant donc un jour en
« ses bonnes prières et oraisons à Cléry, devant Notre-
« Dame qu'il appeloit sa bonne patronne, au grand autel,
« et n'ayant personne auprès de luy, sinon ce fol, qui en
« estoit un peu éloigné, et duquel il ne se doutoit qu'il fust
« si fol, fat, sot, qu'il ne pust rien rapporter ; il l'entendit
« comme il disoit : Ah! ma bonne dame, ma petite mais-
« tresse, ma grande amie, en qui j'ay toujours eu mon
« réconfort! je te prie de supplier Dieu qu'il me pardonne
« la mort de mon frère, que j'ai fait empoisonner par ce
« méchant abbé de Saint-Jean (notez, encore qu'il l'eust
« bien servi en cela, il l'appeloit méchant ; aussi faut-il
« appeler toujours telles gens de ce nom). Je m'en con-
« fesse à toi comme à ma bonne patronne et maistresse :
« mais aussi qu'eussé-je su faire ? Il ne me faisoit que trou-
« bler mon royaume : fays-moi doncques pardonner, ma
« bonne dame, et je say ce que je te donneray (je pense
« qu'il vouloit entendre quelques beaux présents, ainsi
« qu'il étoit coutumier d'en faire tous les ans force grands
« et beaux à l'église). Le fol n'étoit point si reculé ni dé-
« pourvu de sens qu'il n'entendist et ne retinst fort bien
« le tout : en sorte qu'il le redit en présence de tout le

plusieurs milliers (1). De même, quand leur récolte a été mauvaise, les paysans russes, que le pouvoir absolu pense avoir convertis, empruntent de leurs voisins plus heureux des saints plus efficaces (2). Les Athéniens, avant la bataille de Marathon, instituèrent le culte de Pan, qu'ils n'avaient point adoré jusqu'à cette époque (3); et Louis XI, dont nous venons de parler, rassembla près de son lit de mort les reliques de toute la terre (4).

« monde à son disner et à d'autres, lui reprochant ladiste
« affaire, et lui répétant souvent qu'il avoit fait mourir
« son frère. Qui fust estonné? ce fust le roy. Il ne fait pas
« bon se fier à ces fols, qui quelques foys font des traits de
« sages, et disent tout ce qu'ils savent, ou bien le devinent
« par quelque instinct divin. Mais il ne le garda guères;
« car il passa le pas comme les autres, de peur qu'en réi-
« térant, il eust scandalisé davantage. » BRANTOME, Éloge de Charles VIII.

(1) Rœmers Nachrichten von der Küste Guinea, p. 16.

(2) Weber, veraendertes Russland, II, 198. Les tribus qui habitent les frontières de la Russie ont mis au nombre de leurs dieux saint Nicolas. LÉVÊQUE, Excurs. sur le schamanisme, dans sa traduction de Thucydide, III, 292.

(3) HÉRODOTE, VI, 105.

(4) Le pape lui envoya le corporal sur quoy, dit Philippe de Commines, chantoit monseigneur Saint-Pierre.

Une fois entré dans cette route, l'homme est forcé de la suivre jusqu'au bout; ayant conçu ses dieux semblables à lui par leurs passions, il les conçoit tels par leurs besoins, leurs habitudes et leur destinée. Les déesses des Kamtschadales portent comme les femmes leurs nouveau-nés sur leur dos. Ces enfants divins souffrent et pleurent comme les enfants des hommes : et toutes les nuits, descendant des montagnes, cet Olympe grossier court vers le rivage, aussi ardent à la pêche, mais plus adroit et plus heureux que la race mortelle (1).

Il fit venir la sainte ampoule de Reims, et on lui apporta de Constantinople beaucoup de choses miraculeuses qui étaient restées entre les mains du Grand Turc. PHIL. DE COMM. Faits et gestes du roi Louis XI.

(1) Il n'y a pas jusqu'à la mort, à laquelle, entre autres calamités humaines, les Sauvages ne croient leurs fétiches exposés. Les Groenlandais disent que le plus puissant des leurs, Tornarsuk, peut être tué par l'impétuosité du vent, et que l'attouchement d'un chien le ferait mourir. (Egede, Nachrichten von Groënland, 93, 256.) Au reste, nos livres sacrés nous montrent Jehovah se prêtant à la faiblesse des hommes, et se soumettant à leurs cérémonies. Lorsqu'il jure l'alliance qu'il conclut avec Abraham, il traverse les victimes immolées et séparées par la moitié, parce que cette formalité symbolique rendait chez les Juifs les serments plus obligatoires.

CHAPITRE III.

Efforts du sentiment religieux pour s'élever au-dessus de cette forme.

Tel est donc le culte de l'état sauvage (1). C'est la religion à l'époque la plus brute de l'esprit humain. Elle est en arrière de toutes les formes que nous aurons bientôt à décrire. Elle ne réunit point ses dieux en un corps, comme le polythéisme des nations policées. Ses vagues notions du grand Esprit ne s'élèvent point à la hauteur du théisme. Elle choisit ses protecteurs dans une sphère bien inférieure. Elle n'a point l'esprit jaloux, mais compact de la théocratie, qui, plaçant son dieu en hostilité perpétuelle avec tous les autres,

---

(1) Nous n'avons pu présenter ici que les traits principaux et généraux de ce culte. Il y a, comme dans toutes les croyances, plusieurs gradations; nous ne saurions les détailler toutes. Chaque forme et chaque époque des idées religieuses pourrait être l'objet en diminutif de l'histoire que nous essayons de tracer en grand.

crée l'esprit national et le patriotisme par l'intolérance.

Dans cette conception étroite et informe réside néanmoins le germe des hautes idées qui, par la suite, se déploieront à nos regards.

Les objets consacrés par le culte du Sauvage sont nuisibles, inutiles, monstrueux, ridicules : mais n'est-ce pas une preuve évidente du besoin qu'il a d'adorer?

Il attribue la vie et l'intelligence à tous les objets. Il pense que tous agissent sur l'homme, lui parlent, le menacent, l'avertissent. Le spiritualiste, qui n'aperçoit rien dans la nature qui ne soit animé de l'esprit divin, le panthéiste, qui conçoit la divinité inhérente à toutes les parties du monde physique, ne font que suivre la route vers laquelle le Sauvage, dans ses notions confuses, dirige ses pas chancelants. Son culte n'est que le sentiment religieux sous sa première forme. C'est l'homme demandant à la nature qu'il ne connaît ni ne peut connaître, où donc est la force, la puissance, la bonté : et ce sentiment religieux, quelque grossier qu'il paraisse encore, est plus noble et plus raisonnable que tous les systêmes qui ne voient dans la vie qu'un phénomène fortuit, dans l'intelligence qu'un accident passager.

Nous avons indiqué déja quelques-uns des efforts du sentiment religieux pour épurer sa forme. Nous avons reconnu ces efforts dans le Manitou prototype, dans le grand Esprit des cieux ou des mers.

Pour apercevoir clairement la lutte que nous entreprenons de décrire, il suffit de comparer les prières que le Sauvage adresse aux fétiches, et celles qu'il adresse au grand Esprit.

Le Koriaque dit à son idole, en lui immolant des chiens et des rennes : Reçois nos dons, mais envoie-nous à ton tour ce que nous attendons de toi.

Ici tout est abject, égoïste et avide.

L'hymne du combat des Delawares, en l'honneur du grand Manitou de la terre, des mers et des cieux, est empreinte au contraire d'une résignation toute religieuse et toute morale.

« Aux armes pour combattre l'ennemi !

« Déterrons la hache et prenons la massue.

« Reverrai-je jamais le toit de mes pères,

« et la compagne de ma couche, et les jeunes
« rejetons portés sur son dos et nourris de
« son lait! Esprit suprême, grand Esprit d'en-
« haut, prends pitié de l'épouse que je te con-
« fie, veille sur les enfants qu'elle m'a donnés:
« créature faible et impuissante, à qui n'ap-
« partient pas un instant de sa vie, pas un
« membre de son corps, je vais où le devoir
« m'appelle pour l'honneur et la liberté de
« ma nation. Mais que les larmes des miens
« ne coulent point à cause de moi (1). »

Le sentiment religieux ne se borne pas à distinguer ainsi l'être infini vers lequel il s'élève, des idoles vulgaires que l'intérêt a créées: il exerce son influence sur ces idoles mêmes qu'il travaille sans relâche à ennoblir et à embellir.

Le Sauvage qui, comme nous l'avons vu, n'attribue pas à ses fétiches la figure humaine, les en rapproche cependant autant qu'il le peut, parce que cette figure est pour lui l'idéal de la beauté. Il les sculpte, les orne, les dé-

---

(1) Cet aveu de son impuissance est d'autant plus remarquable dans le Sauvage, qu'il contraste avec l'esprit sauvage et barbare. V. AJAX dans HOMÈRE

core. Les Lapons, les Caraïbes, les habitants de la Nouvelle-Zélande, ceux des rives du fleuve des Amazones, les Nègres de Loango, les hordes de l'Amérique septentrionale ou méridionale, se font des idoles d'argile, de pierre, de bois ou d'étoffes qu'ils acquièrent par des échanges avec des peuples plus civilisés. Ils tâchent de leur donner une forme humaine. Des morceaux de corail ou des cailloux représentent les yeux, des peaux de bête leur servent de vêtements : ils les embellissent enfin de mille manières (1). Les Téléoutes et les Tatars de l'Attaï, que les Russes ont asservis sans les civiliser, et qu'ils ont assujettis à quelques pratiques de la religion chrétienne, sans avoir arraché de leur esprit leur penchant pour le fétichisme, ne connaissant pas de plus beaux habits que l'uniforme des dragons russes, croient leurs fétiches habillés comme des

---

(1) Georgi Beschreibung einer Reise durch das Russiche Reich im Jahre 1772, p. 313. MARION, Voy. à la Mer du Sud, p. 87. DUTERTRE, Hist. gén. des Antilles, II, 369-370. D'ACUGNA, Relation de la Rivière des Amazones, I, 216. Pallas Reisen, II, 683. Hogstrœm Beschreib. des schwed. Lapplands. 201. Lettr. édif. VII, 8.

officiers de dragons (1). Il est difficile de ne pas sourire : mais c'est l'effort du pauvre Sauvage, pour réunir dans l'idée de son dieu tout ce qu'il connaît de plus magnifique, et l'on voit dans cette créature encore si brute le germe de l'enthousiasme qui, sous le ciseau de Phidias, fit éclore le Jupiter Olympien.

Nous avons montré que la morale restait étrangère au traité conclu entre l'homme et le fétiche : et en effet il est très-possible pour le raisonnement de concevoir la religion séparée de la morale. Les relations des hommes avec les dieux constituent la religion. Les relations des hommes avec les hommes constituent la morale. Ces deux choses n'ont aucun rapport nécessaire entre elles. Les dieux peuvent ne s'occuper que de la conduite des hommes à leur égard, sans intervenir dans celle des hommes avec leurs semblables. Ceux-ci peuvent n'être responsables envers les premiers que de l'observance des devoirs du culte, et rester pour ceux de la morale dans une indépendance complète. On ne saurait imaginer

---

(1) Müller Samml. Russ. Gesch. I, 150. Voy. au Nord, VII, 337; VIII, 410.

la religion ne représentant pas ses dieux comme des êtres puissants. Mais on peut sans difficulté la concevoir ne leur donnant d'autres attributs que la puissance. Cela serait surtout naturel, si la terreur était l'unique source de la religion. Les phénomènes physiques ne suggèrent à l'homme que l'idée du pouvoir. Il n'y a aucune affinité entre la foudre qui frappe, le torrent qui entraîne, l'abyme qui engloutit, et le bien ou le mal moral. Après avoir personnifié les accidents de la nature, en les attribuant à des êtres intelligents, et avoir établi entre eux et lui un commerce auquel sert de base l'intérêt mutuel des deux parties, l'homme semble avoir bien des pas à faire, avant de leur imposer des fonctions gratuites, et des devoirs désintéressés.

Si le sentiment ne venait pas changer l'état de choses ainsi établi par l'intérêt, loin d'être utile à la morale, la religion lui serait infailliblement funeste. L'adorateur d'un dieu mercenaire, comptant sur l'assistance qu'il aurait achetée, foulerait aux pieds la justice avec d'autant plus d'audace qu'il penserait s'être assuré une protection surnaturelle.

Heureusement, même dans cet état dégradé, le sentiment appelle la morale, et par mille routes invisibles la fait pénétrer dans la religion.

D'abord en ne la considérant que dans son rapport le plus circonscrit, le traité qu'elle suppose entre l'adorateur et son dieu implique une idée de fidélité aux engagements, par conséquent une notion de morale.

En second lieu, même dans l'état sauvage, une espèce d'association existe. Les individus d'une horde sont unis entre eux par un intérêt commun. Cet intérêt commun doit avoir aussi sa divinité tutélaire (1). La religion le prend sous sa sauvegarde : elle protége l'association contre ses membres, et les membres de l'association les uns contre les autres.

Le grand et difficile problème de la société consiste à découvrir une sanction pour les engagements des hommes entre eux. Le besoin de cette sanction se fait sentir à chaque pas dans les transactions humaines. Nous ne trai-

---

(1) Les peuplades de pêcheurs adorent en commun un dieu de la pêche. Voy. au Nord, VIII, 414, 419-420. Celles de chasseurs, un dieu de la chasse. Gmelins Reisen. II, 214-215.

tons jamais avec quiconque a des intérêts opposés aux nôtres sans nous efforcer de lire dans ses yeux si ses intentions répondent à ses paroles, et nous sommes douloureusement avertis par l'expérience de l'impuissance de nos efforts. La voix, le geste, le regard peuvent être complices de l'imposture.

La conviction religieuse crée une sauvegarde, le serment : mais cette garantie disparaît avec la conviction religieuse. Trop souvent, au sein de la civilisation, les peuples irréligieux passent d'un serment à l'autre, ne se croyant liés par aucun, et les considérant comme des formules appartenant de droit au pouvoir qui règne, et ne constituant aucun titre en faveur du pouvoir déchu. Leurs chefs, irréligieux en même temps qu'hypocrites, foulent sans remords le matin les promesses de la veille, et promènent au milieu de l'indignation le scandale de la perfidie. Alors tous les liens sont brisés; le droit n'existe plus; le devoir disparaît avec le droit; la force est déchaînée ; le parjure fait de la société un état permanent de guerre et de fraude.

Mais dans l'état sauvage, le serment a quelque chose de plus solennel, et il faut rendre graces à la religion, de ce qu'elle crée, dès l'origine des sociétés, cette garantie ; le Malabare (1), le Nègre (2), le Calmouc (3), l'Ostiaque (4), prend son fétiche à témoin

---

(1) Wolff, Reise nach Ceylan, p. 176. Voyez pour d'autres peuplades de l'Inde, Asiat. Res. III, 30.

(2) Loyer, Relation du voy. du roy. d'Issiny, p. 253. Desmarchais, Voy. en Guinée, I, 160.

(3) Pallas, Reisen, I, 332. Ejusd. Mongol. Volkersch. I, 220.

(4) Voy. au Nord, VIII, 417. Qui pourrait ne pas gémir en réfléchissant que les Européens travaillaient naguère de tout le pouvoir de leur corruption et de leur logique pervertie à saper dans l'ame des Sauvages la sainteté des sermens! Voici ce que raconte un Européen, auteur dans la scène hideuse qu'il décrit, et narrateur insouciant et presque satisfait de sa propre infamie. Un Nègre vint trouver ce misérable, alors facteur dans un établissement danois, sur les côtes de Guinée, et lui dit qu'il avait une jeune femme, au père de laquelle il avait juré, en présence d'un puissant fétiche, de ne jamais la vendre. Le marchand d'hommes lui suggéra l'expédient de se faire contraindre par la violence à fausser le serment qu'il avait prêté, ce qui apaiserait le fétiche qu'il avait pris à témoin. Le Nègre alla chercher l'infortunée qu'il voulait livrer, et le facteur Roëmer, l'auteur du récit, la fit charger de chaînes. Aussitôt le mari poussa des cris lamentables, et des esclaves tombèrent sur lui à coups de

dans les circonstances solennelles, et soumet de la sorte à un joug invisible sa passion du moment et son humeur changeante.

Sans doute l'égoïsme combat cette salutaire influence de la religion ; il se persuade que les dieux qu'il paie ne se déclareront jamais contre lui. Plusieurs tribus fétichistes croient pouvoir se parjurer impunément, quand elles ont à faire avec les étrangers, dont elles supposent impossible que leurs fétiches embrassent la cause (1). Nous verrons cet inconvénient se prolonger chez des peuples civilisés.

C'est beaucoup néanmoins d'avoir créé une

---

massue. Soit qu'il voulût obtenir du fétiche offensé un pardon plus certain, soit que la conscience eût repris ses droits, il ne consentit à ratifier le marché qu'après avoir reçu des blessures graves. L'Européen lui reprocha cette résistance prolongée. Les fétiches, lui dit-il, ne sont pas si difficiles à satisfaire ; et le sien lui aurait fait grace à bien meilleur marché. Roemer, Nachrichten von Guinea. Lindemann, Geschichte der Meinungen, etc. VI, p. 286. Telles étaient les leçons données par des hommes civilisés aux Sauvages, et par des chrétiens aux infidèles.

(1) Cavazzi, Hist. de l'Éthiopie occidentale, I, 304. Il est triste de penser que beaucoup plus tard des papes ont raisonné comme raisonnent les Nègres.

garantie dans l'intérieur des peuplades. Les notions qui servent de base à cette garantie ne tarderont pas à s'étendre au-delà des bornes étroites d'un territoire particulier. La religion qui exerce son influence de Sauvage à Sauvage, l'exercera plus tard de nation à nation, et déja elle s'y prépare.

La croyance des tribus américaines leur faisait un devoir de respecter les envoyés des nations voisines. Ces envoyés, placés sous la protection du grand Esprit, ne pouvaient être maltraités sans crime, et les coupables étaient livrés à une destruction inévitable. Aussi, dit le missionnaire à qui j'emprunte ce fait (1), des messagers, chargés d'annoncer une guerre de dévastation, d'extermination et d'incendie, étaient écoutés en silence et reconduits avec scrupule jusqu'à leur sortie du territoire.

Dans son état le plus grossier, la religion est donc bienfaisante. Cette utilité directe n'est certes, ni la seule, ni la plus importante, et nous nous sommes élevés contre l'idée de

---

(1) HECKEWELDER, p. 283.

la placer en première ligne. Nous la montrerons tout à l'heure plus salutaire encore par les émotions qu'elle fait naître que par les crimes qu'elle interdit. Mais arrêtons-nous maintenant sur ce premier genre d'utilité, bien que subalterne, et prouvons par les faits qu'elle résulte même du fétichisme.

Dans l'île de Nuka-Hiva, dit un voyageur (1), toutes les lois et toute la police reposent sur la religion. Ces lois et cette police consistent à déclarer que telle chose est sacrée, c'est-à-dire que le propriétaire seul a droit d'y toucher. Cette consécration se fait par les prêtres. Ils appellent *Tabou* tout ce qu'ils ont consacré ainsi. Les personnes et les propriétés de tous les insulaires sont *Tabou*. Personne n'ose dépouiller ces derniers ni attenter à leur vie. Leurs femmes partagent cette garantie, nul n'ose se permettre de violences envers elles. A la naissance de chaque enfant, l'on réserve pour son usage un ou deux arbres de pain, qui sont Tabou pour tout autre, et dont le fruit ne peut être

---

(1) Journal für Land und See Reisen. Cinquième année, juin 1812.

cueilli que par lui. Comme deux de ces arbres suffisent à la nourriture d'un homme pendant toute une année, chacun a de la sorte sa subsistance assurée. Celui qui viole le Tabou est universellement réprouvé, et ne saurait échapper aux châtiments que lui infligent certains esprits invisibles.

Nous en conviendrons : nous ne pouvons nous défendre d'un attendrissement véritable en voyant la religion, sous sa forme la plus imparfaite, chez les peuples les plus ignorants, s'identifier à toutes les idées de justice et même de bienfaisance, et, tout enfantine qu'elle est, embrasser les objets que la sagesse des législateurs a toujours garantis, veiller à la vie des citoyens, à la subsistance du pauvre, à la chasteté des femmes. Il est touchant de voir le Sauvage disposer de la sorte de ses notions confuses, et y trouver déja, pour tout ce qui lui est cher, une sauvegarde qu'il ne peut chercher dans des institutions qu'il ne connaît pas.

Le sentiment que nous éprouvons deviendra plus vif et plus profond encore, quand nous verrons l'esprit humain avancer dans ses développements, et que nous retrouverons le *Tabou* de Nuka-Hiva, dans le Jupiter grec, protecteur des faibles et des suppliants.

Si l'homme ne tirait ses idées religieuses que de l'action matérielle des objets extérieurs; si la religion n'était qu'une combinaison de l'esprit, un résultat de l'intérêt, de l'ignorance ou de la crainte, son alliance avec la morale ne serait ni si rapide ni si infaillible. Mais la morale est un sentiment. Elle s'associe au sentiment religieux, parce que tous les sentiments se tiennent. L'adoration des êtres invisibles, et les idées d'équité, se rencontrent et s'unissent dès l'enfance des sociétés. Le fétiche du Sauvage nous semble une chimère informe et ridicule : et cependant il est heureux pour le Sauvage, pour son amélioration morale, pour son perfectionnement futur, qu'il ait un fétiche.

On verra dans la suite que nous ne nous déguisons point l'abus qu'on a fait du sentiment religieux, quand on s'en est emparé, quand une classe en a voulu faire un monopole, un instrument de puissance, un objet de calcul, le privilége de quelques-uns dirigé contre tous. Mais plus nous croirons devoir flétrir, d'une réprobation rigoureuse, les atteintes portées à un sentiment si noble, plus nous devons montrer les avantages de la religion livrée à elle-même.

CHAPITRE IV.

Des idées d'une autre vie dans le culte des Sauvages.

C'est surtout en considérant avec attention les conjectures des tribus sauvages sur l'état des morts et la vie à venir, que nous démêlerons clairement la lutte du sentiment religieux et de l'intérêt.

Si, comme nous pensons l'avoir démontré, c'est toujours dans l'inconnu que la religion se place, le centre de toutes les conjectures religieuses doit être la mort : car la mort est de toutes les choses inconnues la plus imposante.

L'homme par sa nature n'est point porté à y croire. Cette idée, lors même que sa raison l'adopte, reste toujours étrangère à son instinct. Il ne conçoit de l'univers que lui, et de lui que la vie.

Plus il est près de l'état sauvage, plus son instinct est fort et sa raison faible : plus, en conséquence, son intelligence se refuse à penser que ce qui a vécu puisse mourir.

Les Nègres (1) et plusieurs peuplades de la Sibérie (2), attribuent la mort à la colere céleste ou à la magie; les Sauvages du Paraguay (3), chaque fois que l'un d'eux cesse de vivre, cherchent son ame dans les buissons, et, ne la trouvant pas, disent qu'elle s'est perdue; les Daures portent à leurs morts de la nourriture pendant plusieurs semaines : tant leur paraît extraordinaire, malgré l'expérience, le phénomène si habituel de la destruction!

Cependant la terrible conviction arrive : l'abîme sombre s'entr'ouvre, et nul regard ne peut y plonger. L'homme aussitôt remplit cet abîme par la religion. Le vide immense se peuple; les ténèbres se colorent; et la ter-

---

(1) OLDENDORP, Hist. des Missions, I, 299-301. Dobritzhoffer de Abipon. II, 240.

(2) Georgi Reise durch das Russisch. Reich. 278-312, 600.

(3) Lettr. édif. VIII, 335.

reur, si elle ne disparaît pas, se calme et s'adoucit.

C'est de l'idée de la mort que le sentiment religieux reçoit ses plus vastes et ses plus beaux développements. Si l'homme était pour jamais fixé sur cette terre, il finirait par s'identifier tellement avec elle, que la religion fuirait de son ame. Le calcul aurait trop de temps, la ruse trop d'avantages ; et l'expérience, ou triste ou prospère, viendrait pétrifier dans les cœurs toutes les émotions qui ne tiennent pas à l'égoïsme ou au succès. Mais la mort, qui interrompt ces calculs, qui rend ces succès inutiles ; la mort, qui saisit la puissance pour la précipiter dans le gouffre nue et désarmée, est une éloquente et nécessaire alliée de tous les sentiments qui nous sortent de ce monde, c'est-à-dire de tous les sentiments généreux et nobles. Même dans l'état sauvage, ce que la religion a de plus pur et de plus profond se tire de cette idée de la mort. Quand l'habitant des forêts de l'Amérique montre les ossements de ses pères et refuse de les quitter ; quand le guerrier captif brave en chantant les plus affreuses tortures, inquiet seulement, au sein de l'agonie, de faire honte aux mânes de ses ancêtres, cet héroïsme est tout entier religieux. Il se compose des souvenirs du passé, des promesses de l'avenir. Il triomphe du présent : il plane sur la vie.

Mais la dégradation que nous avons déja remarquée dans les conceptions du Sauvage sur ses dieux, vient aussi souiller ses notions d'une vie future. L'intérêt veut arranger ce monde idéal pour son usage ; l'intelligence veut le décrire ; et comme elle ne peut rien créer, comme elle ne peut que mettre en œuvre les matériaux déja existants, le monde idéal devient une copie de ce monde.

Les habitants du Paraguay pensent qu'on y est exposé à la faim, à la soif, aux intempéries des saisons, aux attaques des bêtes féroces, et que les ombres y sont divisées en pauvres et en riches, en dominateurs et en sujets (1). Les Sauvages de la Louisiane refusent de croire qu'on puisse s'y passer de nourriture (2). Les Otahitiens se flattent d'y re-

---

(1) Lettr. édif. IX, 101. Charlev. Hist. du Paraguay, II, 277, 278. Ulloa. Voy. dans l'Amér. mérid. II, 182.

(2) Voy. au Nord, V. p. 331,

trouver leurs femmes et d'en avoir de nouveaux enfants (1). Enfin, tel est le penchant de l'homme à conclure de ce qu'il est à ce qu'il sera, que les peuples de Guinée, les Groenlandais, les hordes de l'Amérique septentrio-

---

(1) Dern. voy. de Cook, II, 164, 165. La fable d'Orphée et d'Eurydice se retrouve presque mot à mot chez les Sauvages du Canada. Un père ayant perdu son fils, et ne pouvant se consoler de sa mort, résolut d'aller le chercher au pays des ames avec quelques compagnons fidèles. Ils affrontèrent beaucoup de périls et supportèrent beaucoup de fatigues. La troupe aventureuse, réduite aux plus intrépides et aux plus vigoureux, arriva enfin à sa destination. Ils furent d'abord entourés d'une foule d'ombres d'animaux de toute espèce au service de leurs aïeux. Les sapins et les cèdres, dont les branches se renouvelaient sans cesse, étaient parés d'une verdure éternelle; et le soleil, descendant deux fois par jour sur cette terre, la ranimait de sa chaleur, et l'inondait de son éclat. Mais un géant terrible, roi de cette demeure des morts, menaça d'un prompt châtiment les profanes qui avaient franchi les bornes de son empire. Le père prosterné lui redemanda son fils, en étalant à ses yeux les présents destinés à le séduire. Le géant s'adoucit, et rendit au Sauvage l'ame réclamée avec tant d'instances. Celui-ci la rapportait dans une outre auprès du corps où elle devait rentrer. Une femme, entraînée par une curiosité funeste, ouvrit l'outre fatale, et l'ame retourna dans le pays des ancêtres. LECLERCQ, Relat. de Gaspesie, p. 312.

nale, craignent pour leurs ames une seconde mort, après laquelle, disent-ils, tout est fini pour l'homme (1).

Les conjectures se diversifient suivant les climats et les situations, soit locales, soit particulières ; mais elles ne changent point de nature. Celui qui n'a pas quitté le lieu de sa naissance, montre les montagnes qui bordent l'horizon et au-delà desquelles il doit un jour habiter avec ses pères ; c'est là que, porté sur son canot, il fendra la vague agitée et lancera le javelot d'un bras assuré. Celui qui souffre arraché à son pays attend le secourable fétiche qui doit le reporter sur l'aile des vents dans cette demeure chérie (2). Il hâte de ses vœux l'heure de son supplice, pour échapper aux monstres d'Europe et retrouver ses plaisirs passés (3). Le malheureux né dans la

---

(1) Meiners Geschichte der Meinungen roher Voelker über die Natur der Seele. Gœtt. Magaz. II, 744.

(2) Simple nature to his hope has given,
Behind the cloud topt hill, an humbler heaven,
Some safer world, in depth of woods embraced
Some happier Island in the wat'ry waste.
POPE.

(3) LEVAILLANT, Prem. voy. en Afrique.

servitude n'a que des espérances plus humbles. Tout ce que l'un de ces infortunés implorait de son idole, c'était, disait-il, de n'être plus l'esclave d'un blanc (1).

L'anthropomorphisme, dont s'empreignent les idées du Sauvage, a une conséquence fâcheuse. Il écarte la morale de toutes les notions sur l'état des morts ; les tribus même qui reconnaissent une demeure de félicité, une autre de tourments, ne peuplent point la première d'hommes vertueux et la seconde de criminels ; la différence des destinées tient à des circonstances accidentelles. Les habitants des îles Mariannes, tout en admettant un lieu de peines et un lieu de bonheur, ne rattachaient point cette idée à celle de punitions et de récompenses. Ceux qui meurent d'une mort violente sont les damnés de cette mythologie ; ceux dont la mort est douce en sont les élus (2).

Mais il est à remarquer que toutes les fois que des voyageurs ou des missionnaires se

---

(1) Roemers, Nachricht von der Küste Guinea, 86-87.
(2) Gobien. Hist. des îles Mar. p. 65-68.

sont prévalus de cette distinction pour en faire la base d'une justice distributive, et ont demandé à des Sauvages si les ames coupables n'étaient pas séparées des ames innocentes, ceux-ci ont adopté cette séparation avec empressement; et bien que rien ne l'eût annoncé dans leurs récits antérieurs, elle est devenue aussitôt partie de leur croyance. On eût dit que le sentiment n'avait attendu que ce trait de lumière, et qu'il s'emparait de cette espérance, comme appartenant à son domaine.

Néanmoins, de cette imitation de la vie après le trépas, résultent pour la religion un certain abaissement et pour l'homme une inquiétude constante. Des pratiques en foule sont destinées à mettre les morts au-dessus des besoins dont la tombe même ne les garantit pas. Les vivants prennent long-temps d'avance des précautions prudentes et pourvoient à leur établissement dans le séjour qui doit tôt ou tard s'ouvrir pour eux. Le chasseur fait placer auprès de lui ses flèches, le pêcheur ses filets.

Quand un enfant groenlandais expire, on enterre avec lui le chien le plus fidèle pour qu'il le conduise vers les parents qui l'ont devancé (1). La même victime, immolée au pied de la couche des Hurons malades, doit annoncer leur arrivée aux ombres qui les attendent. Les Iroquois plaçaient autrefois auprès de chaque mort des armes pour combattre, des peaux pour se vêtir, des couleurs pour se peindre (2). Quelques-uns, par un raffinement singulier, ensevelissent avec eux leur fétiche même (3). Les Lapons font mettre encore aujourd'hui dans leurs cercueils de l'argent, des pierres et de l'amadou pour s'éclairer sur la route (4); et les insulaires de Carnicobar aux Indes regarderaient comme un larcin sacrilége, de priver celui qui a cessé de vivre, du service à venir des animaux qui lui appartenaient (5).

Qui ne reconnaît ici l'action combinée de

---

(1) Cranz, Hist. du Groënland, liv. III.

(2) Lafiteau, Mœurs des Sauv. II, 413.

(3) Culte des dieux fétiches, p. 72, trad. all.

(4) Voy. d'Acerbi. Leems, de la Rel. des Lapons.

(5) Asiat. Research. II, 344. Les Arabes avant Mahomet laissaient mourir de faim sur la tombe de leurs amis un chameau destiné à devenir leur monture. Gibbon, ch. 5o.

l'intérêt et du sentiment? Ce que le Sauvage fait pour lui-même n'est que de l'égoïsme : ce qu'il fait pour les morts qu'il a aimés est de la religion. Consolatrice dès cette époque, la religion trompe la douleur. Le père qui ensevelit avec le jeune guerrier son arc et ses javelots se le représente parcourant les forêts d'un autre monde, plein de la vigueur qui flattait naguère l'orgueil maintenant brisé du cœur paternel. Un voyageur s'étant arrêté dans une cabane, trouva deux Sauvages au désespoir de la perte d'un fils âgé de quatre ans. Le père mourut quelques jours après; aussitôt les pleurs de la mère s'arrêtèrent; elle parut calme et résignée. Interrogée par le voyageur, l'idée que son enfant en bas âge ne pourrait trouver sa subsistance dans le pays des ames avait, répondit-elle, causé ses angoisses ; maintenant que son époux était auprès de lui, elle était tranquille sur sa destinée, et n'aspirait qu'à les rejoindre (1).

Malheureusement ces opinions et les pratiques qu'elles consacrent, de consolantes qu'el-

---

(1) Carver's travels through north America.

les sont d'abord, ne tardent point à devenir cruelles. En Nigritie (1), et chez les Natchez (2), et chez les Caraïbes (3), on enterrait des esclaves avec leurs maîtres, des prisonniers avec leurs vainqueurs, des femmes même avec leurs époux. Les Jakutes n'ont renoncé que très-récemment à cet usage. Les tribus américaines tourmentent leurs captifs en l'honneur de leurs ancêtres (4); elles invoquent, pendant les tortures de ces malheureux, les mânes des héros morts en combattant (5).

Dans l'île de Bornéo, les habitants croient que ceux qu'ils tuent deviennent leurs esclaves dans l'autre vie, et cette idée multiplie à l'infini les assassinats (6). Chez toutes ces peuplades, le temps se partage en embuscades

---

(1) Iserts Reise nach Guinea, 179-180. DESMARCHAIS, Voy. en Guinée, I, 315.

(2) CHARLEVOIX, Journal, p. 421.

(3) Oldendorp Beschreib. der Caraib. I, 317. CAVAZZI, Hist. de l'Éthiop. occid. I, 396. BERNIER, II, 113.

(4) CHARLEVOIX, p. 352.

(5) CHARLEVOIX, p. 247.

(6) Chez les montagnards du nord-est du Bengale, aux funérailles d'un homme distingué, on coupe la tête à un

pour surprendre et en négociations pour acheter des victimes. Tel est le danger peu remarqué jusqu'ici d'appliquer à l'inconnu des idées connues.

Pour habiter un monde pareil au nôtre, il faut que l'ame ressemble au corps. Les Sauvages la comparent à l'ombre qui le suit sur la terre, et dont la vue a probablement contribué à leur suggérer cette comparaison (1). Plusieurs la croient d'une matière invisible et impalpable (2). Le sommeil et les rêves leur donnent l'idée qu'elle peut exister séparée de

---

buffle, et on la brûle avec le corps. Le buffle devient la propriété du mort dans la vie future. Aux funérailles d'un Bonneah ou chef, c'est la tête d'un esclave qu'on coupe et qu'on brûle; et à celles d'un chef du premier rang, ses esclaves font des incursions hors de leurs montagnes, et saisissent quelque Indou de la plaine, qu'ils immolent de la même manière. As. Res. III, 28.

(1) Chez les Patagons, l'ame est l'image transparente de l'homme vivant; et l'écho qui retentit du creux des rochers n'est autre chose que la réponse des ames quand on les appelle. Les peuples même qui pensent qu'elles passent dans les corps des animaux, se les représentent sous une figure humaine, inconséquence de l'anthropomorphisme, qui en admet bien d'autres.

(2) Meiners Gesch. der Mein. roher Vœlker ueb. die Natur der Seele. Gœtt. Mag. II, 746.

ses organes. Les Groenlandais disent qu'abandonnant alors son enveloppe grossière, elle chasse, danse ou voyage dans des lieux éloignés. Mais elle demeure toujours néanmoins dépendante de ce corps, dont les accidents et les souffrances l'atteignent. Quand il est mutilé, l'ame l'est aussi ; elle se ressent de cette mutilation par-delà le trépas, et elle en porte à jamais les traces ; aussi les Nègres redoutent-ils beaucoup moins d'être mis à mort que privés de quelques membres (1); et l'une des facultés dont se targuent le plus les Angekoks du Groenland et qui les rend particulièrement recommandables aux yeux des fidèles, consiste à guérir, ou, pour parler leur langue, à raccommoder les ames blessées.

Chose bizarre ! Cette opinion, qui nous paraît si absurde, et presqu'au dessous de l'enfance de l'état social, se reproduit à l'autre extrême de la civilisation. Lorsque les Mogols eurent conquis la Chine, ils ordonnèrent aux vaincus de se raser la tête à la manière des vainqueurs. Des Chinois en foule préférèrent

---

(1) Roemers Nachr. von der Küste Guinea, p. 42. SNELLGRAVE, Nouv. relat. de la Guinée, 218.

le dernier supplice, de peur que leurs ames, paraissant chauves devant leurs ancêtres, n'en fussent méconnues et repoussées (1).

On serait tenté de supposer que la notion de la métempsycose est incompatible avec ces idées. Mais l'homme, dans le vague où il s'agite, n'en est pas à cette contradiction près.

La métempsycose est en elle-même une conception fort naturelle. L'instinct des animaux ressemble quelquefois à la raison : et lorsqu'on reconnaît dans leurs actions les motifs qui dirigent les actions humaines, on est tenté de chercher dans leurs corps les ames qui ont disparu. Nous remarquons, en conséquence, chez presque toutes les tribus Sauvages quelques notions de métempsycose. Mais cette hypothèse ne satisfait aucun des besoins ultérieurs de l'imagination; en conséquence, dans la religion pratique, elle est ou rapide-

---

(1) Un passage de l'Évangile nous donnerait à croire que, parmi ceux des Juifs qui ne rejetaient pas l'immortalité de l'ame, plusieurs supposaient sa résurrection dans l'état du corps. « Il vaut mieux, » y est-il dit, « que tu « renaisses à la vie éternelle boiteux, borgne, ou estropié, « que si tu allais en enfer avec tous tes membres. » Évang. selon saint Marc, IX, 43; selon saint Mathieu, XVIII, 3-9.

ment délaissée, ou séparée de toutes les inférences qui en découlent. Bien que les Groenlandais y croient, et que les pauvres parmi eux s'en servent pour obtenir les bienfaits des riches (1), ils enterrent avec leurs enfants des chiens destinés à leur servir de guides. Les Iroquois, chez lesquels, par une conformité singulière, le grain qu'on enfouit dans la terre est le symbole de l'immortalité, comme dans les mystères et dans l'Évangile, et qui ensevelissent les restes de leurs parents au bord des sentiers, afin que leurs ames soient plus à portée d'animer les corps formés dans le sein des femmes grosses, n'en parlent pas moins d'un autre monde, où les morts recommencent les occupations de celui-ci (2).

Cependant le sentiment religieux, qui améliore tout ce qui tombe sous son influence, paraît se prévaloir, dès l'état sauvage, de cette notion de la métempsycose, pour y placer un mode d'épuration graduelle et un exercice de

---

(1) Quand un Groënlandais riche a perdu son fils ou sa fille, les femmes de la classe indigente cherchent à lui persuader que son ame a passé dans le corps d'un de leurs enfants, et l'engagent à en prendre soin.

(2) Mayer, Mythol. Lexicon.

la justice divine. Suivant les habitants des montagnes de Rajamahall, le corps des animaux est le séjour des ames dégradées (1), et si le vice rapproche l'homme de la brute, la vertu doit le rapprocher de la Divinité. Rien ne ressemble plus aux migrations des ames si célèbres dans la philosophie sacerdotale égyptienne et dans les mystères grecs, où cette philosophie fut transplantée.

Après avoir façonné sa demeure à venir plutôt d'après ce qu'il conçoit que d'après ce qu'il désire, le Sauvage voudrait la décorer de couleurs brillantes. Il voudrait qu'elle fût plus riche en plaisirs que son habitation sur la terre. Le Lapon, que tourmente un ciel ennemi, se commande d'espérer un climat plus doux et une meilleure espèce de rennes (2).

Cependant, malgré l'espoir qu'il s'impose, il est frappé d'une terreur invincible. En dépit de lui-même, il se peint la situation qui lui est réservée comme malheureuse.

Le spectacle des derniers moments, les an-

---

(1) Asiat. Res. IV, 32.
(2) Georgi Russ. Vœlker kunde, p. 383.

goisses et les convulsions de l'agonie répandent sur la demeure inconnue dont la route paraît si terrible, une teinte lugubre qui défie tous les efforts de l'imagination pour la dissiper.

Les ames se logent, disent les Patagons, dans le corps d'oiseaux aquatiques qu'on distingue à leur vol pénible et à leurs sifflements lamentables. Les aliments dont les morts se nourrissent, suivant les habitants du Chili, sont de saveur amère et de couleur noire. Ainsi, dans l'enfer homérique, les astres sont plus ternes et les fleurs plus sombres. C'est la conception du Sauvage, revêtue des images de la poésie.

Les rêves de l'intérêt, quels qu'ils soient, ne parlant qu'à la partie égoïste de notre nature, ne satisfont point le sentiment religieux, qui seul peut l'emporter sur la répugnance physique que l'image de la destruction inspire à tous les êtres vivants. Ce sentiment ne prend aucune part à ces paradis fantastiques qui ne s'adressent qu'aux yeux et aux sens. Mais de temps à autre brille une notion inattendue, qui ressemble à l'éclair sillonnant la nuit. L'idée d'une réunion éternelle avec le grand

Esprit apparaît quelquefois subitement parmi les vagues conjectures du Sauvage, et c'est ainsi qu'au sein de la barbarie, plane confuse encore la noble hypothèse qui doit un jour consoler Socrate; système sublime qui, nourrissant l'homme de la seule espérance propre à contenter son ame, remplit le martyr d'exultation et le mourant de confiance.

Toutefois, à l'époque où nous sommes forcés de nous arrêter, les lueurs incertaines qui frappent par intervalles les regards du Sauvage ne suffisent point pour le rassurer. Il cède aux impressions visibles, et ces impressions le découragent et l'épouvantent.

Ces morts qu'il voulait placer dans un lieu de plaisirs, il les voit errer tristement autour des habitations qu'ils ont délaissées. La faim, la soif, le froid les tourmentent, et leur souffrance habituelle leur inspire du ressentiment et de la haine contre les hommes (1). Suivant les Caraïbes, ils revêtent la forme de venimeux reptiles ou de démons malfaisants (2).

---

(1) MARINY, Nouvelles des royaumes de Tunquin et de Lao, p. 395.

(2) DUTERTRE, Hist. gén. des Antilles, II, 372. ROCHEF.

Les habitants d'Otahiti et de la Nouvelle-Hollande, les insulaires d'Amboine, pensent qu'ils se glissent dans les huttes, et s'abreuvent du sang de ceux qu'ils surprennent endormis (1). Les Tschérémisses entourent les tombeaux, afin que les morts n'en puissent sortir pour dévorer ceux qui leur survivent (2). Les Négresses de Matamba se plongent dans la mer pour noyer l'ame de leurs maris qui reviendraient s'acharner sur elles (3). Plusieurs tribus n'osent prononcer les noms funestes de ceux qui ne sont plus, et s'irritent contre le téméraire qui, en les prononçant, trouble leur sommeil (4). D'autres fendent sans bruit la surface des ondes, et pêchent en silence pour que les mânes ne s'irritent pas d'être ré-

---

Hist. nat. et mor. des Antilles, II, ch. 4. DELABORDE, Rel. des Caraïbes, Collection des voy. faits en Afrique et en Amérique, p. 15.

(1) FORSTER's, Observ. dur. a voy. round the World, 470. COLLINS', Account of New Southwales, I, 594-596.

(2) RYTSCHOW, Orenburgische Topographie.

(3) CAVAZZI, Relation historique de l'Éthiopie occidentale, I, 405.

(4) CHARLEVOIX, Journal. DUTERTRE, II, 411. ROCHEFORT, II, ch. 24. LABORDE, 37. LABAT, Voy. III, 182.

veillés (1) ; et chez les Abipons, lorsqu'une famille perd un de ses membres, elle brûle ses vêtements et ses armes, quitte sa hutte et change de nom (2).

Arrêtons-nous un instant pour réfléchir sur ces divers mouvements, incompatibles et contradictoires. D'où viennent à la fois dans l'esprit du Sauvage, quand il s'agit des morts, ce respect, cette horreur et ce calcul? Ce respect, qu'il satisfait à peine, en accumulant les commémorations, les sacrifices, les hommages de tous genres? Cette horreur qui ne se calme que par l'éloignement, la disparition, l'oubli de l'être qui n'est plus et de tout ce qui se rattache à sa mémoire? Ce calcul, enfin, qui, transportant l'égoïsme au-delà de la destruction physique, le force à se créer, dans un univers imaginaire, une habitation qu'il décore, qu'il meuble, qu'il fournit de tout ce qui lui fut agréable ou utile?

Nous ne remarquons rien de pareil chez les animaux. Le seul instinct qu'ils tiennent de

---

(1) Gobien, Hist. des îles Marian.
(2) Dobritzhoffer, Hist. des Abipons.

leur nature, les porte à chercher un lieu solitaire, où ils meurent sans témoins. Ils ne semblent avertis que d'une seule chose : c'est qu'il faut dérober au jour des dépouilles hideuses, et ne pas souiller l'air d'émanations délétères. Du reste, aucune prévoyance, aucune inquiétude de leur propre destinée après le trépas : nul souvenir, nulle commémoration de ceux qui ont vécu par ceux qui survivent. Des exceptions douteuses, produites peut-être par des habitudes que l'homme a données à quelques animaux domestiques, mais plus vraisemblablement exagérées par des observateurs dévoués à une opinion adoptée d'avance, ne changent en rien la règle générale.

L'homme, au contraire, repoussé loin des morts par l'instinct physique, se trouve attiré de nouveau près d'eux par un mouvement qui dompte cet instinct. Tout ce qui frappe ses yeux les effraie : tout ce qui arrive jusqu'à ses sens les blesse et les soulève : et néanmoins il revient sans cesse à ces objets chers et redoutés (1). Quand la hideuse décompo-

---

(1) Rien n'est plus curieux que de lire à ce sujet la

sition rend la lutte impossible, forcé de se séparer des corps, il s'attache à leurs tombes. Le guerrier les rougit de son sang ; la vierge y dépose sa jeune chevelure ; la mère les arrose de son lait ou les pare de fleurs (1). L'amitié se fait un devoir d'y descendre vivante (2).

---

description de la fête des morts chez les Hurons et les Iroquois. Après avoir décrit ce qu'a de repoussant le spectacle de ces morts déterrés ensemble tous les douze ans, et dont les uns sont des squelettes décharnés, d'autres des corps en dissolution récente, le P. Lafiteau continue ainsi : « Je ne sais ce qui doit frapper davantage,
« ou l'horreur d'un coup d'œil si révoltant, ou la tendre
« pitié et l'affection de ces pauvres peuples envers leurs
« parents décédés ; car rien au monde n'est plus digne
« d'admiration que le soin empressé avec lequel ils s'ac-
« quittent de ce triste devoir de leur tendresse, ramassant
« jusqu'aux moindres ossements, maniant ces cadavres, en
« séparant les vers, les portant sur leurs épaules pendant
« plusieurs journées de chemin, sans être rebutés du dé-
« goût qu'inspire une odeur insupportable, et sans laisser
« paraître d'autre émotion que celle du regret d'avoir
« perdu des personnes qui leur étaient et qui leur sont
« encore chères. » II, 449.

(1) Lafiteau, Mœurs des Sauvages, II, 433.

(2) Chez les Natchez, les chefs ont un certain nombre de personnes qui s'attachent volontairement à eux, et qu'on appelle leurs *dévoués*. A la mort de ces chefs, ces dévoués accompagnent le corps au lieu des obsèques ; on

L'égoïsme même, sacrifiant le présent à l'avenir, met à part ce qu'il a de meilleur pour le conserver intact au lieu d'en jouir, et pour l'emporter dans un autre monde.

Et l'on ne reconnaîtrait pas dans l'homme un être tout autre que le reste de la matière animée! Dès l'enfance de l'état social, lorsque rien encore n'est développé en lui, la mort, qui n'est pour les animaux que le signal d'une dissolution qu'ils subissent sans la prévoir, sans la craindre, sans rien pressentir par-delà ce moment, la mort occupe dans l'ame du Sauvage une place plus grande que la vie elle-même. Il ne vit, pour ainsi dire, que pour se préparer à mourir. Il n'emploie ses facultés ici-bas que pour arranger à sa manière, d'après ses désirs encore enfantins, l'invisible demeure qu'il doit habiter. On dirait un propriétaire qui s'est logé dans une cabane, pour surveiller la construction d'un palais : et cet

---

leur passe une corde autour du cou, et elles commencent une espèce de danse, durant laquelle deux hommes serrent cette corde toujours davantage, jusqu'à ce que les victimes expirent en s'efforçant encore de danser en mesure jusqu'au dernier soupir. (LAFITEAU, Mœurs des Sauvages, II, 411.

instinct n'aurait d'autres causes que les vagues imaginations d'une créature ignorante et brute! Mais qui donc suggère à cette créature brute et ignorante, et à elle seule, ces vagues imaginations ? Pourquoi lui sont-elles si profondément inhérentes, si exclusivement réservées ?

La grossièreté apparente des espérances et des craintes du Sauvage n'affaiblit point nos raisonnements. Nous avons déja expliqué comment le sentiment religieux, source première de tous les cultes, n'est cependant point la seule faculté de l'homme qui contribue à leur ordonnance. Ici, comme partout, on aperçoit la trace des diverses impulsions qui se partagent cet être à la fois égoïste, raisonneur et moral. A la logique, aride qu'elle est toujours, et bien peu éclairée qu'elle est encore, appartient tout ce qui est anthropomorphisme, à l'intérêt tout ce qui est calcul, au sentiment tout ce qui est émotion. La raison, guidée par l'analogie et trompée par elle, porte dans le séjour des morts l'imitation de la vie. L'intérêt, combinant ses calculs d'après cette imitation, suggère au maître l'exigeance barbare qui dicte les sacrifices de captifs ou d'esclaves, à l'époux l'affection cruelle qui entraîne son épouse dans sa fosse ou sur son bûcher, au chasseur ou au guerrier le désir moins féroce, mais non moins absurde, d'emporter avec lui son arc et ses flèches, sa lance ou sa massue. Le sentiment enfin, combattant tour à tour, contre une intelligence bornée et contre un intérêt ignoble, relève la religion de ces flétrissures. Les regrets et les hommages qu'il consacre aux morts ennoblissent les conceptions religieuses. Il s'empare des images étroites de l'anthropomorphisme, mais il les épure. Tantôt il enseigne le désintéressement et dompte l'avarice (1). Tantôt il s'égare dans la métemp-

---

(1) « Tous les travaux, toutes les sueurs, tout le commerce des Sauvages se rapportent presque uniquement à faire honneur aux morts. Ils n'ont rien d'assez précieux pour cet effet. Ils prodiguent alors les robes de castor, leur blé, leurs haches, leur porcelaine, en telle quantité qu'on croirait qu'ils n'en font aucun cas, quoique ce soient toutes les richesses du pays. On les voit souvent nus pendant les rigueurs de l'hiver, tandis qu'ils ont dans leurs caisses des fourrures et des étoffes qu'ils destinent aux devoirs funéraires, chacun se faisant un point d'honneur ou de religion d'être, dans ces occasions, libéral jusqu'à la prodigalité. » LAFITEAU, Mœurs des Sauvages, II, 414.

sycose, et il y a quelque chose d'affectueux et de tendre dans cet effort du Sauvage, plaignant l'ame qui souffre, séparée du corps, et s'efforçant d'en retrouver un pour cette ame souffrante. D'autres fois, il profite de la notion grossière qui rabaisse le monde futur au niveau de ce monde, pour y placer l'abnégation de soi et le sacrifice. Enfin, en dirigeant vers la Divinité la prière du regret qu'il empreint d'espérance, il purifie les notions vulgaires sur l'essence de cette divinité protectrice, et soulevant, pour ainsi dire, la forme matérielle, l'anime d'un esprit où déja l'on peut reconnaître quelque chose de divin.

CHAPITRE V.

Des erreurs dans lesquelles sont tombés plusieurs écrivains, faute d'avoir remarqué la lutte du sentiment religieux contre sa forme à cette époque de la religion.

Cette lutte du sentiment religieux contre sa forme, dans le culte des hordes sauvages, entraîne des contradictions qui ont donné lieu à beaucoup d'erreurs.

Tantôt, de ce que le Sauvage, indépendamment du fétiche qu'il regarde comme son protecteur habituel, reconnaît un grand Esprit, un dieu invisible, auquel il attribue volontiers la création et même la direction générale de cet univers, on en a conclu qu'un théisme pur avait, dès l'origine, été la religion des tribus sauvages.

Les théologiens du XVIIe siècle, et ceux des historiens du XVIIIe qui ne s'étaient pas enrôlés ouvertement sous les étendards de la philosophie, se sont imposé l'adoption de cette hypothèse, comme un devoir sacré.

En vain tous les monuments, tous les récits, toutes les annales de l'antiquité se réunissaient pour attester le polythéisme de tous les peuples, à la première époque constatée de leur histoire : les écrivains modernes écartaient ce concert de témoignages avec une aisance et une légèreté admirables.

Quand on leur demandait d'où était venu le polythéisme, puisque le théisme seul était la religion naturelle, « Le culte s'est corrompu », disaient-ils, « les hommes se sont lassés de le « voir si simple. » Mais quelle cause subite avait produit cette lassitude ? « C'est qu'il est « difficile », répondaient-ils, « de concevoir « qu'un moteur unique imprime à l'universa- « lité des êtres tant d'impulsions contradic- « toires. » Mais la difficulté n'a pas dû être moindre quand les hommes étaient plus grossiers, et s'ils n'ont pu rester à la hauteur du théisme, ils ont pu moins encore y arriver dès leurs premiers pas. On répliquait à cela « que le polythéisme avait été l'effet du pen- « chant de l'homme à l'adoration de ce qui

« frappe ses sens (1). » Mais ce penchant existait de tout temps chez tous les hommes : comment se fait-il qu'ils aient cessé de le combattre précisément quand leur raison plus développée leur fournissait plus de moyens d'y résister ?

---

(1) V. MALLET, Introduction à l'Histoire du Danemarck, p. 71-72. Nous citons cet ouvrage comme nous pourrions en citer bien d'autres. Les mêmes raisonnements fautifs et vicieux se glissent partout, et les écrivains les plus graves se sont livrés sur cette matière aux suppositions les plus romanesques. Suivant Court de Gébelin, « les hommes du monde primitif ne sont point ces êtres méprisables ou stupides qui ne vivaient que d'eau et de glands... et prenaient pour des divinités les pierres et les animaux les plus vils... S'ils méconnaissaient les discussions métaphysiques, s'ils n'avaient ni le temps ni le goût nécessaire pour s'y livrer, si la connaissance exacte des vérités les plus importantes leur rendait inutile toute discussion à cet égard, ils n'en admettaient pas moins une création et un seul maître de l'univers... Long-temps toutes les familles se réunirent ainsi dans le sein de la joie, de la paix, de la vérité, de la vertu. Insensiblement les sages disparurent; les idées sublimes se brouillèrent, s'affaiblirent; les hymnes ne furent plus entendus. Les générations moins éclairées se souvinrent qu'on se rassemblait, et elles continuèrent de le faire; qu'on exaltait les lieux sacrés, et elles les exaltèrent; mais elles crurent qu'on les exaltait pour eux. Elles crurent y voir une vertu

On n'en répétait pas moins l'opinion accréditée, et la priorité du théisme avait acquis,

---

divine, et, bornant leurs idées grossières aux objets extérieurs, l'idolâtrie, la superstition prirent la place de la vérité rayonnante. Ainsi on honora les fontaines, les montagnes, les hauts lieux, ou les bocages, Mars ou le soleil, Diane ou la lune. On ne vit plus que la créature, où tout aurait dû annoncer le créateur. » Nous le demandons à tout homme de bon sens : comment les premiers hommes qui n'avaient ni le temps ni le goût de se livrer à des discussions métaphysiques, sont-ils arrivés à la notion métaphysique d'un seul maître de l'univers ? D'où leur est venue cette connaissance exacte des vérités les plus importantes, qui les dispensait de toute autre recherche ? Remarquez que ce n'est point d'une manifestation surnaturelle de ces vérités que l'auteur entend parler ; car il nous montre des familles vivant long-temps dans la joie, la paix, la vérité, la vertu. Il s'écarte donc des traditions sacrées, et ne peut les invoquer en faveur de son système. Il n'admet rien de miraculeux dans la manière dont ces vérités sont parvenues à l'homme, et alors nous sommes bien en droit de lui demander comment l'homme les a découvertes ? Les a-t-il reçues des Sages qui ont disparu ? D'où sortaient ces Sages ? qui les avait éclairés ? par quel hasard étaient-ils seuls au-dessus de leur siècle ? qui leur avait donné ce privilége ? Pourquoi enfin ont-ils disparu ? Quand l'homme saisit une vérité, il est dans sa nature de la considérer sous toutes ses faces, de la suivre dans ses conséquences, de s'éclairer sur ce qu'il ignore, en partant de ce qu'il sait.

pour ainsi dire, force de chose jugée, lorsqu'un petit nombre d'esprits plus méditatifs

---

D'où vient que *les hommes du monde primitif* ont suivi la route opposée ? Étrange hypothèse ! Ils ont eu des Sages avant qu'aucune expérience leur eût fait connaître le monde qu'ils habitaient, les lois de ce monde, l'enchaînement des causes et des effets, enfin quand ils étaient dénués de tout moyen d'acquérir les notions les plus simples ; et lorsque les expériences se sont accumulées, les Sages se sont retirés. La vérité rayonnante s'est éclipsée, au moment où de toutes parts croissait la lumière ; et le culte qu'on trouve trop abject pour l'homme ignorant, est devenu la religion unique des nations civilisées. C'est néanmoins ainsi qu'on a raisonné pendant cent ans. C'est ainsi qu'on s'est enivré de paroles, et qu'on a consacré à des édifices bâtis sur le sable un temps précieux et des recherches d'ailleurs laborieuses. Si nous avions besoin de réfuter sérieusement de pareilles chimères, nous nous servirions d'une comparaison que l'auteur même emploie dans l'un des morceaux que nous venons de citer. « Les arts », dit-il, « sont fondés sur « des principes qui échappent à celui qui les exécute en « simple manœuvre et par routine, et sans lesquels on « ne serait jamais parvenu à les perfectionner. » Sans doute, mais le simple manœuvre a précédé l'artiste. La pratique a existé avant que les principes fussent découverts. On a construit les huttes avant les maisons, et dire que le polythéisme n'est qu'une dégénération du théisme, c'est dire que les cabanes sont une dégénération des palais.

et moins disposés à se repaître de phrases sonores, démontrèrent la futilité d'un semblable système ; mais, comme il arrive toujours dans les temps de partis philosophiques ou politiques, ils traversèrent la vérité pour se précipiter aveuglément dans des erreurs nouvelles.

La régularité admirable de cet univers ne saurait, dirent-ils, frapper des intelligences encore dans l'enfance, auxquelles rien ne révèle cette régularité. L'ordre paraît à l'homme ignorant une chose simple. Il n'en recherche point la cause. Ce qui captive son attention, ce sont les convulsions, les bouleversements. L'harmonie des sphères ne dit rien à l'imagination du Sauvage. Mais il prête l'oreille à la foudre qui gronde, ou à l'ouragan qui ébranle la forêt. La science, dans ses méditations sur les forces invisibles, s'occupe de la fixité des règles. L'ignorance est captivée tout entière par le désordre des exceptions.

Or, ces exceptions suggèrent à l'esprit des notions toutes contraires à l'unité d'un dieu. Des forces divisées semblent se combattre dans les cieux et sur la terre. La destinée des hommes est exposée à mille influences inattendues et contradictoires, et l'on est tenté d'attribuer à des effets différents des causes différentes (1).

Jusque-là tout était vrai dans ces raisonnements : mais aussitôt les philosophes en inférèrent que le genre humain n'avait adoré primitivement que des cailloux, des animaux et des branches d'arbres, et ne les avait adorés que par intérêt et par peur. Voir l'homme prosterné devant ces divinités abjectes, était un triomphe pour des incrédules; et nos oreilles, fatiguées durant un siècle d'amplifications dévotes sur la pureté du théisme primitif, et de pieuses lamentations sur sa dégradation déplorable, n'ont pas été moins importunées pendant soixante ans, par des déclamations également monotones et aussi peu fondées sur le fétichisme, dont la conception absurde et honteuse était, disait-on, la source de toutes les idées religieuses.

L'erreur n'était pas moins palpable dans un sens que dans l'autre. S'il est certain que l'homme ignorant ne peut s'élever jusqu'au théisme, il l'est également, qu'il y a, même

---

(1) Hume, Natur. Hist. of Relig.

dans le fétichisme, un mouvement qui est fort au-dessus de l'adoration des simples fétiches. Le Sauvage qui les invoque, les considère bien comme des êtres plus forts que lui : sous ce rapport, ce sont des dieux ; mais lorsqu'il les punit, les brise ou les brûle, ce sont des ennemis qu'il maltraite, ce ne sont plus des dieux qu'il adore. Le grand Esprit, au contraire, le manitou prototype, n'est point exposé à ces vicissitudes de culte et d'outrage. C'est dans cette notion que le Sauvage concentre ses idées de perfection. Il s'en occupe moins, il n'y pense que par intervalles. L'intérêt du moment l'en détourne ou l'en distrait sans cesse. Peut-être même un instinct sourd l'avertit qu'il ne doit pas faire intervenir dans le conflit vulgaire de passions brutales l'être qu'il respecte (1). Mais il y revient toutes les

---

(1) Cette idée paraîtra bien subtile pour des Sauvages. Il est certain cependant que toutes les fois qu'on leur demande s'ils rendent au grand Esprit un culte habituel, ils répondent qu'il est trop au-dessus d'eux et n'a pas besoin de leurs hommages. Il est à remarquer aussi que lorsqu'ils sollicitent des puissances invisibles une assistance ou une indulgence peu conformes aux règles de la justice,

fois que des émotions profondes ou des affections tendres l'agitent.

On peut donc envisager le culte des Sauvages sous deux points de vue, suivant qu'on s'attache à ce qui vient du sentiment, ou à ce qui est l'œuvre de l'intérêt. Le sentiment éloigne l'objet de son culte pour mieux l'adorer : l'intérêt le rapproche pour mieux s'en servir.

De là, d'une part, une certaine tendance vers le théisme, tendance qui doit demeurer long-temps stérile, parce que la divinité ainsi conçue est trop subtile pour une intelligence naissante. De là, d'une autre part, des notions grossières qui ne peuvent tarder à être insuffisantes, parce qu'elles sont trop matérielles pour qu'une intelligence qui se développe ne soit pas forcée à les rejeter.

N'apercevoir dans la croyance des hordes

---

ils ne s'adressent point au grand Esprit, mais à leurs fétiches. Louis XI, dans la prière que nous avons rapportée, invoquait Notre-Dame de Cléry ; il espérait corrompre la sainte : il n'osait élever jusqu'à Dieu même ses moyens de corruption.

ignorantes que le fétichisme, c'est méconnaître les élans de l'ame et les premiers essais de l'esprit. Y voir le théisme pur, c'est devancer les progrès du genre humain, et faire honneur à l'homme encore brut des découvertes difficiles et tardives d'une raison long-temps exercée.

CHAPITRE VI.

De l'influence des prêtres dans l'état sauvage.

Aussitôt que l'homme a conçu l'idée d'êtres supérieurs à lui avec lesquels il a des moyens de communication, il doit supposer que ces moyens ne sont pas tous également infaillibles. Il lui importe de distinguer entre leurs degrés d'efficacité. S'il n'espère pas découvrir les meilleurs et les plus sûrs par ses propres efforts, il s'adresse naturellement à ceux de ses semblables qu'il croit éclairés par plus d'expérience, ou qui se proclament possesseurs de plus de lumières. Il cherche autour de lui ces mortels privilégiés, favoris, confidents, organes des dieux; et, dès qu'il les cherche, il les trouve.

De là chez les Sauvages, la classe d'hommes que les Tartares appellent schammans; les Lapons, noaïds; les Samoyèdes, tadiles, et que les voyageurs désignent plus habituellement sous le nom générique de jongleurs.

Ce germe, encore informe, de l'ordre sacerdotal, n'est point un effet de la fraude, de l'ambition ou de l'imposture, comme on l'a souvent répété. Il est inséparable de la religion même. Ce ne sont point les prêtres qui se constituent ; ils sont constitués par la force des choses.

Mais à peine le Sauvage s'est-il créé des prêtres, que ces prêtres tendent à former un corps (1). Il ne faut point les en accuser, cela aussi est dans la nature.

---

(1) V. Sur les associations des prêtres dans l'Amérique septentrionale et méridionale, Carver Travels through north America, p. 272. CHARLEVOIX, Journal. DU-TERTRE, Hist. génér. des Antilles, II, 367, 368. BIET, voy. dans la France équinoctiale, IV, p. 386, 387. LAFITEAU, Mœurs des Sauvages, p. 336-344. Chez beaucoup de hordes nègres, il y a un ordre de prêtres ou une école sacerdotale, désignée sous le nom de Belli. Il faut en être membre, pour exercer des fonctions quelconques. (Hit. gén. de l'Asie, de l'Afrique et de l'Amérique. IV, 651.) M. Court de Gébelin a été frappé de l'analogie des initiations établies pour être admis dans cet ordre, avec celles qui se pratiquaient chez les Phéniciens. (Monde primitif, tome VIII.)

Donnez à un certain nombre d'hommes un intérêt distinct de l'intérêt général : ces hommes unis entre eux par un lien particulier, seront par-là même séparés de tout ce qui n'est pas leur corporation, leur caste. Ils regarderont comme un acte légitime et méritoire de faire tout plier sous l'influence de cette caste. Rassemblez-les autour d'un drapeau, vous aurez des soldats ; autour d'un autel, vous aurez des prêtres.

Les jongleurs des Sauvages travaillent donc à se renfermer dans une enceinte impénétrable au vulgaire. Ils ne sont pas moins jaloux de tout ce qui tient à leurs fonctions sacrées que les druïdes de la Gaule ou les brames de l'Inde. Ils s'irritent contre quiconque va sur leurs brisées sans avoir obtenu leur consentement. Ils imposent aux candidats qui sollicitent leur admission dans la corporation privilégiée, des épreuves et un noviciat (1). Le noviciat dure plusieurs années. Les épreuves sont longues, douloureuses et bizarres. Des

---

(1) Les noaïds des Lapons sont instruits méthodiquement dans leur art ou leur métier. Voy. d'Acerbi.

jeûnes, des macérations, des flagellations, des souffrances, des veilles, sont, dès cette époque, les moyens en usage pour se rapprocher des puissances invisibles (1). L'esprit sombre et lugubre des hiérophantes et des mystagogues dirige déja les jongleurs (2).

Lorsque, dédaignant ce sévère apprentissage, des profanes se déclarent prêtres de leur propre autorité, ce titre leur est refusé par leurs rivaux : c'est magiciens qu'on les appelle, et leurs prestiges, dont la réalité n'est pas ré-

---

(1) Voy. au Nord, V, p. 12. A la Guyane, l'apprentissage durait dix ans, et le jeûne, c'est-à-dire une diminution de nourriture poussée aussi loin que la force humaine pouvait le supporter, se prolongeait une année. Ce jeûne était accompagné de tortures de tout genre. (LAFITEAU, Mœurs des Sauv. I, 330. BIET. IV, ch. 12.) Chez les Abipons, celui qui voulait devenir prêtre se soumettait à une privation absolue d'aliments pendant plusieurs jours. (DOBRIZHOFFER, Hist. des Abipons, II, 515, 516.) Pour être admis dans l'ordre du Belli, dont nous avons parlé ci-dessus, le récipiendaire se laissait découper le col et les épaules et enlever des lambeaux de chair.

(2) Cet instinct est le même partout. Rien de plus semblable à l'admission des candidats à la prêtrise chez les montagnards des Indes, que celle des jongleurs. (ASIAT. RES. IV, 40-46.)

voquée en doute, sont attribués à des communications coupables avec des génies ennemis des hommes.

On aperçoit ici, bien qu'obscurément encore, une distinction qui, par la suite, deviendra d'une extrême importance, la distinction entre la magie et la religion.

A proprement parler, la magie n'est que la religion séparée du sentiment religieux, et réduite aux notions que l'intérêt seul suggère. Tous les caractères que l'intérêt prête à la religion se reproduisent dans la magie. La force plus qu'humaine, les secours obtenus de cette force vénale par les invocations et les sacrifices, indépendamment de la morale, et quelquefois en opposition avec ses préceptes, en un mot, l'emploi des puissances inconnues, en faveur des passions et des désirs de l'homme, voilà ce que cherche en tout pays la dévotion égoïste, et voilà ce qu'en tout pays les sorciers promettent.

Les prêtres des hordes sauvages qui ne promettent que les mêmes choses par les mêmes moyens, se distinguent pourtant des sorciers. C'est que la rivalité qui s'élève de prêtre à prêtre les force à chercher des accusations contre leurs adversaires, et qu'il faut que ces accusations ne soient pas de nature à saper la base du pouvoir sacerdotal.

Celles qui s'appuient sur l'existence des dieux malfaisants, dont nous avons vu plus haut l'origine, réunissent merveilleusement ce double avantage, car elles fortifient la croyance au lieu de l'ébranler : elles créent deux empires surnaturels, qui s'établissent en face l'un de l'autre, se combattant avec les mêmes armes, trouvant pour appuis les mêmes espérances et les mêmes terreurs, et se renvoyant avec un égal acharnement et des probabilités à peu près pareilles la réprobation et les anathèmes.

Les bûchers s'allument donc pour dévorer les sorciers, les flots s'entr'ouvrent pour les engloutir, aux applaudissements des hordes iroquoises (1) ou indiennes (2), comme autre-

---

(1) Lafiteau, Mœurs des Sauv. I, 390-393.

(2) Les sorciers sont également punis de mort chez les Sauvages des montagnes de Rajamahall dans l'Inde. Mais ils peuvent racheter leur vie du consentement de la famille de l'ensorcelé. Asiat. Res. IV, 63. Au Congo, il suffit qu'un prêtre désigne quelqu'un pour sorcier : il est aussitôt tué par les assistants. Dans le royaume d'Issini, ils sont condamnés à être noyés.

fois à la grande satisfaction de la populace non moins stupide de Paris ou de Madrid.

Ce n'est que lorsque les progrès de la raison ont décrédité la magie, que les prêtres se résignent à ne voir dans les magiciens que des imposteurs, et ils retardent ces progrès le plus qu'ils le peuvent. Durant combien de siècles n'a-t-on pas dû croire aux sortiléges sous peine d'impiété (1) !

---

(1) On peut remarquer encore dans nos missionnaires une grande répugnance à nier le surnaturel des opérations des jongleurs. « Plusieurs de nos Français », dit le P. Le« clercq, « ont cru un peu trop facilement que ces jon« gleries n'étaient que des bagatelles et un jeu d'enfant.....
« Il est vrai que je n'ai pu y découvrir aucun pacte ex« plicite ou implicite entre les jongleurs et le démon;
« mais je ne puis me persuader aussi que le diable ne
« domine dans leurs tromperies... Car enfin il est difficile
« de croire qu'un jongleur fasse naturellement paraître
« les arbres tout en feu, qui brûlent visiblement sans se
« consumer, et donne le coup de la mort aux Sauvages,
« fussent-ils éloignés de quarante à cinquante lieues, lors« qu'il enfonce son couteau ou son épée dans la terre, et
« qu'il en tire l'un ou l'autre tout plein de sang, disant
« qu'un tel est mort, qui effectivement meurt et expire
« dans le même moment qu'il prononce la sentence de
« mort contre lui... et qu'avec le petit arc dont ils se ser« vent, ils blessent et tuent quelquefois les enfants dans

Nous reviendrons plus tard sur cette matière. Nous montrerons les ministres des cultes déchus proscrits comme magiciens, et les dieux de ces cultes décriés comme génies malfaisants. Les objets de la dévotion légitime du

---

« le sein de leurs mères, quand ils décochent leurs flèches « dessus la simple figure de ces petits innocents qu'ils « crayonnent tout exprès. » Leclercq, Relat. de la Gaspésie, p. 332, 335. La même conviction de l'intervention surnaturelle du diable aux initiations des devins caraïbes, perce dans le récit de ces initiations par Lafiteau. Mœurs des Sauvages, p. 348, et il se montre plein d'indignation contre ceux qui révoqueraient cette intervention en doute. « C'est une industrie des athées », dit-« il, p. 374, « et un effet de cet esprit d'irréligion qui « fait aujourd'hui des progrès si sensibles dans le monde, « d'avoir détruit en quelque sorte dans l'idée de ceux « mêmes qui se piquent d'avoir de la religion, qu'il se « trouve des hommes qui aient commerce avec les démons par la voie des enchantements et de la magie. « On a attaché à cette opinion une certaine faiblesse d'es-« prit à la croire... Pour établir cependant cet esprit d'in-« crédulité, il faut que ces prétendus esprits forts veuil-« lent s'aveugler au milieu de la lumière, qu'ils renver-« sent l'ancien et le nouveau Testament, qu'ils contredi-« sent toute l'antiquité, l'histoire sacrée et la profane. » *Ibid.* p. 374. Il raconte ensuite plusieurs faits qui lui semblent prouver le pouvoir surnaturel ou infernal des jongleurs.

Saxon se transformeront en habitants des enfers dans les Capitulaires de Charlemagne, et les prières du pontife de Rome au Jupiter très-grand et très-bon seront pour les chrétiens des paroles coupables, empreintes d'un pouvoir illicite et ténébreux. Mais nous devons nous borner ici à une indication courte. La différence entre les deux notions n'est pas assez marquée, la ligne tracée entre les deux professions est trop étroite, pour que le Sauvage y prête une attention sérieuse (1). Le succès décide, plus que la légalité du caractère, du degré de respect et de confiance. Les jongleurs malheureux dans leurs prestiges sont traités comme les sorciers, dont naguère ils réclamaient le supplice (2). Les chefs nègres ou caraïbes les font mettre à mort indistinc-

---

(1) La distinction entre les prêtres et les sorciers est si peu prononcée à cette époque de la religion, que suivant quelques montagnards de l'Inde, les ames de leurs demaunos ou prêtres deviennent de mauvais génies. (As. Res. IV, 71.)

(2) CRANZ. 274. OLDENDORP, Hist. des missions chez les Caraïbes, I, 303. Il est remarquable que ce sont presque toujours des femmes et de vieilles femmes qu'on accuse de sorcellerie. KEYSLER. Antiq. sept. 456.

tement, dès qu'ils sont soupçonnés d'imposture ou convaincus d'impuissance (1).

Prêtres ou magiciens, sorciers ou jongleurs, ont les mêmes fonctions. Leurs opérations mystérieuses concilient au Sauvage la protection de son fétiche, ou le préservent des embûches que des fétiches ennemis lui tendent. S'il est mécontent de son dieu, les jongleurs lui en recommandent ou lui en fabriquent un autre (2). Quand les prières sont insuffisantes, la violence est admise, et les schammans, comme les mages, se vantent de pouvoir contraindre les immortels (3).

Ils procèdent de nuit à ces opérations, avec des hurlements et des contorsions terribles (4),

---

(1) Sparrman, Voyage au cap de Bonne-Espérance, 196-198. Un roi des Patagons fit massacrer tous les prêtres qu'on put trouver, parce qu'aucun d'eux n'était parvenu à mettre un terme à la petite vérole. (Falkner, Description of Patagonia, p. 117.)

(2) Des Marchais. E. c. 296. Charlevoix et Lettres édif. passim. Georgi, p. 384.

(3) Cranz, 265-268. Cauche, Rel. de l'île de Madagascar.

(4) On peut consulter sur les convulsions sacerdotales

qu'accompagne le bruit des tambours (1), dans des lieux écartés, à la clarté d'un feu qui ne répand qu'une lueur sombre (2). Ils ne négligent aucun moyen d'inspirer l'effroi, leurs déguisements laissent à peine reconnaître la figure humaine (3). Tantôt ils marchent sur

---

des schammans, Lévêque, Excurs. sur le schammanisme, pag. 298-304. Ces convulsions sont tellement violentes et effroyables, que les Européens ne conçoivent pas qu'on puisse les supporter. (Gmélin, Reise durch Sibirien. II, 353. Charlev. Journ. 361, 362. Leri, Voy. au Brés. 242-267-298. Carver. 271. Georgi. Beschr. 320-377, 378. Isbrand. Voy. au Nord, VIII, 56, 57. Roemer, 57. Bossmann, Voy. en Guin. 260.) Les demaunos, ou prêtres, chez les montagnards de l'Inde, sucent le sang des victimes et tombent, ou affectent de tomber dans le délire. Asiat. Res. IV, 69.

(1) Georg. *ib.* 378. Gmél. I, 289; II, 49.

(2) Cranz, 268. Biet. 387.

(3) Voici le portrait d'un jongleur américain, tracé d'après nature par un missionnaire, d'une époque assez peu reculée : « Le jongleur était entièrement couvert d'une
« ou de plusieurs peaux d'ours extrêmement noires, et si
« bien cousues ensemble qu'elles cachaient entièrement
« l'homme; la tête de l'ours ainsi que les pieds et leurs
« longues griffes, avaient la même apparence que s'ils
« avaient appartenu à l'un de ces animaux vivants. Il avait
« mis sur cette tête une énorme paire de cornes; une

des charbons ardents (1), tantôt ils s'enfoncent des épées dans le corps (2). L'approche du dieu qu'ils invoquent s'annonce avec un bruit semblable au vent d'orage, et il est probable que, par un art qui sert en Europe à nos amusements, ils font entendre à leurs auditeurs la voix du fétiche invisible qui répond à leurs demandes (3).

Leurs invocations, rédigées dans un langage inintelligible aux assistants, entourent le monopole sacerdotal d'un secret inviolable. La

---

« queue extrêmement touffue lui pendait par derrière, et
« elle faisait, lorsqu'il marchait, des mouvements comme
« si elle eût été à ressorts. Lorsqu'il marchait à quatre
« pattes, on l'eût pris pour un ours d'une taille extraor-
« dinaire, sans les cornes et la queue. Il avait coupé dans
« la peau des trous pour pouvoir, au besoin, se servir de
« ses mains; mais on ne pouvait les voir, parce qu'elles
« étaient recouvertes par les longs poils de l'animal, et il
« voyait à travers deux autres trous, auxquels il avait
« adapté des morceaux de verre. » HECKEVELDER, p. 373.

(1) GMELIN, II, 87.
(2) *Idem*, III, 72.
(3) Lorsque les angekoks annoncent l'arrivée du dieu, on entend un bruit sourd qui grossit en se r'approchant du lieu de la cérémonie, puis deux voix distinctes, celle de l'angekok et celle du fétiche, à distance l'une de l'autre. CRANZ, 268.

I.

Nigritie et le Groenland ont comme l'Égypte leurs hiéroglyphes et comme l'Inde leur langue sacrée (1).

Les jongleurs tirent adroitement avantage de tout ce qui sort des règles communes, parce que tout ce qui sort des règles communes frappe le Sauvage de surprise et de crainte. L'imbécillité et la démence obtiennent ses hommages. Les cheveux des albinos servent de talismans aux Nègres de Loango (2). Les insulaires de la mer du Sud adorent les insensés (3). Leurs prêtres se prévalent de cette disposition naturelle. L'épilepsie devient pour

---

(1) ROEMER, Nachricht. von der Küste Guinea, 80. CRANZ, Hist. du Groenland, pag. 273. EGEDE, Reschr. v. Groënland, pag. 122.

(2) PROIART. 172. ULLOA, Voy. dans l'Amér. mér. II, 171.

(3) Dernier Voy. de Cook, II, 11; III, 131. On voit des vestiges de cette opinion chez les Turcs, les Persans et les Arabes. Le penchant à supposer qu'il y a quelque chose de surnaturel dans le délire ou le dérangement de l'intelligence, n'est pas aussi étranger à la philosophie qu'on le croirait d'abord. *Aristoteles*, dit Cicéron (*de Divin. l. 37*), *eos qui valetudinis vitio furerent et melancholici dicerentur, censebat habere aliquid in animis præsagium atque divinum.*

eux une faculté et un privilége. C'est sur cette maladie, qui se perpétue dans les familles, qu'ils fondent leurs prétentions à l'hérédité, ou qu'ils motivent la reception des novices (1).

Trois choses surtout favorisent leur pouvoir : la crainte ou le souvenir des bouleversements de la nature, la surprise qu'inspirent les rêves à l'homme ignorant, et son désir ardent, son espoir chimérique de connaître l'avenir.

Toutes les parties de notre globe ont, à différentes époques, éprouvé de violentes secousses. Partout la terre porte l'empreinte des déchirements qui tant de fois ont interrompu le grand ouvrage de la civilisation. Nous habitons sur des volcans, nous marchons sur des abymes; la mer nous entoure et nous menace. Pendant que chaque jour la mort choisit à loisir ses victimes au milieu de nous, la nature impatiente prépare silentieusement des destructions plus vastes, et dans son travail implacable, comme inaperçu, elle voit

---

(1) Georgi Beschreib. 376. Les angekoks choisissent pour élèves des enfants épileptiques. Cranz, 268-270.

en mépris nos espérances hardies, nos accumulations précaires et la suite de nos vains efforts. Elle peut en effet, d'un seul mouvement, par une inclinaison du globe, étouffer l'avenir, en effaçant le passé.

Le sentiment religieux aime à se plonger dans la contemplation de ces grandes catastrophes, soit que, fort de sa nature immortelle, il se plaise à planer sur les débris du monde, et à braver une destruction qui ne peut l'atteindre, soit qu'il voie, avec un plaisir secret, le renversement de tous les obstacles qui le séparent de l'Être infini et le signal de sa réunion avec cet être, vers lequel il s'élève, bien qu'enchaîné par la matière morte et rebelle qui l'enveloppe et le circonscrit de toutes parts. Même aujourd'hui que toutes nos habitudes nous détournent des méditations vagues et nous proposent pour but de la vie l'intérêt du jour, nous restons silencieux et absorbés, lorsque nous apprenons de nos physiciens modernes à reconnaître, dans les couches accumulées de ce globe, les dépouilles de mille générations anéanties qui semblent appeler la nôtre et lui tracer la route qu'elle suivra. Le Sauvage, condamné tour à tour à une série d'efforts qui l'épuisent, et à de longs intervalles d'une inaction forcée, durant laquelle son errante imagination succombe à l'ennui, tandis que son corps lutte tour à tour contre les privations ou contre les excès de l'intempérance, médite dans sa hutte et à sa manière, non sur ce qu'il sait, mais sur ce qu'il craint. Chez toutes les hordes, on rencontre des traditions relatives à l'anéantissement du monde (1). Les dieux bienfaisants retardent avec peine ce moment affreux. A qui s'adressera le Sauvage, pour encourager ses protecteurs et pour désarmer ses ennemis, si ce n'est au jongleur, dont les prières sont efficaces et dont la voix terrible peut contraindre après avoir supplié? Quand les astres se voilent, quand des éclipses disputent à la lune sa pâle lumière, les hordes, réunies sur la cime des montagnes ou les rives des mers, accompagnent de leurs cris les cris de leurs prêtres, et les cérémonies

---

(1) Relation d'un voyage en Sibérie, par M. Chappe d'Autroche.

lugubres, communes à tous les peuples (1), ne sont que les terreurs du Sauvage, soumises à un ordre régulier et réduites en système par le sacerdoce.

Les rêves n'ont pas sur lui une moindre influence.

L'habitude nous familiarise avec les phénomènes les plus étonnants; et pour peu que l'inexplicable se prolonge, il nous paraît simple. Les songes, ces bizarres parodies de la réalité, ces images fantastiques de la vie, qu'elles traversent en y laissant quelquefois un trouble que notre raison devenue sévère a pourtant peine à dissiper, doivent produire sur les peuples enfants une impression dont il nous est impossible de calculer aujourd'hui toute la profondeur. Les Sauvages de l'Amérique et de la Sibérie n'entreprennent aucune expédition, ne font aucun échange, ne s'engagent par aucun traité, qu'ils n'y soient encouragés par des rêves (2). Ces rêves leur tiennent

---

(1) BOULANGER, Antiquité dévoilée par ses usages.

(2) HENNEPIN, Voy. au Nord, IXe vol.

lieu d'inspirations, de directions et de prophéties (1). Ce qu'ils ont de plus précieux, ce qu'ils défendraient volontiers au prix de leur vie, ils l'abandonnent sur la foi d'un songe. Les femmes kamtschadales se livrent sans résistance à qui dit les avoir possédées dans son sommeil (2). Un Iroquois rêve qu'on

---

(1) Voy. au Nord, *ibid.* 275.

(2) Il en est de même en Amérique. « Un ancien missionnaire m'a conté », dit Lafiteau, Mœurs des Sauvages, I, 365, « qu'un Sauvage ayant rêvé que le bonheur « de sa vie était attaché à la possession d'une femme mariée « à l'un des plus considérables du village où il demeurait, « il lui proposa de la lui céder. Le mari et la femme vi- « vaient dans une grande union, et s'entr'aimaient beau- « coup; cependant ils n'osèrent refuser. Ils se séparèrent « donc. La femme prit un nouvel engagement; et le mari « abandonné ayant été prié de se pourvoir ailleurs, il le « fit, par complaisance et pour ôter tout soupçon qu'il « pensât encore à sa première épouse. Il la reprit néan- « moins après la mort de celui qui les avait désunis, la- « quelle arriva peu de temps après. » Un Sauvage, ayant rêvé qu'il était fait prisonnier par les ennemis, voulut que ses amis réalisassent le songe, en le surprenant comme un ennemi et en le traitant comme un esclave, et il se laissa brûler long-temps pour éluder la prédiction d'un songe si funeste. *Ibid.* 366. Le respect pour les songes a porté plusieurs tribus américaines à célébrer en leur honneur

lui coupe un bras, et il se le coupe (1). Un autre qu'il tue son ami, et il le tue (2). Des tribus entières se mettent en marche pour conquérir ce dont un de leurs membres a rêvé la conquête (3). On conçoit aisément quelle puissance cette conviction doit conférer aux interprètes des avertissements célestes.

Enfin une dernière cause de l'empire de ces hommes, c'est le besoin de lire dans l'avenir.

On a remarqué plus d'une fois que l'ignorance des évènements qui nous menacent était le plus grand bienfait que nous dussions à la nature. Le passé rend déjà la vie suffisamment difficile à supporter. Nul n'est parvenu jusqu'au tiers de sa carrière sans avoir à gémir sur des liens brisés, sur des illusions détruites, sur des espérances déçues. Que serait-ce, si, le cœur flétri de ces souvenirs funèbres, l'homme était poursuivi d'une déplorable prévoyance;

---

une fête qui ressemble, sous quelques rapports, aux Saturnales des anciens et au carnaval des modernes. *Ib.* 367.

(1) Charlev. Journ. 354

(2) *Ibid*.

(3) *Ib.* 355.

si, près des tombeaux de ceux qui ne sont plus, il voyait en idée s'entr'ouvrir la fosse qui doit engloutir ce qui lui reste ; si, blessé par l'ingratitude d'un ami perfide, il reconnaissait d'avance le traître dans l'ami qui l'a remplacé? Le présent, fugitif, imperceptible, serait placé de la sorte entre deux épouvantables fantômes. L'instant qui n'est plus et celui qui n'est pas encore se réuniraient pour empoisonner le moment qui existe. Mais l'homme échappe au passé, parce qu'il l'oublie, et croit posséder l'avenir, parce qu'il l'ignore.

Sans cesse néanmoins, il travaille à se priver de cette ignorance salutaire. Aussitôt qu'il croit pouvoir faire servir la religion à son intérêt, il lui demande des moyens de percer l'obscurité bienfaisante qui l'entoure ; et moins ses lumières sont étendues et ses expériences multipliées, plus les promesses qu'il extorque à la religion sont formelles et positives. La connaissance des choses futures est donc au premier rang des attributions qui font le crédit des jongleurs sauvages. La superstition les sollicite, l'ignorance les implore ; et s'ils avouaient leur impuissance, ils abdiqueraient leur autorité.

Pour la conserver, ils obéisssent à ces importunités de la superstition et de l'ignorance : et leurs révélations manquent d'autant moins le but qu'ils se proposent qu'ils les rattachent aux deux choses qui inspirent aux hommes le plus d'épouvante, à l'apparition des génies malfaisants, et au retour sur la terre des générations qui l'ont quittée. Ce sont les Nitos ou puissances ennemies que les jongleurs consultent dans l'île d'Amboine. Ce sont les morts qu'ils évoquent chez les Iroquois, ces morts dont le Sauvage se garantit avec tant de soin, ces mânes qu'il imagine transformés en monstres acharnés, en vampires avides. Le Huron crédule entend les ombres de ses ancêtres répondre en gémissant. Le Caraïbe et le Nègre voient leurs cheveux s'agiter au fond du vase qui les renferme, et d'où sortent des sons prophétiques (1).

---

(1) Cavazzi, Relat. hist. de l'Éthiopie occidentale, II, 222-234. Dobrizhoffer, Hist. des Abipons, II, 84. Au reste, cette crédulité des Sauvages ne doit pas nous paraître surprenante. Les Espagnols eux-mêmes assurent avoir assisté aux apparitions des ombres évoquées. *Hispani complures persuasissimum sibi habent manes spectabiles fieri.* Dobrizhoffer, *ibid.*

D'autres époques de la religion nous rappelleront ces notions lugubres. Ulysse, qui veut percer l'obscurité du sort, descend aux enfers pour y consulter sa mère (1). L'homme a toujours conclu, de ce que les morts appartiennent au passé, que l'avenir leur appartenait; ou plutôt c'est parce qu'au fond de son ame il doute de la mort, qu'il interroge obstinément ceux qu'elle a frappés.

Ministres de ces cérémonies redoutables, les jongleurs partagent ou feignent de partager l'effroi qu'elles causent. Ils se défendent de troubler la paix des ombres. Ils craignent que ces ombres irritées ne se vengent de ce qu'on interrompt leur éternel repos. Ils craignent aussi que les dieux dépositaires de la destinée ne punissent le téméraire qui veut leur ravir ses secrets. Il n'est pas indifférent d'observer que, dans tous les cultes, l'acte de prophétiser est un acte pénible (2). Cette idée

---

(1) Odyss. XI.

(2) On n'a qu'à se rappeler pour preuve Protée, dans l'Odyssée; la Sibylle et Silène, dans Virgile; Élie et la Pythonisse, dans l'ancien Testament. Les contorsions de la

doit probablement son origine à ce qu'en effet, lorsque l'imagination reçoit une de ces commotions violentes qui semblent l'élever au-dessus de sa sphère habituelle, cette commotion est accompagnée de douleur et de spasme. Mais travaillant dans cette occasion, comme dans toutes, sur les données de la nature, les jongleurs en ont habilement profité pour rehausser le prix de leur dévouement. Aujourd'hui encore, ceux qui s'arrogent le don de prédire affectent des terreurs profondes. C'est à regret, comme affrontant d'immenses dangers, qu'ils se résignent à dévoiler ce que le sort prépare.

Pythie étaient parfaitement pareilles à celles des jongleurs. Mém. de l'Ac. des Inscript. XXXV, 112. La terreur de l'action du dieu sur elle était si forte, qu'elle essayait quelquefois de s'y dérober. *Veritam se credere Phœbo.* PHARSALE, *liv.* V.

CHAPITRE VII.

Conséquences de l'influence des jongleurs sur le culte des Sauvages.

L'apparition d'un sacerdoce, dans le culte des Sauvages, est accompagnée, on le croira sans peine, de conséquences très-importantes.

Nous avons peint l'homme combattu, pour tout ce qui tient à la religion, par deux mouvements contraires.

L'un, désintéressé, se nourrit des sacrifices mêmes qu'il s'impose, se complaît dans le dévouement et dans toutes les conceptions hautes et sublimes, répand sur ces conceptions une sorte de rêverie vague, et, dans son essor rapide et inattendu, met quelquefois la croyance de la horde la plus ignorante de pair avec la doctrine la plus épurée.

L'autre mouvement, égoïste, ardent, mercenaire, travestit le sacrifice en trafic, n'admet que des notions positives, et précipite l'adoration dans la sphère étroite et orageuse des intérêts de la terre.

C'est de celui-ci que les jongleurs doivent s'appliquer d'abord à se rendre maîtres. Leur autorité s'accroît de tout l'appui qu'ils prêtent aux notions suggérées par l'intérêt. Ils tournent donc, le plus exclusivement qu'ils le peuvent, vers cette portion de la religion, l'attention du Sauvage. Ils le distraisent de l'idée du grand Esprit, qui, dans son immensité et son éloignement de la race humaine, est trop au-dessus des supplications journalières et des besoins de chaque moment. Ils concentrent les vœux des hordes qui les écoutent, dans leurs relations matérielles avec les fétiches, puissances subalternes, plus au niveau de l'homme, et qui appartiennent au plus offrant. Ils les confirment dans la supposition que les dieux font de leurs faveurs un objet de commerce, et qu'on s'assure leur protection en rassasiant leur faim vorace, ou en flattant leur vanité ombrageuse. Ils s'étendent, avec une exagération calculée, sur l'avidité, la méchanceté de ces idoles. Les récits des Nègres sur leur dieu Nanni (1), et des Kamtschadales sur leur dieu Koutko (2), donnent l'idée d'une perversité plus capricieuse que les fictions de l'Iliade.

La route dans laquelle les jongleurs guident ainsi leur dociles disciples, semble préparer la victoire infaillible de l'égoïsme sur le sentiment. La résignation dans la souffrance est un effort plus difficile et plus rare que la ferveur dans la dévotion. Le culte qui flatte les désirs immédiats convient mieux à l'exigeance de la passion que l'adoration, qui est inapplicable aux détails de la vie.

Mais, après avoir profité de la sorte de la portion grossière des notions religieuses, le sacerdoce s'aperçoit bientôt qu'il peut tirer plus d'avantage encore de leur partie enthousiaste et exaltée.

Nous avons parlé de la tendance de l'homme à raffiner sur les sacrifices.

---

(1) Roemer, Nachricht von Guinea, pag. 43 et suiv.

(2) Steller, Description du Kamtschatka, pag. 253 et suiv.

Autant les effets de cette tendance sont admirables, quand le sentiment est livré à lui-même, autant ils peuvent devenir terribles quand l'imposture et le calcul s'en font un instrument.

De ce que le sacrifice, pour être agréable aux dieux, doit être pénible à celui qui l'offre, il s'ensuit qu'on invente à chaque instant de nouveaux sacrifices, toujours plus pénibles et par là plus méritoires. De ce que les dieux se plaisent aux privations de leurs adorateurs, il en résulte qu'on multiplie le nombre et qu'on raffine sur la nature de ces privations. L'homme se précipite dans une série sans terme d'exagérations, d'erreurs, d'extravagances et de barbaries, exercées par lui tour à tour et sur les autres et sur lui-même. La superstition désorientée s'effraie de ses propres espérances, et veut les expier par des douleurs ou des cruautés nouvelles.

Les sacrifices humains ont eu, sans doute, plus d'une cause.

La consécration d'une portion des dépouilles enlevées aux ennemis dans une victoire, s'est étendue sur les captifs, dont le vainqueur a cru devoir immoler un nombre proportionné à celui que le sort des armes mettait sous sa puissance (1).

Nous avons vu la supposition que la vie future ressemble à cette vie, faire enterrer dans les mêmes tombeaux, ou brûler sur les mêmes bûchers, les morts et leurs esclaves ou leurs concubines.

Les chefs des hordes ont pensé quelquefois qu'en égorgeant d'autres hommes, ils retarderaient le terme fixé par la nature à leur propre destinée, ou que ces victimes leur serviraient, près des forces invisibles, de messagers, organes de leurs hommages et de leurs prières.

Enfin la soif d'arracher à l'avenir les secrets qu'il recèle, et que les dieux ont caché peut-être dans les entrailles humaines, a porté la curiosité féroce à fouiller dans ces entrailles d'une main sanglante.

Ces causes diverses ont introduit les sacrifices humains chez un grand nombre de tribus sauvages.

Mais le principe du raffinement dans le sa-

---

(1) Proiart, Hist. de Loango.

crifice a dû favoriser particulièrement la pratique de ces rites exécrables. L'effusion du sang humain est devenue l'offrande la plus précieuse, parce que la vie est aux yeux de l'homme ce qu'il y a de plus précieux; et parmi ces horribles offrandes, les plus méritoires ont dû être celles qui frappaient les victimes les plus chères. Rien n'est plus terrible que la logique dans l'absurdité (1).

C'est d'après ce principe que nous retrouvons chez les habitants de la Floride et sur les côtes d'Afrique (2), cette abnégation des

---

(1) Cette théorie du raffinement dans le sacrifice tourne quelquefois au détriment des prêtres qui en font usage. Les Burattes, dans les dangers pressants, sacrifient des prêtres : ils pensent qu'une victime de cette importance doit être d'une plus grande efficacité.

(2) Dans plusieurs contrées de l'Afrique, et dans les îles de la mer du Sud, on immole des enfants dont les mères sont contraintes d'assister au sacrifice. (SNELLGRAVE, Relig. of. Guinea. Introd. Cook, dernier voy. I, 351; II, 39-43-203). Voy. aussi Lindeman, Gesch. der Meyn. III, 115. Dans l'île de Célèbes, les pères tuent leurs enfants de leurs propres mains. En Floride, la mère de la victime se place en face du billot fatal, couvrant son visage de ses mains, et déplorant son sort. LAFITEAU, Mœurs des Sauvages, I, 181.

liens du sang, ces enfants immolés en présence de leurs mères; coutumes effroyables, que notre enfance avait pris l'habitude d'admirer dans l'obéissance d'Abraham, et qui nous révoltent chez des hordes que nous ne sommes pas façonnés à respecter.

Il est si vrai que ces pratiques sont l'effet du calcul et de l'autorité des jongleurs, que moins une horde leur est asservie, moins on y rencontre ces rites barbares, et qu'alors ce sont les devins qui les réclament comme une condition indispensable pour la révélation des choses futures (1). Nous remarquerons, de plus, quand nous traiterons des peuples entrés dans la civilisation, que les sacrifices humains tombent toujours en désuétude parmi ceux de ces peuples qui ne sont pas subjugués par les prêtres, et qu'ils se perpétuent chez toutes les nations qui sont courbées sous leur joug.

Il en est de même de cette notion de chasteté que nous avons vue l'emportant dans le cœur du Sauvage, sur ses penchants les plus impérieux. Non-seulement, comme nous l'a-

---

(1) Parallèle des religions, tom. I.

vons déja observé, le sacerdoce se prévaut de cette notion pour recommander des abstinences cruelles et exagérées, mais il exige bientôt une abnégation d'un genre contraire et bien plus étrange.

Dans le royaume de Juidah, les prêtresses enlèvent les filles des familles les plus distinguées, et après des épreuves rigoureuses, les instruisent dans tous les arts de la volupté et les vouent au métier de courtisanes (1). Chez d'autres Nègres une corporation de prêtres, ou une confrérie religieuse (2), compose des hymnes obscènes qui sont chantés en public aux fêtes solennelles avec d'indécentes attitudes.

Ainsi nous pouvons apercevoir, en remontant jusqu'à l'état sauvage, le motif caché de la prostitution des Babyloniennes, et des danses immodestes des femmes de Memphis, faits

---

(1) Culte des dieux fétiches. LINDEMANN, Geschichte der Meyn, etc.

(1) Le Belli, dont nous avons parlé plus haut. L'hymne qui est ainsi chanté s'appelle le Belli-dong.

niés beaucoup trop légèrement par des écrivains qui en ignoraient la cause (1).

---

(1) M. de Voltaire est, de tous nos écrivains, celui qui a combattu le plus obstinément les récits des anciens, relativement aux fêtes licencieuses, et à la prostitution des Babyloniennes. Il y trouvait l'avantage de rendre ridicule un homme beaucoup moins spirituel que lui, sans doute, et que son irascibilité lui avait fait ranger parmi les ennemis de la philosophie, parce que cet homme avait eu le malheur de contredire ses narrations, quelquefois partiales, et ses assertions un peu hasardées. Mais on ne conçoit pas comment M. de Voltaire, qui avait plus étudié que personne les effets de la superstition, et qui en connaissait toute la puissance, s'est obstiné à considérer comme inadmissibles des égarements que tous les historiens de l'antiquité attestent, et qui certes n'étaient pas plus incroyables que beaucoup d'autres très-constatés. N'avons-nous pas vu, dans des sectes chrétiennes, la promiscuité des femmes, la nudité, les attouchements immodestes, les pratiques les plus obscènes érigées en devoirs religieux? Était-il plus difficile d'imposer à l'époux le sacrifice de la pudeur d'une épouse, que de forcer le père à poignarder son fils, ou à précipiter sa fille au milieu des flammes? Un temps viendra sans doute où les auto-da-fés nous paraîtront aussi impossibles que les rites licencieux. Un temps viendra où nul ne voudra croire que les rois des nations civilisées aient assisté en pompe au supplice épouvantable d'enfants, de femmes et de vieillards, et qu'une reine ait pensé plaire au ciel en crevant un œil à son con-

L'homme dès sa première enfance a cru ne faire jamais assez pour honorer ses dieux. La nature l'invitait au plaisir, il a sacrifié le plaisir pour leur plaire ; la nature lui prescrivait la

---

fesseur qu'on menait au bûcher. Cependant à moins de contester ce qu'une génération peu antérieure à la nôtre a vu de ses yeux, il faudra bien admettre ces horreurs qu'on aura le bonheur de ne plus comprendre. M. de Voltaire, dans toutes ses recherches, sur les temps reculés et les peuples lointains, semble avoir pensé que les hommes étant les mêmes dans toutes les époques et dans tous les pays, ce que la bonne compagnie ne pouvait faire à Paris, elle n'avait pu le faire à Hiéropolis ou à Ecbatane. Ce principe, propre à satisfaire un esprit rapide, impatient de trancher toutes les questions, ne saurait, quand on l'applique dans un sens absolu, conduire qu'à l'erreur. Il faut sans doute adopter pour base des opinions et des actions humaines, les penchants et les dispositions qui appartiennent à notre nature : mais la connaissance de ces dispositions et de ces penchants doit nous conduire à la découverte des causes, à l'explication des motifs, et nullement à la négation des faits, lorsque d'ailleurs ils sont attestés par des autorités respectables. Il est impossible d'assigner des bornes aux extravagances et aux opprobres dans lesquels la superstition entraîne les peuples, et, si combattre avec des épigrammes des témoignages unanimes et irrécusables est une bonne manière d'avoir du succès dans un temps de légèreté et d'ignorance, c'est une manière de raisonner déplorable, et la plus vicieuse de toutes pour arriver à la vérité.

pudeur, il leur a offert la pudeur en holocauste. Mais c'est au sacerdoce qu'appartient ce dernier raffinement. Il a découvert dans la lutte qui s'élevait entre le sentiment intérieur et des pratiques obscènes le sujet d'un triomphe nouveau pour la religion, triomphe en sens inverse de celui qu'elle avait remporté sur l'attrait des sexes : et après avoir interdit à la jeune vierge les chastes embrassements d'un époux, il l'a traînée devant ses divinités hideuses pour la profaner et la flétrir.

Cette vérité deviendra évidente, quand nous montrerons dans les religions soumises aux prêtres et dans ces religions seules (1), les fêtes les plus scandaleuses autorisées ou même ordonnées, et le sacerdoce punissant d'un côté par d'affreux supplices la moindre déviation des préceptes de la continence, et d'une autre part frappant d'anathême la répugnance aux

---

(1) Si quelqu'un était tenté de nous opposer les fêtes mystérieuses de la Grèce et de Rome, nous le prierions de suspendre ses objections jusqu'à notre exposé de la composition des cultes sacerdotaux, comparés à la religion grecque et romaine. Nous n'avançons rien sans preuve: mais nous ne pouvons pas tout dire à la fois.

obscénités prescrites et aux orgies commandées (1).

Ce n'est donc point le sentiment religieux qu'il faut accuser de ces déviations déplorables. Susceptible, sans doute, de s'égarer, comme toutes les émotions de notre ame, il trouve dans ces émotions mêmes un remède assuré contre ses égarements. La pureté, la pitié, la sympathie, cette vertu céleste que dans la langue religieuse on a nommée charité, et qui n'est que l'impossibilité de voir la douleur sans la secourir, sont ses inséparables compagnes. Il est forcé par leur nature commune d'abjurer bientôt les pratiques féroces ou licencieuses qui souillent son berceau;

---

(1) En indiquant ici cette cause morale des cérémonies licencieuses, partie essentielle des cultes de l'Égypte, de l'Inde, de la Phénicie et de la Syrie, nous sommes loin d'exclure les explications scientifiques et cosmogoniques. Mais ces explications, qui se rattachent à des systèmes de philosophie sacerdotale, ne pourront être examinées que plus tard. Il est naturel de reconnaître dans les jongleurs le même calcul que dans les corporations de prêtres, qui occupèrent leur place, puisque l'intérêt de ces corporations était le même que celui des jongleurs; mais il serait absurde de leur attribuer la même science ou les mêmes erreurs sous les dehors de la science.

et nous fournirons, dans le cours de notre ouvrage, de nombreuses et incontestables preuves qu'elles ne se prolongent qu'à la faveur d'une autorité qui n'a rien de commun avec le sentiment religieux.

Cette autorité terrible, implacable, enregistre les folies humaines, travestit le délire en doctrine, l'épouvante en système, la barbarie en devoir.

Alors apparaissent les résultats funestes qu'on a si souvent attribués à la religion. Elle se complique de mille pratiques cruelles et ridicules. Les dieux, féroces de caractère, sont hideux de forme : le sentiment travaille à les embellir : le sacerdoce les maintient horribles, et le succès de ses tentatives lègue leur figure repoussante à des époques plus civilisées (1).

A de telles idoles il faut de sanguinaires offrandes, des rites révoltants, d'effroyables holocaustes.

Cette désastreuse influence des combinaisons sacerdotales traverse les siècles. Si dans

---

(1) On verra que tandis que les dieux de la Grèce s'élevèrent à une beauté idéale, ceux de l'Égypte et de l'Inde restèrent toujours monstrueux.

les croyances les plus épurées, nous prenions à la lettre les épithètes qui accompagnent le plus souvent la mention des forces ou des volontés divines, nous penserions que l'homme trouve un plaisir étrange à trembler devant les êtres odieux et barbares auxquels il soumet sa destinée. Tous les maux dont l'espèce humaine est accablée, il en voit l'origine dans la malfaisance de ces persécuteurs acharnés. Tantôt ils sèment les maladies, déchaînent les tempêtes, soulèvent les flots, arment le soleil d'ardeurs dévorantes, ou l'hiver d'insupportables frimas : tantôt conspirant contre le monde qu'ils ont créé, ils brûlent de l'anéantir. Ils l'ébranlent dans ses fondements ; la lune et les astres sont menacés par des monstres (1); l'abyme est prêt à s'entr'ouvrir: ainsi devient plus terrible ce dogme de la destruction de l'univers, dont nous avons parlé ci-dessus, et qui, sous les formes imposantes d'une cosmogonie ténébreuse, occupera bientôt dans les doctrines des prêtres une place éminente.

Ces considérations paraissent bien propres

---

(1) LAFITEAU, Mœurs des Sauvages, I, 101.

à nous faire considérer l'existence des jongleurs comme un fléau pour les hordes sauvages. Mais quelques réflexions doivent nous engager à ne pas prononcer légèrement sur cette question.

En premier lieu, l'influence de la caste sacerdotale dans l'état sauvage est assez bornée, en dépit des efforts de cette caste. Le fétiche du Nègre ou le manitou de l'Américain sont des êtres portatifs et disponibles, compagnons fidèles de leurs expéditions de chasse ou de guerre, alliés de leurs haines, confidents de leurs amours. L'adorateur peut non-seulement consulter lui-même son idole dans toutes les circonstances; il peut, ainsi que nous l'avons vu, la quitter pour une autre, ou la punir, quand elle s'est jouée de ses espérances.

Cette légèreté, dans ses relations avec son dieu, lui inspire assez peu de vénération pour ses ministres, et la facilité qu'il rencontre à faire avec ce dieu son traité directement, lui rend souvent l'intervention étrangère importune ou superflue.

Dans toute l'Amérique septentrionale, les jongleurs se bornent à indiquer les sacrifices destinés à plaire aux dieux : et les pères de famille ou les plus considérables de chaque cabane président de droit à la cérémonie (1). Il en est de même chez les Tschérémisses et plusieurs tribus voisines ou dépendantes de la Russie (2). Aussi les jongleurs, quoi qu'ils fassent, n'ont qu'un crédit accidentel et précaire. Ils ne sont guère moins ignorants que le reste de la tribu qu'ils gouvernent : associés par l'esprit de corps, mais rivaux pour le profit de chaque heure, ils se décrient encore plus souvent qu'ils ne se concertent (3). Malgré leur résistance, des aventuriers sans

---

(1) CHARLEVOIX, Journ. p. 364.

(2) RYTSCHOWS, Journ. pag. 92, 93. GMELIN, II, 359, 360. Tous les Daures (tribus de Nègres) se prétendent devins. Dans le royaume d'Issini, sur la côte d'Ivoire, il n'y a qu'un seul prêtre, nommé Osnon, qui n'est consulté que par le roi. Les particuliers choisissent quelque devin, auquel ils s'adressent, et qu'ils changent à leur gré.

(3) Lorsque dans quelque danger pressant ou dans quelque expédition importante, un Sauvage réunit plusieurs jongleurs, qui apportent chacun leurs fétiches, la discorde se glisse d'ordinaire parmi eux, et la conférence se termine par des querelles et des voies de fait. DOBRIZHOFF, Hist. des Abipons, II, 84. DUTERTRE, Hist. gén. des Antilles, II, 368.

mission ceignent aussi la tiare et marchent leurs émules (1). Leur métier n'est au fond qu'un moyen douteux de gain personnel, diminué par la concurrence (2). Leur autorité est à la merci d'une opinion variable et flottante. Créatures de cette opinion, ils parviennent rarement à s'en rendre les maîtres (3).

Secondement, les inconvénients très-réels et

---

(1) Chez les Lapons, les Américains, les Kamtschadales, quiconque voit son génie lui apparaître devient prêtre. Charlevoix, Journ. p. 364. Chez les montagnards de Rajamahall, c'est le maungy ou chef politique, qui officie dans les rites religieux. (Asiat. res. IV. 41.)

(2) Les schammans de la Sibérie sont si mal payés, qu'ils sont obligés de se nourrir de leur propre chasse ou de leur propre pêche.

(3) En établissant que le pouvoir des prêtres est ordinairement très-borné chez les hordes sauvages, nous ne prétendons point contester qu'il n'y ait à cette règle des exceptions qui méritent d'être expliquées. Ainsi dans le royaume de Juidah, en Nigritie, les offrandes au fétiche national, qui est un grand serpent, sont remises entre les mains des prêtres, qui ont seuls le droit d'entrer dans le temple, et qui forment une corporation héréditaire, égale en pouvoir au roi de cette horde. (Culte des dieux fétiches, pag. 31.) Mais c'est dans le livre suivant, consacré à rechercher les causes de l'autorité illimitée du sacerdoce en plusieurs pays, que nous aurons à nous occuper des exceptions.

très-graves de l'influence des jongleurs ne forment qu'un côté de la question.

Pour l'embrasser dans toute son étendue, il faut considérer que moins un peuple est éclairé, plus le sacerdoce est inséparable de la religion. Il ne s'agit donc point de déplorer un mal inévitable : il faut rechercher si ce mal excède le bien dont il est une conséquence nécessaire.

Vaudrait-il mieux que le Sauvage n'eût aucune notion religieuse, et fut, à cette condition, affranchi de ses jongleurs ? Il aurait alors beaucoup moins de sacrifices humains, de privations volontaires, de rites effrayants et de macérations douloureuses : mais il n'aurait aussi ni sanction pour sa morale naissante, ni espérance d'une autre vie, ni toutes ces consolations qui allégent le poids de son existence misérable. Il ne serait qu'un animal féroce, plus malheureux que les autres animaux féroces, ses pareils et ses rivaux. Lisez le tableau que nous a tracé des tribus américaines un voyageur connu par son exactitude et son talent d'observation (1) : voyez ces hor-

---

(1) Volney, Voy. aux États-Unis.

des tourmentées par la souffrance physique, par le besoin toujours renaissant, par la perspective de l'abandon en cas de blessures incurables, de maladies ou de vieillesse, et terminant fréquemment par le suicide cette agonie prolongée. L'homme, jeté dans un tel abyme, peut-il payer trop cher l'espoir qui le ranime? Ses communications avec des dieux qu'il croit secourables, ses rêves sur l'existence future, son occupation des morts qu'il se flatte de retrouver, les émotions que la religion lui cause, les devoirs qu'elle lui crée, sont pour lui d'inestimables trésors. Il déplace la réalité dont le poids l'accable. Il la transporte dans le monde dont son imagination dispose, et ses travaux, ses douleurs, le froid qui le glace, la faim qui le dévore, la fatigue qui brise ses membres, ne sont que le roulis du vaisseau qui le porte sur une autre rive. L'action des jongleurs le trouble sans doute, même dans ses consolations religieuses; mais pour se soustraire à cette action fâcheuse, il faudrait qu'il renonçât à ces consolations. Mieux vaut qu'il les possède imparfaites et troublées.

D'ailleurs est-il bien sûr que ces jongleurs ne fassent que du mal?

Sans eux, des peuplades entières périraient d'engourdissement et de misère (1). Ils les réveillent de leur apathie et les forcent à l'activité. Les hordes chez lesquelles il n'y a point de prêtres sont de toutes les plus abruties (2). Les jongleurs, ignorants ou artificieux, trompeurs ou stupides, conservent pourtant quelques traditions médicinales, dont une partie est surement salutaire (3). Ils font un devoir au Sauvage paresseux de ses entreprises de chasse ou de pêche. Ils lui en font un des plaisirs de l'amour, auxquels certains climats le rendraient presque insensible (4). Ils l'en-

---

(1) Roger Curtis, Nachricht von Labrador, in Forster und Sprengel, Beytræge zur Vœlker kunde, I, 103. Herder Ideen, II, 110.

(2) Les Peschereys, à l'extrémité de l'Amérique méridionale, n'ont point de prêtres, à ce que les voyageurs nous assurent. Herder, I, 65. Aussi sont-ce les plus reculés et les moins intelligents des Sauvages. Herder, *ibid.* 237.

(3) V. Heckewelder, Mœurs des Indiens, c. 29 et 31.

(4) Herder, Ideen. Ceci n'est point en contradiction avec ce que nous avons dit plus haut des privations que le sacerdoce impose. Ces privations ne sauraient être qu'une exception à la règle : sans cela la société périrait, ce qui n'est pas de l'intérêt des jongleurs.

tretiennent dans des rêves qui ne sont pas sans quelque douceur. Ils répandent du charme sur une vie déplorable et déshéritée par la nature. Sachons-leur quelque gré d'embellir à leur manière des plages sombres, âpres et stériles, et de placer l'espoir par-delà les montagnes ou sur l'autre rive des mers dont ils habitent les bords glacés.

Le mal n'est jamais dans ce qui existe naturellement, mais dans ce qu'on prolonge ou dans ce qu'on rétablit par la ruse ou la force. Le véritable bien, c'est la proportion. La nature la maintient toujours quand on laisse la nature libre. Toute disproportion est pernicieuse. Ce qui est usé, ce qui est hâtif est également funeste. Des institutions beaucoup moins grossières que le sacerdoce des jongleurs, peuvent causer beaucoup plus de maux, lorsqu'elles sont en disparate avec les idées qui ont reçu du progrès des esprits leur inévitable développement.

Quand nous aurons à comparer l'action des jongleurs avec celle des corporations sacerdotales si vantées par des écrivains qui se répètent et se copient depuis tant de siècles, nous serons étonnés peut-être de voir la préférence demeurer aux premiers. Ces corporations retardent l'espèce humaine dans tous ses progrès : les jongleurs la poussent à leur insu vers une civilisation imparfaite. On voit en eux un peu de fraude et beaucoup de superstition : on verra plus tard dans les autres tout au plus un peu de superstition, et certainement beaucoup de fraude.

CHAPITRE VIII.

Pourquoi nous avons cru devoir décrire en détail le culte des Sauvages.

Les détails dans lesquels nous sommes entrés, en traitant de la religion des hordes sauvages, étaient d'autant plus indispensables que dans cette religion sont contenus les germes de toutes les notions qui composent les croyances postérieures.

Cette vérité doit avoir déja frappé nos lecteurs, pour peu qu'ils nous aient accordé quelque attention.

Non-seulement l'adoration d'objets matériels, multipliés jusqu'à l'infini, mais des aperçus imprévus du plus pur théisme, la division en deux substances, et, pour ainsi dire, le pressentiment de la spiritualité ;

Non-seulement l'idée naturelle que les dieux se plaisent aux sacrifices, mais le besoin de raffiner sur ces sacrifices, et les victimes humaines, et les enfants atteints du fer paternel, et le mérite du célibat, et le prix mystérieux de la virginité, et la sainteté des tortures volontaires, et la décence immolée sur les autels ;

Non-seulement la crainte des dieux malfaisants, mais la classification des divinités en deux catégories armées sans cesse l'une contre l'autre, et la distinction des pratiques religieuses en cérémonies licites et en rites pervers ;

Non-seulement l'espoir d'une vie nouvelle après le trépas, mais des abstractions sur l'état des ames et sur leur réunion à l'Être infini ;

Non-seulement la métempsycose, mais avec elle les migrations et les purifications des ames ;

Toutes les choses, enfin, que nous verrons plus développées, rédigées en termes plus clairs, revêtues d'images plus sublimes, parées de couleurs plus cohérentes, chez les peuples civilisés, l'instinct du Sauvage les devine, les saisit, les agite en tout sens, s'efforce de les ranger dans un ordre tel que le conçoit ou le pressent son intelligence : car nos mépris superbes ont beaucoup trop circonscrit les bornes de cette intelligence. Que l'homme soit sauvage ou policé, il a la même nature, les mêmes facultés primitives, la même tendance à les employer. Les mêmes notions doivent donc s'offrir à lui, seulement moins subtiles ; les mêmes besoins, les mêmes désirs doivent le diriger dans ses conjectures : mais détourné par la lutte qu'il soutient contre un monde physique non encore dompté et contre un état moral dépourvu de garanties, il ne saurait persévérer dans une route uniforme et régulière ; et ses conjectures naissent et s'évaporent, comme les nuages dans les cieux que traverse l'aquilon rapide, ou comme les fantômes de nos rêves, quand notre raison nous abandonne à notre imagination vagabonde.

Cependant, aucune ne disparaît sans laisser de traces ; des époques plus avancées les recueillent, les élaborent, leur donnent de la régularité et de la consistance.

Il était donc de notre sujet de les décrire avec quelque exactitude ; elles servent de base à nos recherches ultérieures. Nous verrons de quelle manière l'esprit humain travaille sur ces données, comment il les épure, lorsqu'il est livré à lui-même et indépendant de toute influence étrangère, comment alors les plus grossières s'effacent et les plus raisonnables se combinent et se coordonnent, et comment au contraire, lorsqu'il est réduit en servitude, les plus raisonnables se corrompent et se dénaturent, tandis que les plus grossières se conservent dans toute leur absurdité primitive.

FIN DU PREMIER VOLUME.

TABLE

DES CHAPITRES DU PREMIER VOLUME.

Préface........................... Page   v

LIVRE PREMIER.

Chapitre Ier. Du sentiment religieux........   1
Chapitre II. De la nécessité de distinguer le sentiment religieux des formes religieuses, pour concevoir la marche des religions............................   39
Chapitre III. Que l'effet moral des mythologies prouve la distinction que nous voulons établir....................   64
Chapitre IV. Que cette distinction explique pourquoi plusieurs formes religieuses paraissent ennemies de la liberté, tandis que le sentiment religieux lui est toujours favorable....................   84
Chapitre V. Que le triomphe des croyances naissantes sur les croyances anciennes, est une preuve de la différence qui existe entre le sentiment religieux et les formes religieuses................   95
Chapitre VI. De la manière dont on a jusqu'ici envisagé les religions...........   101
Chapitre VII. Plan de notre ouvrage.......   141

CHAPITRE VIII. Des questions qui seraient une partie nécessaire d'une histoire de la religion, et qui sont néanmoins étrangères à nos recherches.............. 152

CHAPITRE IX. Des précautions que la nature de nos recherches nous oblige de prendre... 164

LIVRE DEUXIÈME.

De la forme la plus grossière que les idées religieuses puissent revêtir.

CHAPITRE Ier. Méthode que nous suivrons dans ce livre.. 220

CHAPITRE II. De la forme que le sentiment religieux revêt chez les Sauvages......... 222

CHAPITRE III. Efforts du sentiment religieux pour s'élever au-dessus de cette forme... 268

CHAPITRE IV. Des idées d'une autre vie dans le culte des Sauvages................... 284

CHAPITRE V. Des erreurs dans lesquelles sont tombés plusieurs écrivains, faute d'avoir remarqué la lutte du sentiment religieux contre sa forme à cette époque de la religion... 310

CHAPITRE VI. De l'influence des jongleurs dans l'état sauvage............................. 320

CHAPITRE VII. Conséquences de l'influence des jongleurs sur le culte des Sauvages. 343

CHAPITRE VIII. Pourquoi nous avons cru devoir décrire en détail le culte des Sauvages. 365

FIN DE LA TABLE.

Constant, Benjamin
De la religion considérée dans sa 1

28037

www.ingramcontent.com/pod-product-compliance
Lightning Source LLC
Chambersburg PA
CBHW052124230426
43671CB00009B/1105